大象无形　稽古揆今

郑州中华之源与嵩山文明研究会重大课题"早期中国文明起源的区域模式研究"阶段性成果

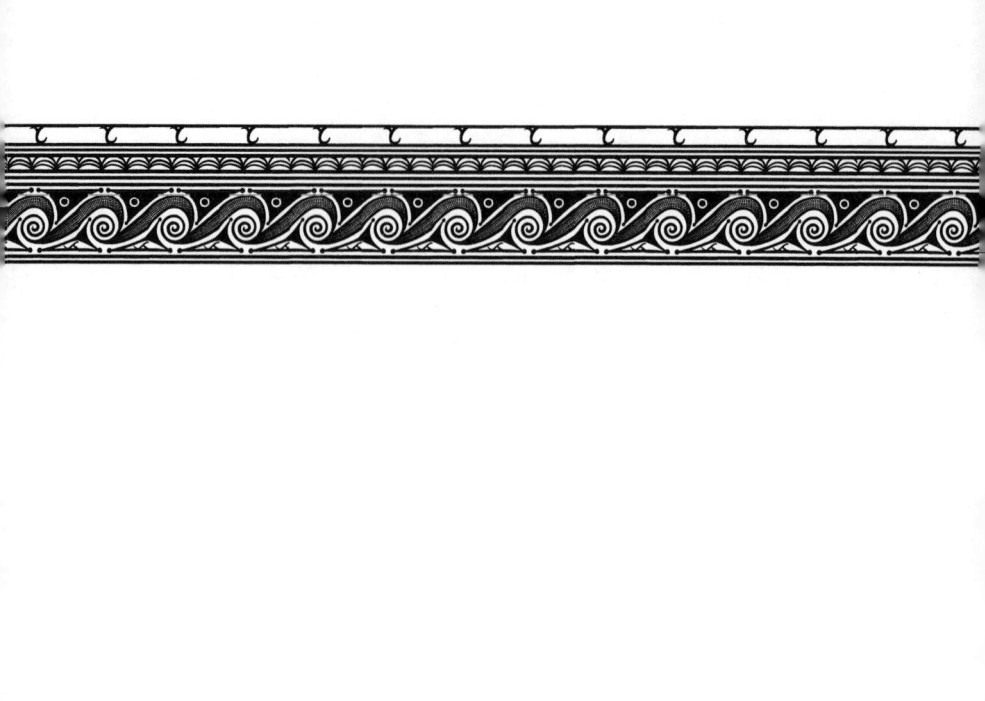

韩建业 著

 # 文化上的
早期中国

中原出版传媒集团
中原传媒股份公司

大象出版社
·郑州·

图书在版编目(CIP)数据

文化上的早期中国 / 韩建业著. -- 郑州：大象出版社，2025. 1. -- ISBN 978-7-5711-1932-4

Ⅰ．K292

中国国家版本馆 CIP 数据核字第 2024M5E819 号

文化上的早期中国
WENHUA SHANG DE ZAOQI ZHONGGUO

韩建业　著

出 版 人	汪林中
责任编辑	杨　兰
责任校对	牛志远
装帧设计	王莉娟
地图绘制	湖南地图出版社有限责任公司

出版发行	**大象出版社**(郑州市郑东新区祥盛街 27 号　邮政编码 450016)
	发行科　0371-63863551　总编室　0371-65597936
网　　址	www.daxiang.cn
印　　刷	北京汇林印务有限公司
经　　销	各地新华书店经销
开　　本	787 mm×1092 mm　1/32
印　　张	10
字　　数	199 千字
版　　次	2025 年 1 月第 1 版　2025 年 1 月第 1 次印刷
定　　价	89.00 元
审 图 号	GS(2023)3833 号

若发现印、装质量问题，影响阅读，请与承印厂联系调换。

印厂地址　北京市大兴区黄村镇南六环磁各庄立交桥南 200 米(中轴路东侧)

邮政编码　102600　　　　　电话　010-61264834

自 序

近几年，学界关于"最早中国"或"早期中国"的讨论着实热闹了一阵子。之所以难以形成一致意见，最重要的原因是对这一概念的内涵有不同理解。我是持庙底沟时代"最早中国"说的，所说"最早中国"实即最早的"文化上的早期中国"，而"文化上的早期中国"指秦汉以前中国大部地区间交融联系形成的文化共同体或文化圈，又称"早期中国文化圈"，简称"早期中国"。需要说明几点：一是我所说"中国"指近现代意义上的中国，大致对应古代中国人心目中的"天下"，而非特指中原或中原王朝的狭义"中国"；二是近现代意义上的中国可分文化和政治两个层面，我这里主要讨论的是文化上的而非政治上的早期中国；三是"文化上的中国"本质上和"中华文明"这个概念有一定的同一性；四是在历史上，文化上的中国是政治上的中国分裂的时候向往统一、统一的时候维护统一的重要基础。正是基于这样的理解，我对文化上早期中国的起源形成和早期发展过程、发展机制、文化格局、文化基因、文明化进程，以及黄河中游尤其是中原地区的特殊地位等，都做了一番思考和研究，这也就是本书的主要内容。还有一些学者主张的陶寺或二里头"最早中国"说，其实都指政治上的"最早中国"。政治上的"最早中国"当然也是可以讨论的，但至少必须说清楚其范围大小和政治格局。如果陶寺和二里头确为当时某"古国"甚至"天下"的统治中心，那也只能说它们是"最早中国"的都邑，而非"最早中国"本身。

我关于文化上早期中国的初步认识，最早见于我2000年完成、2003年出版的博士学位论文《中国北方地区新石器时代文化研究》：

> 具有历史意义的早期"中国文化共同体"或"中国文化圈"，显然不能完全以现代的中华人民共和国国界为限。它还必须具有在地域上彼此连成一片并相对独立、文化上彼此联系并自具特色等条件。不过至少在仰韶前期甚至新石器时代中期，现代的黄河长江流域已具有文化上的相对统一性，可以说已经形成了早期"中国文化共同体"或"中国文化圈"。

我在《早期中国——中国文化圈的形成和发展》中已经说过，我的这些想法或者"早期中国文化圈"这样的概念，一定程度上可以看作是对严文明先生"重瓣花朵式"格局理论和张光直先生"中国相互作用圈"理论的继承和发挥。受严文明先生"重瓣花朵式"格局理论的影响，我很重视黄河中游尤其是中原地区的特殊地位，并将其起伏发展与气候演变相联系，在2004年、2005年发表文章进行过阐述：

> 至少在"早期中国"的形成这个意义上，新石器时代中原文化的作用是任何其他地区文化所不可比拟的；可以说中原文化不但在其发展的高峰期具有突出的核心地位，

> 总体上也具有重要的历史地位。(《论新石器时代中原文化的历史地位》)
>
> 早期中国文化存在大约2000年的高峰准周期。表面上看这只是文化自身发展的韵律,深层次原因可能为受气候环境周期性影响的结果。(《论早期中国文化周期性的"分""合"现象》)

到了2009年前后,我对文化上早期中国的起源和形成过程有了更加明确的认识,认为距今8000多年的新石器时代中期——裴李岗时代为起源或萌芽阶段,距今6000年左右的新石器时代晚期——庙底沟时代为正式形成阶段,黄河中游尤其是中原地区在这一大范围文化整合过程中起到过重要的引领作用:

> 正是由于地处中原核心的裴李岗文化的强大作用,才使黄河流域文化紧密联结在一起,从而于公元前第九千纪中期形成新石器时代的"黄河流域文化区";才使黄河下游、汉水上游、淮北甚至长江中游地区文化也与中原文化区发生较多联系,从而形成雏形的"早期中国文化圈"。(《裴李岗文化的迁徙影响与早期中国文化圈的雏形》)
>
> 庙底沟时代的这个三层次的文化共同体,与商代政治地理的三层次结构竟有惊人的相似之处。这一共同体无论在地理还是文化上,都为夏商乃至于秦汉以后的中国奠定了基础,因此可以称为"早期中国文化圈",或者文化上的"早期中国",简称"早期中国"。(《庙底沟时代与"早期中国"》)

2010年我申请获批国家社会科学基金项目"早期中国文化圈的形成和发展研究",2011年我还组织召开了一个"文化上'早期中国'的形成和发展学术研讨会",赵辉、许宏、何驽、李新伟等许多学者在会议上发表了他们关于"早期中国"或者"最早中国"的看法。此后兴起的关于"早期中国"问题的比较热烈的讨论,与这次会议多少是有些关系的。严文明先生在会议最后对"早期中国"文化的统一性和多样性特点及其背景原因做了深刻阐释。他指出"早期中国"文明的特点,在于逐渐从多元一体走向以中原为核心、以黄河和长江流域为主体的多元一统格局,这是中国文明之所以具有无穷活力和强大凝聚力,以至成为世界上几个古老文明中唯一没有中断而得到连续发展的伟大文明的重要原因。(《文化上"早期中国"大家谈——文化上"早期中国"的形成和发展学术研讨会纪要》)

2015年我的《早期中国——中国文化圈的形成和发展》一书出版,算是对文化上早期中国研究的一个阶段性总结。严文明先生写的书序里说我"很早就注意到在先秦乃至史前时期就存在一个文化上的早期中国,或早期中国文化圈",算是对我在这方面研究的肯定吧。近几年的重要进展,一是对文化上早期中国文化基因的归纳,二是提出早期中国具有"一元多支一体"格局,三是对中华文明起源、形成和早期发展过程的梳理,四是关注到政治上的早期中国。是否能从物质遗存归纳出精神文化层面的特质或文化基因,"一元多支一体"的提法是否比"多元一体"更合适,距今8000年前、6000年前是否为中华文明起源的两个关键阶段,政治上的早期中国是否起源于轩辕黄帝时期、形成于夏代,很多人是持怀疑态度的,但也有不少人表示认同。这类问题牵扯甚广，有些也许会是新的学术增长点。

还有一项重要进展，就是在文化上早期中国年代和文化格局方面认识上的深化。随着近年测年技术的进展，似乎庙底沟期至龙山时代的绝对年代都比以前的测年有所偏晚，但实际情况并不完全是这样，这里面存在一个区域性差异问题。按照我现在的认识，仰韶文化初期——零口期的年代上限在距今7000年左右，零口类型的形成及其东向扩张对当时黄河中游地区的文化整合起到了关键性作用。(《仰韶文化零口类型的形成及东向扩张》) 仰韶文化早期——半坡期的年代上限仍在距今6500年左右。仰韶文化中期——庙底沟期的上限仍在距今6000年左右，下限各区域并不一致：大约距今5300年晋、陕、豫交界地带仍被庙底沟类型晚期人群占据的时候，西面陇山东西、东面郑洛、北方岱海等地，都已经率先进入仰韶晚期阶段；而晋、陕、豫交界地带脱离庙底沟期的年代可晚至约距今5100年。(《仰韶文化庙底沟期年代的区域性差异》) 仰韶文化晚期——半坡晚期的下限，或者庙底沟二期的上限，则统一在了距今4700多年，原因是发生过一次黄土高原地区文化强力东扩事件，造成较大范围的文化整合。(《中国北方早期石城兴起的历史背景——涿鹿之战再探索》) 各地区进入或者脱离龙山时代的年代更加复杂，上限最早在距今4500年左右，下限最晚可到距今3500年以后。(《龙山时代：新风尚与旧传统》) 年代从来都是考古学的关键，现在年代研究方面存在的很多问题，基本都不是出在测年技术，而是由于相对年代框架的不完善。希望我们对此有清醒认识，继续在完善相对年代方面下大功夫。

  本书所收论文，大致能够反映我在文化上早期中国研究方面的主要收获和心路历程，而且大部分论文都是在《早期中国》一书出版后所发表，其中包含不少新认识，但也难免浅见错误。希望学界同人和读者朋友批评指正！最后一篇会议纪要包含了参加 2011 年"文化上'早期中国'的形成和发展学术研讨会"的诸位先生同人的真知灼见，也一并收录进来，以便让大家听到不同的声音。

  感谢大象出版社惠允出版，感谢编辑部主任管昕和责任编辑杨兰！

韩建业

2023 年 2 月 12 日于北京

目 录

001 裴李岗文化的迁徙影响与早期中国文化圈的雏形
014 仰韶文化零口类型的形成及东向扩张
030 庙底沟时代与"早期中国"
053 仰韶文化庙底沟期年代的区域性差异
073 中国北方早期石城兴起的历史背景
　　　——*涿鹿之战再探索*
093 龙山时代早期中国的文化格局
113 龙山时代:新风尚与旧传统
123 二里头—二里冈时代文化上的早期中国
141 略论文化上"早期中国"的起源、形成和发展
157 最早中国:多元一体早期中国的形成
171 文化上和政治上早期中国的起源与形成
185 从史前遗存中寻找文化上的早期中国
197 论早期中国文化周期性的"分""合"现象
216 论早期中国的"一元多支一体"格局
236 从考古发现看八千年以来早期中国的文化基因

247 ∞∞∞ 中华文明的起源和形成

267 ∞∞∞ 嵩山文化圈在早期中国文化圈中的历史地位

289 ∞∞∞ 文明化进程中黄河中游地区的中心地位

296 ∞∞∞ 附录

　　　　文化上"早期中国"大家谈

　　　　——文化上"早期中国"的形成和发展学术研讨会纪要

裴李岗文化的迁徙影响与早期中国文化圈的雏形

早期中国文化圈是指先秦时期中国大部地区文化彼此交融连锁而形成的以中原为核心的相对的文化统一体，与张光直提出的"中国相互作用圈"[1]、严文明所说"重瓣花朵式的格局"[2]和苏秉琦所说"共识的中国"[3]含义近同。虽然无法确定在虞夏之前是否有"中国"这一概念，但在中国大部却早已出现普遍的认同观念和以中原为核心的历史趋势[4]，早期中国文化圈实际成为秦汉帝国得以建立的地理、文化和政治基础。从这个意义上，我们将早期中国文化圈称为文化上的"早期中国"也未尝不可。这个文化圈至少从龙山时代以后可以分为两个大的阶段，即苏秉琦所提出的"古国"和"方国"阶段[5]。至于其形成时间，张光直认为是在公元前4000年左右的仰韶文化时期。本文试图论证，这一文化圈的酝酿萌动阶段至少可早到公元前6000年左右的新石器时代中期，至公元前5400年左右已见雏形（图一），而且中原地区的裴李岗文化的迁徙影响在这一过程中曾起到至关重要的作用。

文化上的早期中国

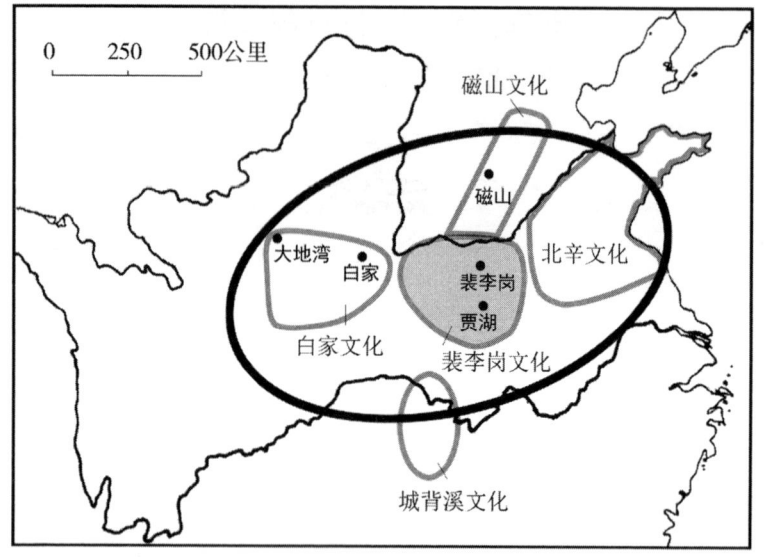

图一　早期中国文化圈雏形（公元前5400—公元前5000年）

一

裴李岗文化1977年发现于河南新郑裴李岗遗址[6]，还包括舞阳贾湖、郏县水泉[7]、新郑唐户、新郑沙窝里[8]、密县莪沟北岗[9]、长葛石固[10]、巩义瓦窑嘴[11]、孟津寨根[12]等重要遗址，分布范围及于现在河南省大部地区。其中备受关注的舞阳贾湖遗存，被发掘者称为"贾湖文化"，其实和以往发现的裴李岗文化遗存大同小异，仍以称为裴李岗文化贾湖类型为宜[13]。发掘者将贾湖遗址分为3期9段，结合碳十四树轮校正数据推测其绝对年代在公元前7000—公元前5800年之间。若仔细比较，会发现其最重要的分界应在第4、5段之间：之前常见直口角把罐、方口盆、深腹盆等陶器，之后常见折沿深腹罐、盆形或罐形鼎、划纹盆、三足钵、圈足钵（碗）等陶器；前后都流行的壶类也存在形态上的显著变化，之前颈腹分界不明显，之后颈腹分界明显[14]。以此为据将贾湖遗存分为前后两期更能体现其阶段性特点。其绝对年代下限也应调整为公元前5500年左右（第8段H55的测年范围为公元前5750—公元前5520年）。贾湖以外其他裴李岗文化遗存虽然也有过若干分期方案，但总体面貌均类似于贾湖后期或者更晚，树轮校正年代则基本在公元前6200—公元前5400年之间[15]。这样看来，裴李岗文化从整体上也可以分为前后两个大的发展阶段，二者大致以公元前6200年为界。裴李岗文化的陶器素雅少纹，多壶无釜，这与华南以绳纹釜为代表的新石器早期遗存缺乏联系，与华北新石器早期的平底罐类遗存也明显不同，应当有自身更早的文化源头。

裴李岗文化的陶器形制规整、火候均匀、器类丰富，作为水器或酒器的壶类造型多样、功能细化，还发明了鼎这种中国最重要的炊器；石铲、锯齿形石镰等工具磨制精整，石磨盘还多雕刻出四足，发展水平要明显高于周围文化。裴李岗文化聚落已小有分化，小的面积仅几千平方米，较大的舞阳贾湖遗址有5万平方米，新郑唐户遗址更是达30万平方米。贾湖墓葬随葬不少制作精致的骨镞、骨镖、骨笛、骨板、骨叉形器、绿松石饰品，还有随葬獐牙、龟甲、猪下颌骨的习俗，有的龟甲内装小石子或骨针，有的龟甲上有刻符。墓葬也小有分化，普通小墓的随葬品一般仅一至数件，较大的墓葬则达数十件，而且从前期到后期还有明显的发展。前期每墓随葬品最多不超过20件，后期最大的墓葬M282和M277随葬品都在60件以上。其中最为宽大的M282长2.8米、宽1.8米，随葬品中包括可以构成七声音阶的七孔骨笛和带石子的龟甲等。仔细分析，这些较大墓葬的绝大部分随葬品从种类和质量方面都和普通墓葬类似，只是其中常包含带石子的龟甲、骨笛、骨板、骨叉形器等。这些特殊器物似乎与军权、礼制无涉，也不见得与贫富分化有关，却有浓郁的宗教意味，让人联想到卜筮乐医兼通的巫觋形象。可见，较大墓葬的主人极可能主要只在宗教方面具有较高地位，宗教色彩浓重的贾湖聚落可能是裴李岗文化的宗教中心和精神重镇。唐户遗址的裴李岗文化聚落已发现大约60座半地穴式房屋，有分区分组的现象，是郑州地区最重要的聚落遗址。大型聚落和较为复杂的宗教建立在较为发达的物质文化基础之上，这为裴李岗文化对外产生较大影响准备了条件。

二

裴李岗文化受周围文化的影响有限，对外影响却十分显著，尤其是在其后期阶段：约公元前6200年进入后期以后，裴李岗文化西向对渭河流域和汉水上游、北向对冀南豫北地区的影响和渗透相当明显。

渭河和汉水上游地区的白家文化，以前曾被称为老官台文化，以陕西临潼白家村遗存和甘肃秦安大地湾一期遗存为代表[16]，还见于渭河流域的天水西山坪和师赵村[17]，宝鸡北首岭[18]、关桃园[19]，临潼零口[20]，渭南北刘[21]，以及汉水上游的西乡李家村、何家湾，汉阴阮家坝、紫阳马家营、白马石[22]、南郑龙岗寺[23]、商县紫荆[24]等遗址。该文化可以明确分为早晚两期，早期以白家村、大地湾一期、西山坪一期、北刘早期、紫荆一期遗存为代表，三足罐多为直腹筒形；晚期以西山坪二期、师赵村一期为代表，三足罐多弧腹，并且新出泥质平底钵、侈口鼓腹平底绳纹罐等。据已发表的出自秦安大地湾、临潼白家村、西乡李家村、渭南北刘遗址的树轮校正测年数据，白家文化的绝对年代在公元前5900—公元前5000年之间，仅相当于裴李岗文化后期偏晚[25]。白家文化遗址多仅数千平方米，大者不过1万—2万平方米，墓葬多数无随葬品，少数每墓随葬一两件日常普通器物，个别达6件，其社会发展程度明显低于裴李岗文化。

　　白家文化早期的圜底钵、三足钵、圈足钵、深腹罐等主要陶器都可在裴李岗文化中找到原型（图二），前者的锯齿形蚌镰或骨镰与后者的石镰也存在明显联系；两者均以简陋的半地穴式窝棚为居室，均流行仰身直肢葬且都有合葬墓，都有瓮棺葬；更为有趣的是，白家文化也有随葬獐牙和猪下颌骨的习俗，如白家村M12墓主人手执獐牙，大地湾M15、M208在墓主人胸前置猪下颌骨。如此多的共性，表明两文化存在密切联系。由于渭河流域和汉水上游并无更早的农业文化迹象，白家文化的初始年代又比裴李岗文化晚1000年左右，因此有理由推测，白家文化可能为裴李岗文化西向扩展并与土著文化融合的产物。当然，二者也存在相当的差别，如白家文化流行交错绳纹，有棕红色带、点、线纹彩，还有小口高领鼓腹罐等陶器，这些都是和裴李岗文化不同的地方。尤其白家文化的绳纹、红褐彩、口沿外压光、唇面压印花边等特征，与裴李岗文化的素雅风格有异，却和峡江及洞庭湖地区的彭头山文化相似，少数屈肢葬或许也与此相关[26]。或者白家文化的另一个重要来源正是彭头山文化，汉水流域可能是两文化发生交流的通道。

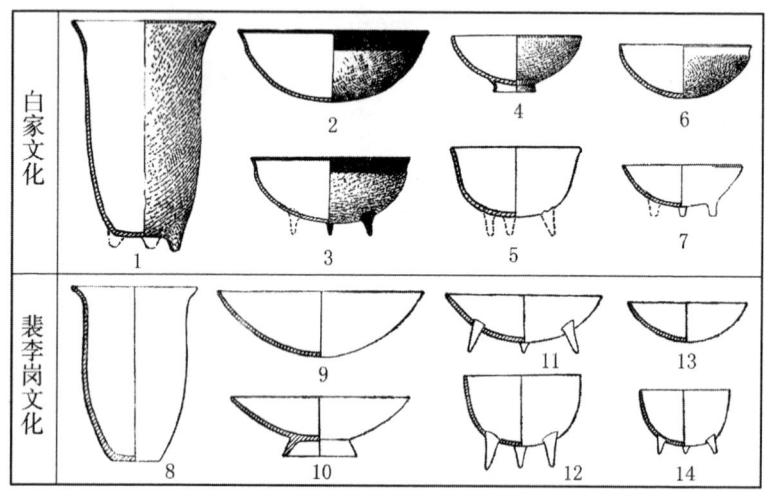

图二 白家文化与裴李岗文化陶器比较
1～7.临潼白家（T309③：4、T204H25：1、T116H4：2、T117③：4、T121③：8、T305③：4、T308H15：5） 8～14.郏县水泉（M96：5、M27：2、M2：2、M20：2、M59：4、M66：2、M33：2）
1、8.深腹罐，2、6、9、13.圜底钵，3、5、7、11、12、14.三足钵，4、10.圈足钵

三

豫北冀南地区的磁山文化，以河北武安磁山遗址[27]为代表，还见于附近洺河流域的牛洼堡、西万年[28]等遗址，以及河南淇县花窝遗址[29]。其中磁山遗存被发掘者分为"第一文化层"和"第二文化层"，实即早晚两期。据磁山、花窝遗址的测年树轮校正数据，磁山文化

的绝对年代在公元前6000—公元前5600年之间。

磁山文化主要陶器可以分为甲乙两类，甲类是富有自身特色的多为夹砂绳纹的盂、支脚等，乙类是裴李岗文化流行的多为泥质素面的三足钵、圜底钵、壶、深腹罐等。据发掘报告，磁山早期共有复原实用陶容器99件，其中绝大多数为甲类，乙类仅占7%（7件）；磁山晚期共有复原实用陶容器269件，乙类占27%（73件）（图三）。可见裴李岗文化后期不但对磁山文化施加明显影响，而且力度逐渐加强。与白家文化不同的是，磁山文化的甲类本地陶器始终

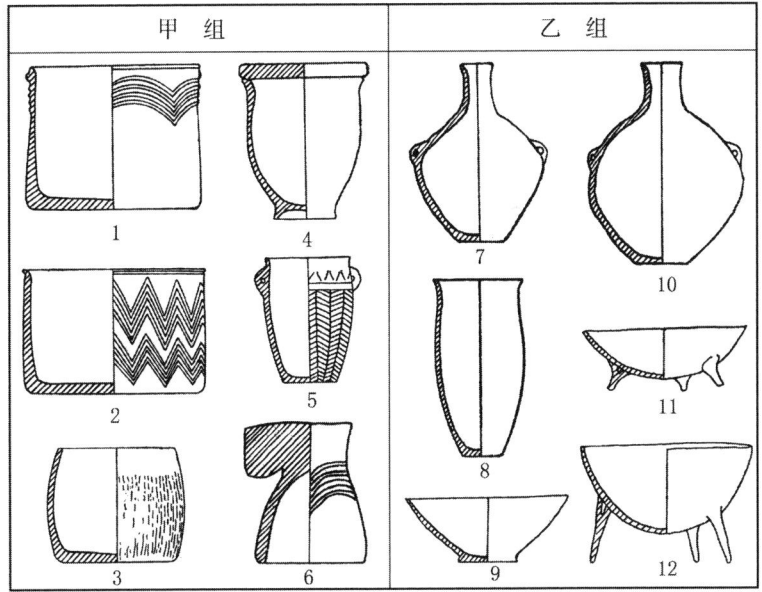

图三 武安磁山晚期遗存陶器分组
1~3.盂（T87②：29、T96②：38、T8②：10） 4.圈足罐（T104②：4）
5.筒形罐（T96②：25） 6.支脚（H453：7） 7、10.壶（T87②：25、T96②：35） 8.深腹罐（T106②：8） 9.平底钵（H77：3） 11、12.三足钵（T46②：30、T87②：32）

占据主流，其长方形窖穴、可能用于祭祀的"器物组"等也极富地方特色，可见来自裴李岗文化的影响并未从根本上改变当地文化的土著属性。如果将视野扩大，会发现在河北中部易水流域也有磁山文化遗存，如易县北福地一期、容城上坡一期遗存等[30]，只是这些遗存只见甲类器物，其陶面具和玉玦代表的特殊宗教习俗和装饰风格也都迥异于裴李岗文化，可见裴李岗文化的北向影响基本止于豫北冀南。

四

至公元前5400年以后，裴李岗文化的情况变得很不明朗。北部巩义、孟津地区稍微清楚一些，已发现的瓦窑嘴、寨根类遗存的下限可能更晚，其黑衣陶、竖条纹等特征就不见于早先的裴李岗文化，某些碗钵口部略折的特点则与仰韶文化早期有近似之处，其年代下限当接近仰韶文化。此外，方城大张庄遗址[31]仰韶文化最早阶段的遗存中，也有若干类似裴李岗文化的因素，如陶竖条纹圈足碗、假圈足碗、双耳壶和锯齿形石镰等，表明裴李岗文化和当地仰韶文化应当存在直接联系。不过不容否认，裴李岗文化此后的确已经进入没落阶段。恰巧此时或稍后，裴李岗文化因素却较多见于海岱地区。

海岱地区原本分布着和裴李岗文化基本同时的后李文化，至公元前5400年或稍后则转变为北辛文化，以山东滕州北辛[32]、汶上东贾柏[33]和泰安大汶口第一期遗存[34]为代表。后李文化的叠唇直腹圜底釜为代表的陶器群和裴李岗文化有明显差别，而北辛文化则多了双耳平底壶、三足壶、三足钵、圜底或平底钵这样一组裴李岗文化色彩浓厚的陶器，其釜形鼎也未尝没有受裴李岗文化影响的可能性。因此，栾丰实明确指出，"裴李岗文化是汶泗流域北辛文化的主要来源之一"[35]。其实何止汶泗流域，几乎所有北辛文化遗存中都或多或少包含裴李岗文化因素，连山东半岛的白石类型[36]也不例外！实际上，可能正是在裴李岗文化部分人群东向迁徙的背景下，才促成了后李文化向北辛文化的转变。至于裴李岗文化因素同样常见于附近淮北的安徽濉溪石山子一期[37]类遗存，那更是情理之中的事情。

鲁中南、苏北的汶泗流域进入大汶口文化早期以后，墓葬中常见随葬龟甲、獐牙等的习俗，使人们不得不将其与早先的裴李岗文化贾湖类型相联系[38]，甚至二者人群的体质类型也十分接近。而汶泗流域早期大汶口文化又主要是在北辛文化基础上，接受龙虬庄文化强烈北向影响而形成。目前在龙虬庄文化和北辛文化墓葬均未发现随葬龟甲、獐牙的习俗，则贾湖类型这类习俗和早期大汶口文化之间的联系，还当有其他途径。

五

裴李岗文化强盛时对外扩张其影响，将渭河流域、汉水上游和黄河中游以北地区与之紧密联系在一起；衰败时又东向迁徙，其文化因素深深渗透到黄河下游和淮北地区文化当中。可以看出，正是由于地处中原核心的裴李岗文化的强大作用，黄河流域文化才紧密联结在一起，从而于公元前第九千纪中期形成新石器时代的"黄河流域文化区"；才使黄河下游、汉水上游、淮北甚至长江中游地区文化也与中原文化区发生较多联系，从而形成雏形的"早期中国文化圈"；才使黄河长江流域，尤其是中原地区文化此后的发展有了一个颇具共性的基础——这个基础暗含对中原腹地的一定程度的认同、彼此间的相互默契以及易于交流等多种契机。

注释

1 张光直：《中国相互作用圈与文明的形成》，《庆祝苏秉琦考古五十五年论文集》，文物出版社，1989年，第6页。

2 严文明：《中国史前文化的统一性与多样性》，《文物》1987年第3期。

3 苏秉琦：《中国文明起源新探》，生活·读书·新知三联书店，1999年，第161页。

4 赵辉：《以中原为中心的历史趋势的形成》，《文物》2000年第1期；韩建业：《论新石器时代中原文化的历史地位》，《江汉考古》2004年第1期。

5 苏秉琦：《国家起源与民族文化传统》，《华人·龙的传人·中国人——考古寻根记》，辽宁大学出版社，1994年，第132~134页。

6 开封地区文管会、新郑县文管会：《河南新郑裴李岗新石器时代遗址》，《考古》1978年第2期；中国社会科学院考古研究所河南一队：《1979年裴李岗遗址发掘报告》，《考古学报》1984年第1期。

7　中国社会科学院考古研究所河南一队：《河南郏县水泉裴李岗文化遗址》，《考古学报》1995 年第 1 期。

8　中国社会科学院考古研究所河南一队：《河南新郑沙窝里新石器时代遗址》，《考古》1983 年第 12 期。

9　河南省博物馆、密县文化馆：《河南密县莪沟北岗新石器时代遗址》，《考古学集刊》1，中国社会科学出版社，1981 年，第 1 ~ 26 页。

10　河南省文物研究所：《长葛石固遗址发掘报告》，《华夏考古》1987 年第 1 期。

11　巩义市文物管理所：《河南巩义市瓦窑嘴新石器时代遗址试掘简报》，《考古》1996 年第 7 期；郑州市文物工作队、巩义市文物管理所：《河南巩义市瓦窑嘴新石器时代遗址的发掘》，《考古》1999 年第 11 期。

12　河南省文物管理局：《黄河小浪底水库考古报告（二）》，中州古籍出版社，2006 年，第 157 ~ 211 页。

13　张居中：《试论贾湖类型的特征及与周围文化的关系》，《文物》1989 年第 1 期。

14　河南省文物考古研究所：《舞阳贾湖》，科学出版社，1999 年，第 465 ~ 519 页。

15　河南省文物考古研究所：《舞阳贾湖》，科学出版社，1999 年，第 520 ~ 531 页。

16　中国社会科学院考古研究所：《临潼白家村》，巴蜀书社，1994 年；甘肃省博物馆大地湾发掘小组、秦安县文化馆大地湾发掘小组：《甘肃秦安大地湾新石器时代早期遗存》，《文物》1981 年第 4 期；甘肃省文物考古研究所：《秦安大地湾——新石器时代遗址发掘报告》，文物出版社，2006 年。

17　中国社会科学院考古研究所：《师赵村与西山坪》，中国大百科全书出版社，1999 年。

18　中国社会科学院考古研究所：《宝鸡北首岭》，文物出版社，1983 年。严文明先生将 78H32 类遗存从笼统的仰韶文化半坡类型中区别出来，见严文明：《北首岭史前遗存剖析》，《仰韶文化研究》，文物出版社，1989 年，第 87 ~ 109 页。

19 陕西省考古研究所、宝鸡市考古工作队：《陕西宝鸡市关桃园遗址发掘简报》，《考古与文物》2006 年第 3 期。

20 陕西省考古研究所：《临潼零口村》，三秦出版社，2004 年，第 26～39 页。

21 西安半坡博物馆、渭南县文管会等：《渭南北刘新石器时代早期遗址调查与试掘简报》，《考古与文物》1982 年第 4 期。

22 陕西省考古研究所、陕西省安康水电站库区考古工作队：《陕南考古报告集》，三秦出版社，1994 年。

23 陕西省考古研究所：《龙岗寺——新石器时代遗址发掘报告》，文物出版社，1990 年。

24 商县图书馆、西安半坡博物馆等：《陕西商县紫荆遗址发掘简报》，《考古与文物》1981 年第 3 期。

25 数据均采用 1988 年国际 ^{14}C 会议确认的高精度树轮校正表校正，出自中国社会科学院考古研究所：《中国考古学中碳十四年代数据集（1965—1991）》，文物出版社，1992 年。

26 湖北省文物考古研究所：《宜都城背溪》，文物出版社，2001 年；湖南省文物考古研究所：《彭头山与八十垱》，文物出版社，2006 年。

27 河北省文物管理处、邯郸市文物保管所：《河北武安磁山遗址》，《考古学报》1981 年第 3 期。

28 河北省文物管理处、邯郸地区文物保管所等：《河北武安洺河流域几处遗址的试掘》，《考古》1984 年第 1 期。

29 安阳地区文管会、淇县文化馆：《河南淇县花窝遗址试掘》，《考古》1981 年第 3 期。

30 河北省文物研究所：《北福地——易水流域史前遗址》，文物出版社，2007 年。

31 南阳地区文物队、方城县文化馆：《河南方城县大张庄新石器时代遗址》，《考古》1983 年第 5 期，第 398～403 页。

32 中国社会科学院考古所山东队、山东省滕县博物馆：《山东滕县北辛遗址发掘报告》，《考古学报》1984 年第 2 期。

33 中国社会科学院考古所山东工作队：《山东汶上县东贾柏村新石器时代遗

址发掘简报》,《考古》1993 年第 6 期。
34 山东省文物考古研究所:《大汶口续集——大汶口遗址第二、三次发掘报告》,科学出版社,1997 年。
35 栾丰实:《北辛文化研究》,《考古学报》1998 年第 3 期。
36 烟台市文物管理委员会:《山东烟台白石村新石器时代遗址发掘简报》,《考古》1992 年第 7 期。
37 安徽省文物考古研究所:《安徽濉溪石山子新石器时代遗址》,《考古》1992 年第 3 期。
38 栾丰实:《北辛文化研究》,《考古学报》1998 年第 3 期;河南省文物考古研究所:《舞阳贾湖》,科学出版社,1999 年,第 539~541 页。

仰韶文化零口类型的形成及东向扩张

　　仰韶文化零口类型是以陕西临潼零口"零口村文化遗存"为代表[1]，分布在关中和汉中地区的仰韶文化初期的一个地方类型，时当新石器时代晚期之初[2]。零口类型上承新石器时代中期黄河中游地区文化，下接新石器时代晚期的仰韶文化半坡类型，这已经基本成为共识。但对于零口类型的具体形成过程及与东部晋西南、豫西地区文化的关系，还有不少不同意见。孙祖初认为零口类型的前身就是白家文化[3]。零口遗址的发掘者阎毓民先是有和孙祖初一样的观点，后来却认为零口类型与裴李岗文化的关系更加紧密[4]。我也曾经指出零口类型的前身是白家文化，但同时强调了来自裴李岗文化的影响[5]。魏兴涛认为关中地区最早的仰韶初期遗存是老官台遗存，是受裴李岗文化影响而出现，并存在从东向西的拓展过程[6]。本文对这一问题略作讨论。

一

　　要弄清零口类型的形成问题，首先需要在分期的基础上，找出最早的零口类型遗存。零口类型遗存目前除在零口遗址有较丰富的发现外,其他还见于宝鸡北首岭和福临堡、南郑龙岗寺等遗址。

零口遗址的发掘者将该遗址零口类型遗存("零口村文化遗存")分为四期,魏兴涛将其分为三期,都是将遗址最靠下的第八层所叠压的H51作为第一期的典型单位。按照魏兴涛三期的分法[7],第二、三期就分别以H35和H16为代表。以变化最敏感的小口平底瓶来说,其环形口部从早至晚由矮变高,第三期已经接近于半坡类型的杯形口(图一,6、7、9、11、12)。

北首岭遗址情况比较复杂[8]。严文明等从发掘者所说的仰韶文化遗存当中,先是分出了白家文化晚期、仰韶文化半坡类型和庙底沟类型遗存[9],之后孙祖初又辨析出新石器时代中期向晚期过渡的遗存[10],或者我们所说的仰韶文化初期的遗存[11]。属于仰韶文化初期零口类型的遗存,也可大致分为分别以78H11、77M17和77M6甲为代表的三期(图一,5、8、10),正好可和零口的三期对应,也能得到地层关系的支持[12]。

其他遗址的零口类型遗存,也都不出上述三期的范畴。福临堡遗址早期墓葬的M44组和M36组,大致分别属于零口类型的第一、二期[13]。龙岗寺遗址被发掘者作为仰韶文化半坡类型早期的M424等墓葬,当属于零口类型的第三期[14]。

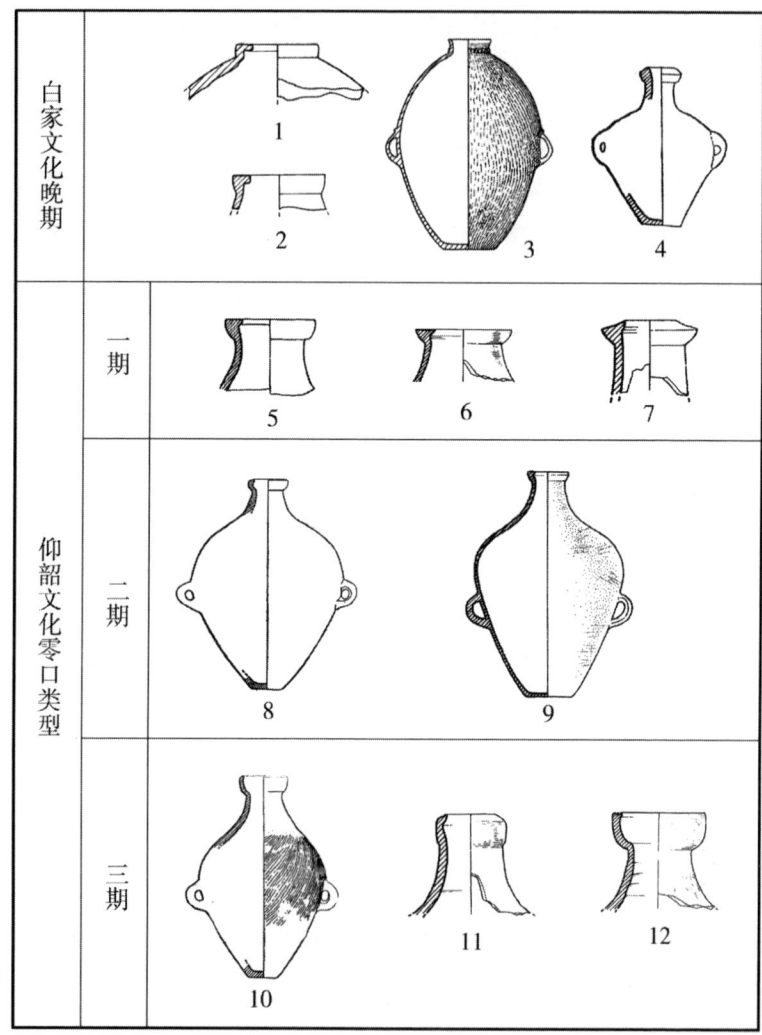

图一 白家文化晚期和仰韶文化零口类型陶小口平底瓶比较
1～3.关桃园（H160：1、H23：4、H116：1） 4.龙岗寺（M406：4） 5、8、10.北首岭（78H11、77M17：11、77M6甲：7） 6、7、9、11、12.零口（H51：23、H34：2、H35：15、T14⑤a：34、T6⑥a：31）

二

关中地区早于仰韶文化零口类型的是白家文化，所以探讨零口类型的形成，自然还应当从对白家文化的分析入手。白家文化是距今 8000 多年裴李岗文化西渐到渭河和汉水流域，和来自洞庭湖地区的绳纹陶文化以及陕甘本土文化融合而形成[15]，因此白家文化既有和裴李岗文化相似的直腹罐、钵等，也有基本不见于裴李岗文化的绳纹陶因素。研究者一般将白家文化分为早、晚两期[16]。白家文化晚期遗存以宝鸡关桃园"前仰韶文化"第二、三期为代表[17]，还见于北首岭[18]、龙岗寺[19]等遗址，以及甘肃天水的师赵村和西山坪遗址[20]，早先有学者认为这类遗存属于仰韶文化最早的"北首岭下层类型"[21]或者"北首岭类型"[22]。白家文化晚期的陶器，主要是素面或绳纹低矮环形口小口平底瓶、素面细颈折腹壶、绳纹蛋形三足罐、绳纹直腹三足罐、绳纹圈足罐、绳纹平底罐、素面侈口罐、素面或绳纹弧腹平底钵、素面圜底钵、素面折腹平底钵、素面矮圈足碗等陶器，绳纹陶器常在口颈或肩腹部见有戳印、刻划、附加泥条等装饰，有的素面钵口外也有戳印点纹。

如果将零口类型和白家文化晚期遗存比较，会发现二者的确是一脉相承的关系。零口类型第一期的低矮环形口的小口瓶、绳纹罐、素面折腹罐、素面平底或圜底钵、素面折腹平底钵、素面矮圈足碗等大部分陶器，都可以在白家文化晚期找到类似的器形，只是存在变化，比如零口类型第一期环形口瓶的环比较明显，有的内唇较短（图一，5~7），而白家文化晚期者环不甚明显，口内唇较长（图一，

1、2）。当然二者也有器类上的差别，比如零口类型的旋纹罐就不见于白家文化晚期（图二，3~6），这应当是慢轮制陶技术在整个初期仰韶文化区普及化的结果[23]；白家文化晚期的三足蛋形绳纹罐、三足直腹绳纹罐、圈足器，以及瓶、钵类器物上饰绳纹等特征，也基本不再见于零口类型。

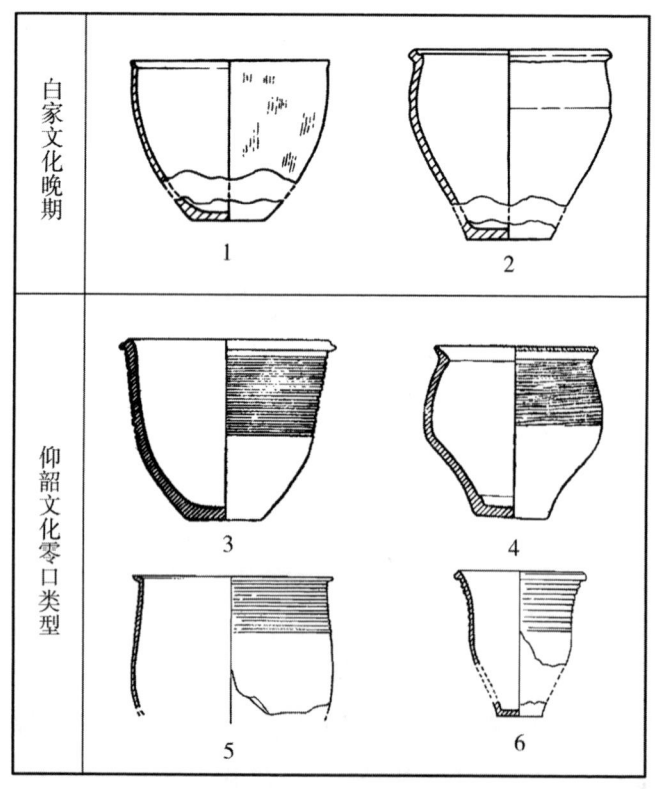

图二　白家文化晚期和仰韶文化零口类型陶罐比较
1、2.关桃园（H147：11、H276：9）　3、4.北首岭（77M9：4、1）　5、6.零口（H51：23、T14⑧：21、T6⑧：78）

不过，虽然在关桃园"前仰韶文化"第二、三期等白家文化晚期遗存当中早有环形口瓶和素面鼓腹罐,但对于其是否为零口类型同类器的真正源头还存在争议。关桃园遗址的发掘者张天恩怀疑该遗址第二期的个别素面罐(H276:9)是受枣园一期同类器影响的产物(图二,2;图三,2)[24]。魏兴涛也认为"在关桃园前仰韶第二、三期之时,枣园类型和零口类型的零口亚型很可能已经形成"[25]。魏兴涛的观点是,在裴李岗文化晚期的孟津寨根类遗存的基础上,晋西南地区和关中东部率先进入仰韶初期,后将环形口瓶和素面折腹罐等传播到尚处于白家文化晚期的关中西部和陇中地区,但实际的考古发现与这一推论存在一定矛盾。

1. 枣园一期的环形口瓶形态晚于白家文化晚期。枣园一期的环形口瓶环部较为明显,内唇较短(图三,1、2)[26],形态显然同于零口类型第一期者,而晚于关桃园"前仰韶文化"第二、三期者。

2. 寨根遗址的所谓裴李岗文化遗存并不单纯。包含敞口深腹罐、小口壶以及"之"字纹的 H8 组遗存(图四,1~4),属于裴李岗文化晚期无疑;包含侈口鼓腹罐、红顶钵、假圈足碗、敞口盆、环形口瓶等的 H19 组遗存(图四,5~12),与 H8 组遗存差异较大,却类似于零口类型第一期[27]。

3. 老官台遗址的 H1、H2 类遗存应当属于白家文化晚期。这类遗存曾被归入仰韶初期[28],但仔细观察,其中好几件钵、盆的口外都有花边,这种特征和关桃园白家文化晚期遗存相同,而不见于零口类型,因此以将其归入白家文化晚期为宜。老官台 H1、H2 类遗存的陶器上常见刮划纹,后延续到零口 H51 类遗存,而基本不见于关中西部的白家文化晚期和零口类型,可见刮划纹当为仰韶初期前

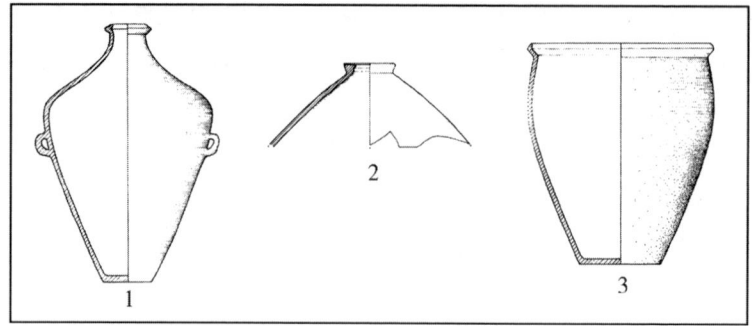

图三 枣园一期陶器
1、2. 小口瓶（H1∶2、F1∶84） 3. 鼓腹罐（F1∶42）

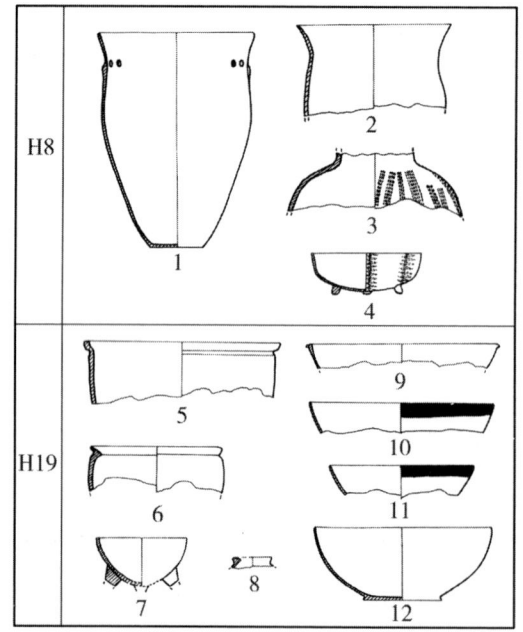

图四 寨根遗址"裴李岗文化"遗存分组
1、2. 敞口深腹罐（H8∶4、9） 3. 小口壶（H8∶12） 4、7. 三足钵（H8∶1、H19∶2） 5、6. 侈口鼓腹罐（H19∶11、10） 8. 环形口瓶（H19∶32） 9. 敞口盆（H19∶31） 10、11. 红顶钵（H19∶13、15） 12. 假圈足碗（H19∶16）

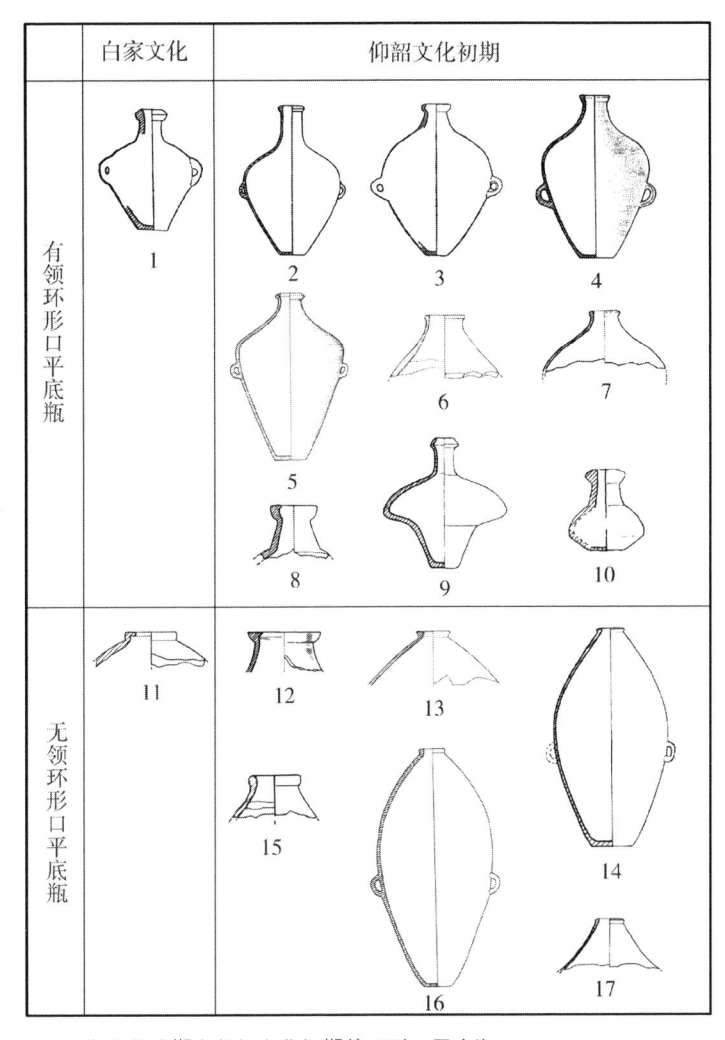

仰韶文化零口类型的形成及东向扩张

图五 白家文化晚期和仰韶文化初期的环形口平底瓶
1. 龙岗寺（M406：4） 2. 福临堡（M44：2） 3. 北首岭（77M17：11） 4、12. 零口（H35：15、H51：23） 5、13. 枣园（H1：2、F1：84） 6. 褚村（TG③：24） 7、14. 古城东关（IVF3：21、IVH40：163） 8. 石北口（H28：10） 9. 南杨庄（T65④：9） 10. 石固（78采集：20） 11. 关桃园（H160：1） 15. 底董（H43：1） 16. 荒坡（T16F3：34） 17. 石虎山Ⅱ（ⅡH5：1）

后关中东部的区域特色。

所以，实际情况更可能是零口类型整体晚于白家文化晚期，零口类型形成后再东向扩展，与晋西南地区的中石器时代文化和豫西地区的末期裴李岗文化结合，形成与零口类型大同小异的仰韶文化枣园类型遗存。除枣园一至三期外，同时或者稍晚的枣园类型遗存，还见于灵宝底董[29]、侯马褚村[30]、垣曲古城东关[31]和宁家坡[32]、新安荒坡[33]等遗址。这些枣园类型遗存中的环形口平底瓶，可以明确分为有领和无领两类，且都可以追溯至白家文化晚期（图五，1~7、11~16）。这两类环形口平底瓶所显示的零口类型及其枣园类型的影响，至少东向见于华北平原的永年石北口遗址[34]、正定南杨庄遗址[35]，北向见于内蒙古中南部的凉城石虎山Ⅱ遗址[36]，南向见于豫中的长葛石固遗址[37]。

三

零口类型的东扩现象，让我们对仰韶文化半坡类型和庙底沟类型的关系问题有了新的思考。

20世纪五六十年代曾经对于半坡类型和庙底沟类型的早晚及其相互关系有过热烈讨论。1959年，安志敏提出仰韶文化可以区分为半坡类型和庙底沟类型，认为庙底沟类型年代可能更早[38]，吴汝祚、阳吉昌等则认为半坡类型更早[39]。1962年，石兴邦提出半坡类型和庙底沟类型同时并存的可能性[40]。1964年，张忠培和严文明通过对三里桥、下孟村等仰韶遗存等深入分析，从地层关系上证明了半坡类型早于庙底沟类型[41]。1965 年，苏秉琦从类型学的角度，认为半坡类型的杯形口小口尖底瓶和庙底沟类型的环形口小口尖底瓶属于两个不同的演化序列，坚持两个类型同时平行发展的观点[42]。不过，20 世纪 60 年代以后，被多数人接受的还是半坡类型早于庙底沟类型的认识。1980 年严文明更明确提出庙底沟类型是由半坡类型的"关东变体"东庄类型发展而来的观点[43]。20 世纪 90 年代以后，由于枣园遗址的发现，又兴起新一轮的讨论。枣园遗址的发掘者田建文、薛新民、杨林中等认为，"枣园 H1 遗存是庙底沟文化的直接前身"[44]，是在"枣园 H1 遗存"的基础上受到半坡类型的强烈影响，才融合形成东庄类型并发展为庙底沟类型[45]；虽然"半坡文化"早于"庙底沟文化"，但二者不存在直接渊源关系，"半坡文化"不能直接发展为"庙底沟文化"[46]。戴向明则认为"庙底沟文化"的主要基础是"半坡文化"，只是受到了晋南土著文化的影响[47]。零口遗址的发掘者周春茂和阎毓民则将零口二期和枣园 H1 类遗存统称为"零口文化"，提到"半坡和庙底沟都是由零口文化分化、发展而来"的可能性[48]。

半坡类型的前身是零口类型[49]，庙底沟类型的前身是东庄类型[50]，这都是现在大家公认的事实。东庄类型作为半坡类型和枣园类型的融合体，也是大家能够承认的，只是对于后二者因素在前者当中的主次轻重有不同观点。现在我们认识到枣园类型其实也主要源于零口类型，那就等于说东庄—庙底沟类型从根本上也是主要来自零口类型，半坡类型和庙底沟类型也就是同源而异化的产物。以小口尖底瓶来说，半坡类型的杯形口小口尖底瓶，是零口类型环形口平底瓶口部持续升高、底部不断变小的产物；而东庄—庙底沟类型的环形口小口尖底瓶，是枣园类型环形口平底瓶和半坡类型杯形口小口尖底瓶融合的产物（图六）。

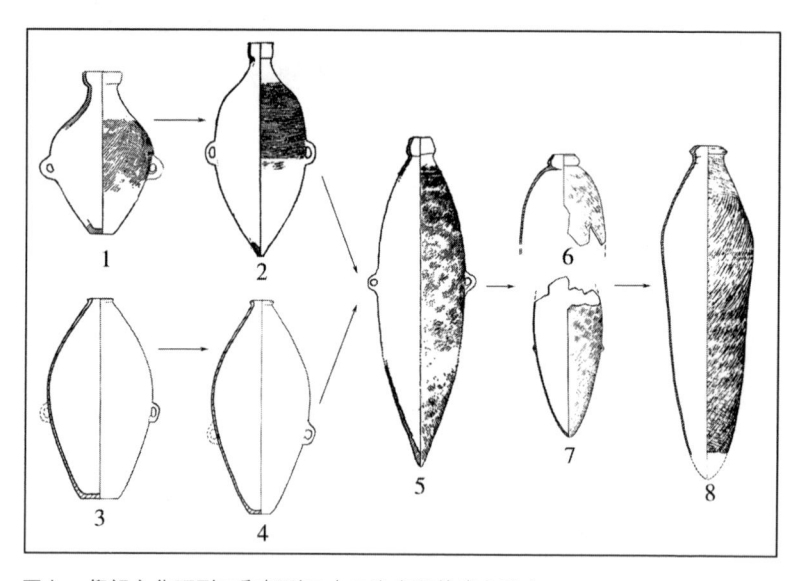

图六　仰韶文化环形口和杯形口小口尖底瓶的演变融合
1.北首岭（77M6甲∶7）　2.姜寨（T181F46∶11）　3、4.东关（IVH40∶163、IVH132∶30）　5.东庄（H113∶1∶7）　6、7.北橄（H34∶27、5）　8.西阴（G1∶28）
1.零口类型第三期　2.半坡类型早期　3、4.枣园类型晚期　5～7.东庄类型　8.庙底沟类型

仰韶文化零口类型的形成及东向扩张，是距今7000年左右黄河中游一次非常重要的文化整合，继裴李岗文化之后再次确立了黄河中游文化的中心地位，为文化上早期中国的形成奠定了基础。

注释

1. 陕西省考古研究所：《临潼零口村》，三秦出版社，2004年。
2. 韩建业：《初期仰韶文化研究》，《古代文明》（第8卷），文物出版社，2010年，第16~35页；魏兴涛：《豫西晋南和关中地区仰韶文化初期遗存研究》，《考古学报》2014年第4期。
3. 孙祖初指出，"北首岭文化"（即零口类型）和"老官台文化"（即白家文化）有很明显的承继关系，比如在龙岗寺遗址，两者的小口壶、折腹壶、折腹罐、圜底钵都彼此类同。见孙祖初：《中原地区新石器时代中期向晚期的过渡》，《华夏考古》1997年第4期。
4. 阎毓民曾经假设，"零口村文化应该是全面接受了白家村文化的文化传统，其后经过了自身的发展壮大，向东进发至豫西、晋南地区，向西进入渭河上中游地区，逐渐形成了一个区域性文化"，但最终却说"零口村遗存与裴李岗文化关系较为密切，与白家村文化关系居次"，原因是他认为零口村遗存的双耳平底瓶、罐形锥足鼎、盆、甑、器盖、假圈足、刮划纹，以及磨光和素面陶的大量出现，都与裴李岗文化有不解之缘，与流行绳纹的白家文化有较明显的差别。见阎毓民：《零口遗存初探》，《远望集——陕西省考古研究所华诞四十周年纪念文集》，陕西人民美术出版社，1998年，第113~120页；陕西省考古研究所：《临潼零口村》，三秦出版社，2004年，第468页。
5. "零口类型的小口壶（瓶）和锥足圆腹鼎却可以在豫中南找到源头"。见韩建业：《初期仰韶文化研究》，《古代文明》（第8卷），文物出版社，2010年，第32页。
6. 魏兴涛说，"老官台仰韶初期遗存主要是受裴李岗文化西渐影响而出现的"，而"以零口遗址为代表的关中地区稍晚的仰韶初期大多遗存应是在继承老官台这类遗存基础上逐步发展壮大的"，所以"关中地区仰韶文化初期遗存从东到西是一个自早而晚逐渐形成的过程"。见魏兴涛：《豫西晋南和关中地区仰韶文化初期遗存研究》，《考古学报》2014年第4期。

7 魏兴涛：《豫西晋南和关中地区仰韶文化初期遗存研究》，《考古学报》2014 年第 4 期。

8 中国社会科学院考古研究所：《宝鸡北首岭》，文物出版社，1983 年。

9 郭引强：《宝鸡北首岭的分期及有关问题》，《中原文物》1987 年第 3 期；严文明：《北首岭史前遗存剖析》，《仰韶文化研究》，文物出版社，1989 年，第 87～109 页。

10 孙祖初：《中原地区新石器时代中期向晚期的过渡》，《华夏考古》1997 年第 4 期。

11 韩建业：《初期仰韶文化研究》，《古代文明》（第 8 卷），文物出版社，2010 年，第 16～35 页；魏继印：《北首岭遗址仰韶文化早期遗存研究》，《考古》2012 年第 12 期。

12 如魏兴涛所指出，77M17 和 77M6 所在探方都位于Ⅳ区，彼此邻近，地层可互相对应，前者叠压于 77T2 的 5B 层下，后者叠压于 77T4 的 5A 层下。见魏兴涛：《豫西晋南和关中地区仰韶文化初期遗存研究》，《考古学报》2014 年第 4 期。

13 宝鸡市考古工作队、陕西省考古研究所宝鸡工作站：《宝鸡福临堡——新石器时代遗址发掘报告》，文物出版社，1993 年。

14 陕西省考古研究所：《龙岗寺——新石器时代遗址发掘报告》，文物出版社，1990 年。

15 韩建业：《裴李岗文化的迁徙影响与早期中国文化圈的雏形》，《中原文物》2009 年第 2 期。

16 张宏彦：《渭水流域老官台文化分期与类型研究》，《考古学报》2007 年第 2 期；郭小宁：《渭河流域老官台文化的分期研究》，《考古与文物》2010 年第 6 期。

17 陕西省考古研究院、宝鸡市考古工作队：《宝鸡关桃园》，文物出版社，2007 年。

18 如 77H9、77H11、78H21、78H32、77M10、77M13 等。见中国社会科学院考古研究所：《宝鸡北首岭》，文物出版社，1983 年。

19 即发掘者所说"老官台文化李家村类型"的 H136、M406、M411、

M414、M416、M423 等。见陕西省考古研究所：《龙岗寺——新石器时代遗址发掘报告》，文物出版社，1990 年。

20　即发掘者所说师赵村、西山坪遗址的"师赵村一期文化"遗存。见中国社会科学院考古研究所：《师赵村与西山坪》，中国大百科全书出版社，1999 年。

21　梁星彭：《关中仰韶文化的几个问题》，《考古》1979 年第 3 期；梁星彭：《再论北首岭下层类型的文化性质》，《考古》1992 年第 12 期。

22　吴加安、吴耀利、王仁湘：《汉水上游和渭河流域"前仰韶"新石器文化的性质问题》，《考古》1984 年第 11 期。

23　韩建业：《初期仰韶文化研究》，《古代文明》（第 8 卷），文物出版社，2010 年，第 32 页。

24　陕西省考古研究院、宝鸡市考古工作队：《宝鸡关桃园》，文物出版社，2007 年，第 325 页。

25　魏兴涛：《豫西晋南和关中地区仰韶文化初期遗存研究》，《考古学报》2014 年第 4 期。

26　山西省考古研究所：《翼城枣园》，科学技术文献出版社，2004 年，第 59～80 页。

27　河南省文物管理局：《黄河小浪底水库考古报告（二）》，中州古籍出版社，2006 年，第 160～175 页。

28　北京大学考古教研室华县报告编写组：《华县、渭南古代遗址调查与试掘》，《考古学报》1980 年第 3 期；阎毓民：《老官台遗址陶器分析》，《文博》1998 年第 1 期。

29　魏兴涛：《灵宝底董仰韶文化遗存的分期与相关问题探讨》，《中国国家博物馆馆刊》2011 年第 1 期。

30　山西省考古研究所：《山西侯马褚村遗址试掘简报》，《文物季刊》1993 年第 2 期。

31　中国历史博物馆考古部、山西省考古研究所等：《山西省垣曲县古城东关遗址Ⅳ区仰韶早期遗存的新发现》，《文物》1995 年第 7 期；中国历史博物馆考古部、山西省考古研究所等：《垣曲古城东关》，科学出版社，

2001年，第22～89页。

32 薛新民、宋建忠：《山西垣曲县宁家坡遗址发掘纪要》，《华夏考古》2004年第2期。

33 河南省文物管理局、河南省文物考古研究所：《新安荒坡——黄河小浪底水库考古报告（三）》，大象出版社，2008年。

34 河北省文物研究所、邯郸地区文物管理所：《永年县石北口遗址发掘报告》，《河北省考古文集》，东方出版社，1998年，第46～105页。

35 河北省文物研究所：《正定南杨庄——新石器时代遗址发掘报告》，科学出版社，2003年。

36 内蒙古文物考古研究所、日本京都中国考古学研究会岱海地区考察队：《石虎山遗址发掘报告》，《岱海考古（二）——中日岱海地区考察研究报告集》，科学出版社，2001年，第18～145页。

37 河南省文物研究所：《长葛石固遗址发掘报告》，《华夏考古》1987年第1期。

38 安志敏：《试论黄河流域新石器时代文化》，《考古》1959年第10期。

39 吴汝祚、阳吉昌：《关于"庙底沟与三里桥"一书中的几个问题》，《考古》1961年第1期。

40 石兴邦：《有关马家窑文化的一些问题》，《考古》1962年第6期。

41 张忠培、严文明：《三里桥仰韶遗存的文化性质与年代》，《考古》1964年第6期。

42 苏秉琦：《关于仰韶文化的若干问题》，《考古学报》1965年第1期。

43 严文明：《论半坡类型和庙底沟类型》，《考古与文物》1980年第1期。

44 山西省考古研究所：《山西翼城枣园新石器时代早期遗址调查报告》，《文物季刊》1992年第2期；山西省考古研究所：《山西侯马褚村遗址试掘简报》，《文物季刊》1993年第2期。

45 田建文、薛新民、杨林中：《晋南地区新石器时期考古学文化的新认识》，《文物季刊》1992年第2期。

46 田建文：《尖底瓶的起源——兼谈半坡文化与庙底沟文化的关系问题》，《文物季刊》1994年第1期。

47 戴向明：《试论庙底沟文化的起源》，《青果集——吉林大学考古系建系十周年纪念文集》，知识出版社，1998年，第18～26页。

48 陕西省考古研究所：《陕西临潼零口遗址第二期遗存发掘简报》，《考古与文物》1999年第6期。

49 半坡类型可以分为早、晚两期，分别以临潼姜寨一、二期为代表，其中晚期又称史家类型期。见西安半坡博物馆、陕西省考古研究所等：《姜寨——新石器时代遗址发掘报告》，文物出版社，1988年；严文明：《略论仰韶文化的起源和发展阶段》，《仰韶文化研究》，文物出版社，1989年，第122～165页。

50 东庄类型以芮城东庄村和翼城北橄一、二期遗存为代表，庙底沟类型以三门峡庙底沟一期和夏县西阴村主体遗存为代表。见中国科学院考古研究所山西工作队：《山西芮城东庄村和西王村遗址的发掘》，《考古学报》1973年第1期；山西省考古研究所：《山西翼城北橄遗址发掘报告》，《文物季刊》1993年第4期；中国科学院考古研究所：《庙底沟与三里桥》，科学出版社，1959年；山西省考古研究所：《西阴村史前遗存第二次发掘》，《三晋考古》第二辑，山西人民出版社，1996年，第1～62页。

庙底沟时代与"早期中国"

仰韶文化东庄—庙底沟类型时期，中国大部地区文化首次交融联系形成以中原为核心的文化共同体，这个文化共同体所处的新时代即为所谓庙底沟时代[1]。仰韶文化庙底沟类型实力强盛且对外产生很大影响，这已基本成为学术界的共识。早在1965年，苏秉琦就注意到庙底沟类型"对远方邻境地区发生很大影响"[2]。此后严文明指出"庙底沟期是一个相当繁盛的时期，这一方面表现在它内部各地方类型融合和一体化的趋势加强，另一方面则表现在对外部文化影响的加强"[3]。张忠培认为此时是"相对统一的时期"[4]，庙底沟类型（或西阴文化）对周围同期考古学文化产生了积极作用[5]。王仁湘称庙底沟期的彩陶扩展是"史前中国的艺术浪潮"[6]。在前人研究的基础上，本文试图论证：庙底沟时代是在东庄—庙底沟类型强力扩张影响下形成，该时代的到来标志着"早期中国文化圈"或文化上"早期中国"的形成。

一

仰韶文化东庄类型和庙底沟类型主要分布在晋西南豫西地区，

时当新石器时代晚期，绝对年代约在公元前 4200—公元前 3500 年[7]。

东庄类型以山西芮城东庄村仰韶遗存[8]和翼城北橄一、二期[9]为代表，时代介于半坡类型和庙底沟类型之间[10]，绝对年代约在公元前 4200—公元前 4000 年。是在当地仰韶文化枣园类型的基础上，接受东进的半坡类型的强烈影响形成的[11]。具体来说，其钵、盆、罐、瓮等主体陶器兼具枣园类型和半坡类型的特点，尖底瓶的雏形双唇口为仰韶文化枣园类型内折唇口和半坡类型杯形口的结合（图一，1~3）；杯形口尖底瓶和雏形双唇口尖底瓶的尖底特征，绳纹和宽带纹（图二，1、2）、三角纹、菱形纹、鱼纹等黑彩，以及头骨和肢骨成堆摆放的二次葬等特征[12]，都来自半坡类型；素面壶、鼎，尖底瓶的瘦长特征，墓葬基本不见随葬品的质朴习俗等，基于枣园类型；葫芦形瓶、火种炉，以及豆荚纹、花瓣纹等彩陶纹饰（图三，1、2）则为新创。总体看来自半坡类型的影响巨大，甚至从某种程度上可视其为半坡类型的关东变体[13]。其大口勾鋬罐的勾鋬做鸟首状，暗示该类型或许有崇拜鸟的习俗。东庄类型大致可以细分为两期，早期以北橄一期为代表，尖底瓶无颈且雏形双唇口的下唇不突出；晚期以北橄二期为代表，尖底瓶出颈且雏形双唇口的下唇较突出。同属东庄类型的豫西陕县三里桥仰韶遗存[14]、三门峡南交口仰韶文化一期[15]等，仅见杯形口尖底瓶而不见雏形双唇口尖底瓶，也不见火种炉，推测东庄类型的核心当不在豫西而在晋西南地区。

	东庄类型早期阶段	东庄类型晚期阶段	庙底沟类型早期阶段	庙底沟类型中期阶段	庙底沟类型晚期阶段
晋西南豫西地区	1　2	3	4	5	6
陕甘青地区			7	8	9
北方地区	10	11	12	13　14	15

东庄类型早期阶段	东庄类型晚期阶段	庙底沟类型早期阶段	庙底沟类型中期阶段	庙底沟类型晚期阶段
豫中南江汉地区 16 17	18		19	

图一　庙底沟时代各地区陶双唇口小口尖底瓶比较

1～3. 仰韶文化东庄类型（北橄H34：27、5，ⅡT1302④：6）　4～6. 仰韶文化庙底沟类型（南交口H90：1，西阴G1：28，西坡H110：5）　7～9. 仰韶文化泉护类型（大地湾T704③：P50，案板GNDH24：7，福临堡H37：8）　10～15. 仰韶文化白泥窑子类型（白泥窑子F1：1，王墓山坡下ⅠF1：21、ⅠF11：13，段家庄H3：15、27，杨家坪F1：3）　16、17. 仰韶文化大河村类型（大河村T56⑯：27、28）　18. 大溪文化（关庙山T63⑤A：27）　19. 仰韶文化阎村类型（水地河W1：2）

庙底沟类型以河南陕县庙底沟一期为代表[16]，绝对年代在公元前4000—公元前3500年，总体是在东庄类型基础上的继续发展，新出的直领釜和灶等则体现来自郑洛地区的影响。该类型流行鸟纹彩陶，见有鸟形鼎、灶、器盖等。庙底沟类型大致可以分为3期：北橄三、四期和南交口仰韶文化二期早期代表早期，庙底沟遗址一期和西阴村庙底沟类型主体遗存[17]代表中期，西坡墓葬和H110代表晚期[18]。小口尖底瓶先是上唇圆翘、下唇突出下垂而成为真正的双唇口，然后双唇逐渐尖平，最后上唇几乎消失而变为近于喇叭口，器底则由尖向钝变化（图一，4～6）；葫芦形瓶上部由斜弧向斜

	东庄类型早期阶段	东庄类型晚期阶段	庙底沟类型早期阶段	庙底沟类型中期阶段	庙底沟类型晚期阶段
豫西晋西南地区	1	2	3	4	5
陕甘青地区	6	7		8	
北方地区	9	10	11		12
河北地区		13		14	
东北地区		15			

图二 庙底沟时代各地区陶黑彩带纹钵比较

1、2.仰韶文化东庄类型（北橄H34：20、H32：2） 3～5.仰韶文化庙底沟类型（北橄ⅡT402③：2，西阴H33：54、H30：9） 6、7.仰韶文化史家类型（原子头H126：1，大地湾T302③：21） 8.仰韶文化泉护类型（大地湾F709：1） 9～12.仰韶文化白泥窑子类型（白泥窑子F1：11，王墓山坡下ⅠH1：4、ⅠF6：13，段家庄H3：5） 13.仰韶文化后冈类型（南杨庄T40②：1） 14.仰韶文化钓鱼台类型（钓鱼台H1） 15.红山文化（西水泉T7②：20）

直转变，最后变为颈部出棱近似喇叭口；钵和宽沿盆由浅弧腹向深曲腹发展，罐、瓮腹由矮弧向深直演变，器錾和附加堆纹越来越常见；彩陶中花瓣纹逐渐繁复成熟，最后又趋于简化（图三，3～5），钵口沿先是由宽带纹变为窄带纹，最后彩带基本消失（图二，3～5）。

庙底沟时代与"早期中国"

	东庄类型早期阶段	东庄类型晚期阶段	庙底沟类型早期阶段	庙底沟类型中期阶段	庙底沟类型晚期阶段
豫西晋南地区	1	2	3	4	5
陕甘青地区			6	7	8	9、10
北方地区			11	12	13
豫中南地区			14	15	16
河北地区				17	18
海岱江淮地区			19	20	21
江汉地区			22	23	24

图三 庙底沟时代各地区陶花瓣纹彩陶盆比较
1、2.仰韶文化东庄类型（北橄 H38∶11，东庄 H104∶1∶01） 3～5.仰韶文化庙底沟类型（北橄 T8⑨∶1，西阴 H33∶7，H30∶63） 6.仰韶文化史家类型（原子头 H42∶1） 7～10.仰韶文化泉护类型（大地湾 T700③∶19，泉护 H5∶192、H1127∶871，胡李家 H14∶2） 11～13.仰韶文化白泥窑子类型（章毛勿素 F1∶4，段家庄 H3∶07，白泥窑子 A 点 F2∶2） 14～16.仰韶文化阎村类型（大河村 T1⑥D∶113，点军台 F3∶7，大河村 T11⑤A∶83） 17、18.仰韶文化钓鱼台类型（南杨庄 H108∶1，钓鱼台 T4②） 19.大汶口文化（刘林 M72∶1） 20、21.崧泽文化（青墩下文化层，草鞋山 T304∶6） 22～24.大溪文化（螺蛳山 1 号墓，关庙山 T37④∶9、T4③∶9）

就级别甚高的西坡墓地看,至少晚期时庙底沟类型的核心已转移至豫西。

东庄类型形成以后,就以其极具活力的姿态迅速拓展,庙底沟类型"青出于蓝而胜于蓝",进一步扩张影响。

二

东庄类型和庙底沟类型向周围邻近地区的扩张影响,造成仰韶文化的"庙底沟化"和空前统一局势。

东庄类型一经形成,就迅速反馈影响关中地区,使半坡类型进入晚期亦即史家类型阶段[19]。陕西渭南史家墓葬[20]、临潼姜寨二期[21]等史家类型遗存,总体上继承半坡类型早期而有所发展,如钵、盆类器向尖圜底、折腹方向转变,小口尖底瓶、细颈壶变小退化等;但不少则为东庄类型因素,如葫芦形瓶以及彩陶中的花瓣纹、豆荚纹等。考虑到半坡类型尚鱼,而东庄类型崇鸟,则此时新出的鸟鱼合体纹不啻为半坡类型和东庄类型融合的象征[22]。这次文化浪潮还一直延伸到关中西部乃至于甘肃中东部,形成陕西陇县原子头仰韶一、二期遗存[23],甘肃秦安大地湾第二期遗存等[24](图二,6、7;图三,6),西北可能已延伸至河西走廊东缘[25],只是这些西部遗存流行仰身直肢葬而基本不见东部的多人二次合葬,双腹耳罐、双腹耳钵、葫芦口小口尖底瓶、人头形口平底瓶等也具有一定地方特点。庙底沟类型向西影响更加强烈,使得关中和甘肃东部由史家类型发展为泉护类型,如陕西华县泉护一期[26],白水下河一期[27],扶风案板一期[28]、宝鸡福临堡一、二期[29]、甘肃省秦安大地湾第三期等，花瓣纹、鸟纹彩陶和双唇口小口尖底瓶（图一，7~9；图二，8）等典型因素和庙底沟类型大同小异，区别只在鼎较少等细节方面。类似遗存还向西北一直扩展至青海东部[30]和宁夏南部[31]，西南达陇南至川西北[32]，偏晚阶段彩陶明显繁缛化（图三，10），与关中东部逐渐简化的趋势正好相反，反映核心区和"边远地区"逐渐分道扬镳。至于汉中地区的陕西汉阴阮家坝、紫阳马家营等遗存[33]，流行釜形鼎而与泉护类型有所不同，当受到过晋南豫西核心区文化的直接影响。

东庄类型同时北向深刻影响晋中北、内蒙古中南部、陕北北部和冀西北——狭义的北方地区，形成仰韶文化白泥窑子类型和马家小村类型[34]。内蒙古中南部至陕北北部此前分布着仰韶文化鲁家坡类型和石虎山类型，一定程度上可视为后冈类型和半坡类型的融合体，此时却变为白泥窑子类型，早晚期分别以内蒙古清水河白泥窑子C点F1[35]和凉城王墓山坡下第1段[36]遗存为代表，新出雏形双唇口小口尖底瓶（图一，10、11）和火种炉，钵、盆流行宽带纹（图二，9、10）和花瓣纹黑彩装饰，显然与东庄类型因素的大量涌入有关；甚至早晚期的尖底瓶口特征正好与北橄一、二期对应，充分显示其与晋西南亦步亦趋的关系。但白泥窑子类型缺乏鼎、釜、灶等，花瓣纹彩陶也较简单，仍体现出一定的地方特色。晋北和冀西北此前属后冈类型，此时则演变为地方特征浓厚的以山西大同马家小村遗存为代表的马家小村类型[37]，宽带纹和花瓣纹彩陶少而简单，小口尖底瓶个别卷沿外附加一圈泥条似双唇口，多数为单圆唇直口。至庙底沟类型早中期，晋中北和冀西北文化面貌已与庙底沟类型基本相同[38]，而内蒙古中南部仍更多延续此前的风格（图一，12～15；图二，11、12；图三，11～13）。庙底沟类型晚期，由于红山文化的南下影响，冀西北孕育出最早的雪山一期文化[39]，岱海地区形成装饰较多红彩的王墓山坡下第3段遗存，北方地区文化与晋西南的关系日渐疏远。

东庄类型同样东南—南向对河南中南部和鄂北产生很大影响。郑洛及以南地区，此前为大河村前二期类遗存[40]，此时则转变为大河村类型遗存，新出雏形口小口尖底瓶（图一，16、17）[41]和花瓣纹、豆荚纹黑彩等东庄类型因素，但流行釜形鼎、崇尚素面和红彩带等仍为当地传统的延续，小口折腹釜形鼎的出现当为北辛文化影响的结果，豆、杯等则体现与江淮地区的文化联系。豫西南和鄂西北地区，此前为仰韶文化大张庄类型[42]，此时则发展为以河南淅川下王岗二期下层[43]、邓州八里岗M53[44]为代表的下王岗类型，新出宽带纹、豆荚纹、花瓣纹黑彩和多人二次葬等东庄类型因素，小口尖底瓶则多为杯形口。庙底沟类型的影响更加深入，花瓣纹彩陶成为这些地区典型因素（图三，14～16），双唇口小口尖底瓶（图一，19）和葫芦形瓶也见于各地，只是距离豫西越远越少。但地方性特征仍然浓厚，郑洛地区的河南汝州阎村，郑州大河村一、二期，荥阳点军台一期[45]，巩义水地河三、四期[46]类遗存，小口尖底瓶更多为矮杯形口，浅腹釜形鼎发达，常在白衣上兼施黑、红彩，流行成人瓮棺葬，被称为仰韶文化阎村类型[47]。豫西南和鄂西北地区仍为下王岗类型的延续，以下王岗二期中、上层为代表，扩展至鄂西北的郧县、枣阳、随州一带[48]，流行圆腹釜形鼎，小口尖底瓶多为杯形口，彩陶黑、红、白搭配，相映成趣。偏晚阶段接受大汶口文化、大溪文化和崧泽文化影响，出现太阳纹、"互"字纹等彩陶图案，豆、杯、圈足碗、附杯圈足盘等陶器增多，与晋西南豫西核心区的差异逐渐增大。

东庄类型向太行山以东的影响最小，仅在河北正定南杨庄三期[49]、永年石北口中期四段和晚期的 H52 等遗存中，见有少量黑彩宽带钵（图二，13）、凹折沿绳纹罐和旋纹罐等东庄类型因素[50]，这当与后冈类型的顽强抵制有关。公元前 4000 年左右庙底沟类型正式形成之后，其与后冈类型的对峙局面终于宣告结束。这时除磁县钓鱼台、正定南杨庄四期为代表的少量与庙底沟类型近似的钓鱼台类型遗存外（图二，14；图三，17、18）[51]，河北平原大部呈现出文化萧条景象，或许与庙底沟类型进入太行山以东引起的激烈战争有关。这也从另外一个侧面见证了庙底沟类型强势扩张的剧烈程度。

三

东庄类型和庙底沟类型对仰韶文化区以外的东北、东部沿海和长江中游地区都产生了较为深远的影响。

（一）东北地区

东庄类型和庙底沟类型东北向的影响渗透，导致了西辽河流域红山文化的兴盛。

约公元前 4200 年以前，东北西辽河流域分布着以内蒙古敖汉旗小山遗存为代表的晚期赵宝沟文化[52]和以赤峰魏家窝铺遗存为代表的初期红山文化,其中已经渗透进仰韶文化下潘汪类型—后冈类型的泥质红陶钵、盆类因素。东庄类型形成后向北方强烈影响,形成仰韶文化白泥窑子类型和马家小村类型,其中前者已扩展至内蒙古锡林郭勒盟境,后者到达冀西北[53]。这两个类型继续向东北强力渗透的结果,就是使西辽河流域的赵宝沟文化转变为以内蒙古赤峰蜘蛛山T1③[54]、水泉H2[55]为代表的早期红山文化,面貌焕然一新,出现大量装饰黑彩的泥质红陶钵、盆、壶类,尤其宽带纹黑彩钵明确为东庄类型因素(图二,15)。庙底沟类型继续向东北施加影响,不但在冀西北地区留下蔚县三关F3那样与其很类似的遗存,而且使得以敖汉旗三道湾子H1[56]、赤峰西水泉F13为代表的中期红山文化开始流行涡纹彩陶,那实际上是花瓣纹彩的变体。

苏秉琦先生曾以"华山玫瑰燕山龙"的诗句,对中原和东北这种文化联系进行了高度概括。他指出花瓣纹等仰韶文化因素正是从华山脚下开始,经由晋南、北方地区而至于东北地区,并说红山文化"是北方与中原两大文化区系在大凌河上游互相碰撞、聚变的产物"[57]。但到以辽宁凌源牛河梁主体遗存为代表的红山文化晚期[58],红山文化已经开始反向对仰韶文化产生较大影响[59]。

(二)东部沿海地区

东庄类型和庙底沟类型向东部沿海地区的扩张影响,使海岱地区刚诞生的大汶口文化的面貌发生一定程度的改观,刺激了江淮和江浙地区文化的"崧泽化"进程,并促进了中国东部区"鼎豆壶杯鬶（盉）文化系统"的形成。

大约公元前 4100 年，在江淮地区龙虬庄文化北向渗透的背景之下，海岱地区增加了杯、豆、盉等崭新因素，从而由北辛文化发展为以山东泰安大汶口 H2003 为代表的最早期的大汶口文化[60]，东庄类型因素仅表现在兖州王因 M2558 那样的多人二次合葬方面[61]。约公元前 4000 年以后，庙底沟类型的影响显著增强，在大汶口、王因等早期大汶口文化遗存中，除多人二次合葬外，突然新增较多花瓣纹彩陶以及敛口鼓肩深腹彩陶钵、宽折沿彩陶盆等庙底沟类型因素（图三，19），这使得大汶口文化的面貌发生了一定程度的改观。不过从其彩陶的黑、红、白组合以及钵敛口严重等情况来看，与阎村类型更为接近，说明庙底沟类型间接通过阎村类型对大汶口文化产生影响。

约公元前 4100 年以前，江淮地区为龙虬庄文化一期[62]或类似遗存[63]，江浙地区为马家浜文化；之后在马家浜文化向崧泽文化转变的同时，还出现北阴阳营文化、薛家岗文化、龙虬庄文化二期等与崧泽文化大同小异的遗存，本文暂称这些类似遗存的形成为"崧泽化"过程。这些遗存普遍新出小口鼓腹鼎，有的肩部还饰多周旋纹，当为受到庙底沟类型—阎村类型小口折腹釜形鼎的影响所致；安徽肥西古埂早期 H2[64]、江苏海安青墩下文化层[65]、吴县草鞋山 T304[66]等所见花瓣纹彩陶（图三，20、21），以及龙虬庄二期 M141 的葫芦形瓶等，都更明确为庙底沟类型因素。由此推测东庄—庙底沟类型尤其是后者的影响在这次"崧泽化"进程中起到重要刺激作用。

（三）长江中游地区

东庄类型和庙底沟类型还向长江中游地区顽强渗透，不但为其增添了新的文化内容，而且使其文化活力大为增强。

约公元前 4200 年以前，长江中游地区文化可分为两个系统：汉江以东的湖北钟祥边畈类遗存[67]，流行高锥足釜形鼎、红顶钵、盆等，实际与豫西南和鄂北地区的下王岗一期遗存近似，大致属于仰韶文化系统；而在汉江以西则是以湖北枝江关庙山大溪文化一期[68]、湖南澧县城头山一期[69]为代表的早期大溪文化，流行釜、折腹钵、圈足碗等陶器。稍后约公元前 4100 年，大溪文化向东渗透，为汉江东部地区增加了大量圈足盘、圈足碗等器类，使其形成大溪文化油子岭类型[70]；与此同时，东庄类型的花瓣纹彩陶、雏形口小口尖底瓶（图一，18）、小口鼓腹旋纹鼎等因素也进入汉江两岸，见于关庙山二期、城头山二期等遗存。此时大溪文化中新出的薄胎彩陶杯，也不排除是受到仰韶文化彩陶影响而产生。

庙底沟类型对长江中游大溪文化的影响更加深入，其典型因素花瓣纹、鸟纹彩陶装饰和多人二次葬发现于湖北宜昌中堡岛新石器时代 I 期[71]、关庙山大溪文化三期（图三，23、24）、四川巫山大溪遗存等当中[72]，在湖北黄冈螺蛳山 M1 甚至还随葬庙底沟类型风格的彩陶鼓腹盆[73]（图三，22）。通过这种交流影响，大溪文化进入蓬勃发展时期。

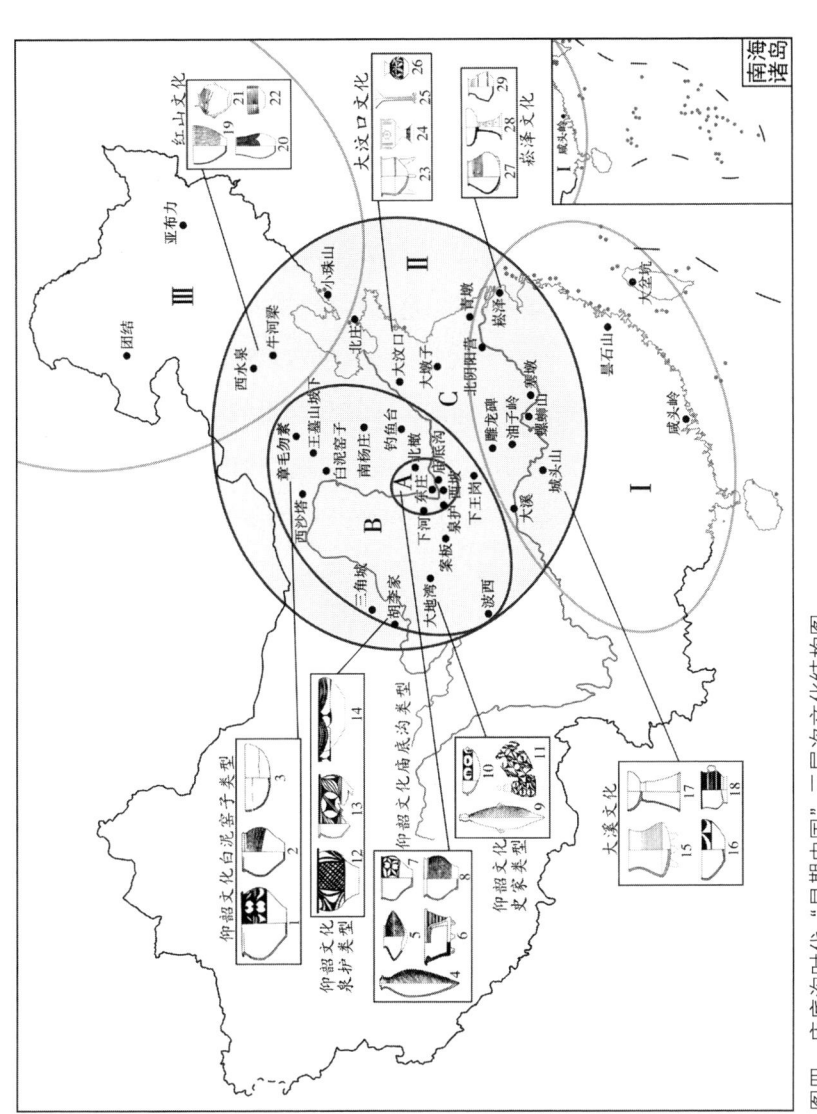

庙底沟时代与"早期中国"

图四 庙底沟时代"早期中国"三层次文化结构图
I.釜一圜足盘一豆文化系列 II.早期中国文化圈 III.筒形罐文化系统
A.核心区 B.主体区 C.边缘区

四

总体来看，由于公元前4000年前后仰韶文化东庄—庙底沟类型从晋南豫西核心区向外强力扩张影响，使得中国大部地区文化交融联系成相对的文化共同体[74]。其空间结构自内而外至少可以分为3个层次：核心区在晋西南豫西及关中东部，即仰韶文化东庄类型—庙底沟类型分布区和泉护类型东部，最具代表性的花瓣纹彩陶线条流畅，设色典雅；双唇口小口尖底瓶、折腹釜形鼎等典型器造型规整大气。向外是主体区即黄河中游地区（南侧还包括汉水上中游、淮河上游等），也就是除核心区之外的整个仰韶文化分布区，花瓣纹彩陶造型因地略异，线条迟滞，其中偏东部彩陶多色搭配，活泼有余而沉稳不足；西北部多双唇口小口尖底瓶而少鼎，东南部少双唇口小口尖底瓶而多鼎，也体现出区域性差异。再向外是边缘区即黄河下游、长江中下游和东北等仰韶文化的邻境地区，时见正宗或变体花瓣纹彩陶，以及黑彩带钵、折腹釜形鼎、双唇口小口尖底瓶、葫芦形瓶等。这个三层次结构共同体初定于东庄类型，成熟于庙底沟类型，是一个延续达六七百年的相对稳定的共同体，他们所处的时代构成庙底沟时代（图四）。这一文化共同体与东北亚地区的筒形罐文化系统、华南地区的釜文化系统在边缘地带略有交叉，但总体自成系统。

庙底沟时代是社会开始走向分化的时代，稍后铜石并用时代的社会变革和复杂化趋势都于此开端。具体来说，东庄类型和庙底沟类型早中期，核心区和主体区农业生产工具爪镰和石铲数量大增，表明农业有长足发展；作为专门武器的穿孔石钺已经少量出现，或许已经具有军权象征意义[75]，暗示战争在社会中的地位越来越重要。聚落房屋大小有别，成排分布[76]，社会秩序井然，显示当时已有较为强有力的社会组织管理能力。至于其墓葬少见随葬品，一方面说明其贫富分化和社会地位分化还很有限，另一方面也是其社会平实质朴的表现。我们曾将此后铜石并用时代的此类社会发展模式称为"中原模式"[77]，则此时这一模式已见雏形。边缘区的大汶口文化、崧泽文化、北阴阳营文化同时期墓葬分化显著，尤其玉石器制作水平远高于仰韶文化，似乎在社会发展方面走在前面，这也是其社会发展的"东方模式"初步显露的反映。但归根结底，这些文化的迅猛发展还是离不开仰韶文化东庄—庙底沟类型的启发。到庙底沟类型晚期，核心区附近的河南灵宝西坡、陕西白水下河、陕西华县泉护遗址已经出现二三百平方米的大型"宫殿式"房屋和大型墓葬，表明社会已经复杂到相当程度，已经站在了文明社会的门槛，但西坡大墓虽阔大特殊却一般仅随葬少量明器，重贵轻富，井然有礼，严于生死之分，仍体现"中原模式"的质朴习俗。而东部诸文化——大汶口文化、崧泽文化、北阴阳营文化、薛家岗文化、红山文化等，贫富分化、社会地位分化和手工业分化则愈加显著，"东方模式"的特点越来越明显。

　　庙底沟时代的这个三层次的文化共同体，与商代政治地理的三层次结构竟有惊人的相似之处[78]；该共同体无论在地理还是文化上，都为夏商乃至于秦汉以后的中国奠定了基础，因此可称为"早期中国文化圈"，或者文化上的"早期中国"，简称"早期中国"[79]。

我们曾提出仰韶文化东庄类型和庙底沟类型对应传说中的黄帝族系，认为涿鹿之战确立了庙底沟期仰韶文化所代表的华夏集团的主导地位，使黄帝及其中原地区成为古代中国的认知核心。事实上东庄类型和庙底沟类型的范围恰好以冀州为核心，而其影响北逾燕山，东达海岱，东南至江淮，南达江湘，与《史记》所载黄帝所至之处何其相似！[80] 究其原因，中原东庄类型—庙底沟类型的崛起，大约与距今 6000 年前后全新世适宜期最佳的水热条件有关；而其强力扩张影响乃至于形成庙底沟时代，则得益于中原所处"天下之中"的特殊地理位置。

注释

1　"庙底沟时代"是与"龙山时代"相对应的概念。见严文明：《龙山文化和龙山时代》，《文物》1981 年第 6 期。
2　苏秉琦：《关于仰韶文化的若干问题》，《考古学报》1965 年第 1 期。
3　严文明：《略论仰韶文化的起源和发展阶段》，《仰韶文化研究》，文物出版社，1989 年，第 122～165 页。
4　张忠培：《关于内蒙古东部地区考古的几个问题》，《内蒙古东部区考古学文化研究文集》，海洋出版社，1991 年，第 3～8 页。
5　张忠培：《仰韶时代——史前社会的繁荣与向文明社会的转变》，《文物季刊》1997 年第 1 期。
6　王仁湘：《史前中国的艺术浪潮——庙底沟文化彩陶研究》，文物出版社，2011 年。

7 严文明：《略论仰韶文化的起源和发展阶段》，《仰韶文化研究》，文物出版社，1989年，第122~165页。

8 中国科学院考古研究所山西工作队：《山西芮城东庄村和西王村遗址的发掘》，《考古学报》1973年第1期。

9 山西省考古研究所：《山西翼城北橄遗址发掘报告》，《文物季刊》1993年第4期。

10 张忠培、严文明：《三里桥仰韶遗存的文化性质与年代》，《考古》1964年第6期。

11 田建文、薛新民、杨林中：《晋南地区新石器时期考古学文化的新认识》，《文物季刊》1992年第2期；山西省考古研究所：《山西翼城北橄遗址发掘报告》，《文物季刊》1993年第4期。

12 陕西华县元君庙墓地一期就流行摆放成仰身直肢葬式的二次葬，二期以后流行头骨和肢骨成堆摆放的二次葬（北京大学历史系考古教研室：《元君庙仰韶墓地》，文物出版社，1983年），这两种二次葬之间当存在演化关系。元君庙一、二期属于半坡类型早期，相对年代略早于北橄一期。

13 严文明：《论半坡类型和庙底沟类型》，《考古与文物》1980年第1期；戴向明：《试论庙底沟文化的起源》，《青果集——吉林大学考古系建系十周年纪念文集》，知识出版社，1998年，第18~26页。

14 中国科学院考古研究所：《庙底沟与三里桥》，科学出版社，1959年。

15 河南省文物考古研究所：《三门峡南交口》，科学出版社，2009年。

16 中国科学院考古研究所：《庙底沟与三里桥》，科学出版社，1959年。

17 李济：《西阴村史前的遗存》，清华学校研究院丛书第3种，1927年；山西省考古研究所：《西阴村史前遗存第二次发掘》，《三晋考古》第二辑，山西人民出版社，1996年，第1~62页。

18 河南省文物考古研究所、中国社会科学院考古研究所河南一队等：《河南灵宝市西坡遗址2001年春发掘简报》，《华夏考古》2002年第2期；中国社会科学院考古研究所、河南省文物考古研究所：《灵宝西坡墓地》，文物出版社，2010年。

19 王小庆：《论仰韶文化史家类型》，《考古学报》1993年第4期。

20　西安半坡博物馆、渭南县文化馆：《陕西渭南史家新石器时代遗址》，《考古》1978年第1期。

21　西安半坡博物馆、陕西省考古研究所等：《姜寨——新石器时代遗址发掘报告》，文物出版社，1988年。

22　赵春青：《从鱼鸟相战到鱼鸟相融——仰韶文化鱼鸟彩陶图试析》，《中原文物》2000年第2期。

23　宝鸡市考古工作队、陕西省考古研究所：《陇县原子头》，文物出版社，2005年。

24　甘肃省文物考古研究所：《秦安大地湾——新石器时代遗址发掘报告》，文物出版社，2006年。

25　在甘肃古浪三角城遗址曾采集到一件史家类型阶段的细黑彩带圈底钵。见甘肃省文物考古研究所、北京大学考古文博学院：《河西走廊史前考古调查报告》（图三五，1），文物出版社，2011年，第65页。

26　北京大学考古学系：《华县泉护村》，科学出版社，2003年。

27　王炜林、张鹏程：《陕西白水下河新石器时代遗址》，《2010中国重要考古发现》，文物出版社，2011年，第18~20页。

28　西北大学文博学院考古专业：《扶风案板遗址发掘报告》，科学出版社，2000年。

29　宝鸡市考古工作队、陕西省考古研究所宝鸡工作站：《宝鸡福临堡——新石器时代遗址发掘报告》，文物出版社，1993年。

30　青海省文物考古队：《青海民和阳洼坡遗址试掘简报》，《考古》1984年第1期；中国社会科学院考古研究所甘青工作队、青海省文物考古研究所：《青海民和县胡李家遗址的发掘》，《考古》2001年第1期。

31　北京大学考古实习队、固原博物馆：《隆德页河子新石器时代遗址发掘报告》，《考古学研究》（三），科学出版社，1997年，第158~195页。

32　北京大学考古学系、甘肃省文物考古研究所：《甘肃武都县大李家坪新石器时代遗址发掘报告》，《考古学集刊》13，中国大百科全书出版社，2000年，第1~36页；成都文物考古研究所、阿坝藏族羌族自治州文物保管所等：《四川茂县波西遗址2002年的试掘》，《成都考古发现（2004）》，科学出版社，2006 年，第 1～12 页。

33 陕西省考古研究所、陕西省安康水电站库区考古队：《陕南考古报告集》，三秦出版社，1994 年。

34 韩建业：《中国北方地区新石器时代文化研究》，文物出版社，2003 年。

35 崔璇、斯琴：《内蒙古清水河白泥窑子 C、J 点发掘简报》，《考古》1988 年第 2 期。

36 内蒙古文物考古研究所、北京大学中国考古学研究中心"聚落演变与早期文明"课题组等：《岱海考古（三）——仰韶文化遗址发掘报告集》，科学出版社，2003 年。

37 山西省考古研究所、大同市博物馆：《山西大同马家小村新石器时代遗址》，《文物季刊》1992 年第 3 期。

38 如山西汾阳段家庄 H3、柳林杨家坪 F1（国家文物局、山西省考古研究所等：《晋中考古》，文物出版社，1999 年）、河北蔚县三关 F3（张家口考古队：《1979 年蔚县新石器时代考古的主要收获》，《考古》1981 年第 2 期）等，只是仍少见鼎。

39 以河北平山中贾壁遗存为代表。见滹沱河考古队：《河北滹沱河流域考古调查与试掘》，《考古》1993 年第 4 期；韩建业：《论雪山一期文化》，《华夏考古》2003 年第 4 期。

40 郑州市文物考古研究所：《郑州大河村》，科学出版社，2001 年。

41 《郑州大河村》将其划分为 M 型罐。

42 南阳地区文物队、方城县文化馆：《河南方城县大张庄新石器时代遗址》，《考古》1983 年第 5 期。

43 河南省文物研究所、长江流域规划办公室考古队河南分队：《淅川下王岗》，文物出版社，1989 年。

44 北京大学考古实习队、河南省南阳市文物研究所：《河南邓州八里岗遗址发掘简报》，《文物》1998 年第 9 期。

45 郑州市博物馆：《荥阳点军台遗址 1980 年发掘报告》，《中原文物》1982 年第 4 期。

46 张松林、刘彦锋、刘洪淼：《河南巩义水地河遗址发掘简报》，《郑州文物考古与研究》（一），科学出版社，2003年，第220~254页。

47 严文明：《略论仰韶文化的起源和发展阶段》，《仰韶文化研究》，文物出版社，1989年；袁广阔：《阎村类型研究》，《考古学报》1996年第3期。

48 以郧县大寺H98、枣阳第一期为代表，见湖北省文物考古研究所、湖北省文物局南水北调办公室：《湖北郧县大寺遗址2006年发掘简报》，《考古》2008年第4期；中国社会科学院考古研究所：《枣阳雕龙碑》，科学出版社，2006年。

49 河北省文物研究所：《正定南杨庄——新石器时代遗址发掘报告》，科学出版社，2003年。

50 河北省文物研究所、邯郸地区文物管理所：《永年县石北口遗址发掘报告》，《河北省考古文集》，东方出版社，1998年，第46~105页。

51 严文明：《略论仰韶文化的起源和发展阶段》，《仰韶文化研究》，文物出版社，1989年，第122~165页。

52 中国社会科学院考古研究所内蒙古工作队：《内蒙古敖汉旗小山遗址》，《考古》1987年第6期。

53 以河北蔚县三关F4为代表，见张家口考古队：《1979年蔚县新石器时代考古的主要收获》，《考古》1981年第2期。

54 中国社会科学院考古研究所内蒙古工作队：《赤峰蜘蛛山遗址的发掘》，《考古学报》1979年第2期。

55 中国社会科学院考古研究所内蒙古工作队：《赤峰西水泉红山文化遗址》，《考古学报》1982年第2期。

56 辽宁省博物馆、昭乌达盟文物工作站等：《辽宁敖汉旗小河沿三种原始文化的发现》，《文物》1977年第12期。

57 苏秉琦：《中华文明的新曙光》，《东南文化》1988年第5期。

58 辽宁省文物考古研究所：《辽宁凌源市牛河梁遗址第五地点1998~1999年度的发掘》，《文物》2001年第8期。

59 韩建业：《晚期红山文化南向影响的三个层次》，《文物研究》第十六辑，黄山书社，2009年，第61~66页。

60 山东省文物考古研究所：《大汶口续集——大汶口遗址第二、三次发掘报告》，科学出版社，1997年；韩建业：《龙虬庄文化的北上与大汶口文化的形成》，《江汉考古》2011年第1期。

61 中国社会科学院考古研究所：《山东王因——新石器时代遗址发掘报告》，科学出版社，2000年。

62 龙虬庄遗址考古队：《龙虬庄——江淮东部新石器时代遗址发掘报告》，科学出版社，1999年。

63 比如高淳薛城早期、江苏金坛三星村一期遗存等。见南京市文物局、南京市博物馆等：《江苏高淳县薛城新石器时代遗址发掘简报》，《考古》2000年第5期；江苏省三星村联合考古队：《江苏金坛三星村新石器时代遗址》，《文物》2004年第2期。

64 安徽省文物考古研究所：《安徽肥西县古埂新石器时代遗址》，《考古》1985年第7期。

65 南京博物院：《江苏海安青墩遗址》，《考古学报》1983年第2期。

66 南京博物院：《吴县草鞋山遗址》，《文物资料丛刊3》，文物出版社，1980年，第1~24页。

67 张绪球：《汉江东部地区新石器时代文化初论》，《考古与文物》1987年第4期。

68 中国社会科学院考古研究所湖北工作队：《湖北枝江县关庙山新石器时代遗址发掘简报》，《考古》1981年第4期；中国社会科学院考古研究所湖北工作队：《湖北枝江关庙山遗址第二次发掘》，《考古》1983年第1期。

69 湖南省文物考古研究所：《澧县城头山——新石器时代遗址发掘报告》，文物出版社，2007年。

70 张绪球：《长江中游新石器时代文化概论》，湖北科学技术出版社，1992年。

71 国家文物局三峡考古队：《朝天嘴与中堡岛》，文物出版社，2001年。

72 四川省博物馆：《巫山大溪遗址第三次发掘》，《考古学报》1981年第4期。

73 中国科学院考古研究所湖北发掘队：《湖北黄冈螺蛳山遗址的探掘》，《考古》1962年第7期。

74 张光直早就提出公元前4000年前开始形成"中国相互作用圈"，见张光直：《中国相互作用圈与文明的形成》，《庆祝苏秉琦考古五十五年论文集》，文物出版社，1989年，第1~23页。

75 河南汝州阎村发现的"鹳鱼石斧图"，其"斧"身似有穿孔，当为石钺，此图或可称为"鹳鱼钺图"。严文明认为此斧（或钺）当为军权的象征。见严文明：《〈鹳鱼石斧图〉跋》，《文物》1981年第12期。

76 以内蒙古凉城王墓山坡下Ⅰ聚落为代表，最大的F7居于最高处，其余房屋成排分布。见内蒙古文物考古研究所、北京大学中国考古学研究中心"聚落演变与早期文明"课题组等：《岱海考古（三）——仰韶文化遗址发掘报告集》，科学出版社，2003年。

77 韩建业：《略论中国铜石并用时代社会发展的一般趋势和不同模式》，《古代文明》（第2卷），2003年，第84~96页。

78 宋新潮：《殷商文化区域研究》，陕西人民出版社，1991年。

79 其实质与严文明所说"重瓣花朵式的格局"含义近同，与张光直提出的"中国相互作用圈"和苏秉琦所说"共识的中国"也相近。见严文明：《中国史前文化的统一性与多样性》，《文物》1987年第3期；张光直：《中国相互作用圈与文明的形成》，《庆祝苏秉琦考古五十五年论文集》，文物出版社，1989年，第1~23页；苏秉琦：《中国文明起源新探》，生活·读书·新知三联书店，1999年，第161页。

80 韩建业：《涿鹿之战探索》，《中原文物》2002年第4期；韩建业：《以华夏为核心的五帝时代古史体系的考古学观察》，《五帝时代——以华夏为核心的古史体系的考古学观察》，学苑出版社，2006年，第149~170页。

仰韶文化庙底沟期年代的区域性差异

庙底沟期是仰韶文化庙底沟类型时期的简称[1],也有学者称之为庙底沟文化[2]或者西阴文化[3]时期。一般也将这个时期称为仰韶文化中期。近年对庙底沟期仰韶文化核心区的三门峡庙底沟和南交口、灵宝西坡、西安高陵杨官寨、渭南华州泉护村等遗址进行了较大规模的发掘,获得了几批庙底沟期遗存的碳十四测年数据,总体上大致在公元前3700—公元前3100年之间[4]。以前一般认为庙底沟期的绝对年代在公元前4000—公元前3500年之间[5],新测年晚了数百年之多,部分落在了之前所认为的仰韶文化晚期西王类型期或者半坡晚期类型期的年代范围[6]。究其原因,一般会被解释为测年技术的进展,就是说原先常用的木炭标本不确定性大,而现在用的种子、人骨等更好,容易测得更准确。就上述五个遗址的新测年来说,庙底沟、南交口、西坡和杨官寨的测年标本固然为种子、人骨或兽骨,泉护却是木炭,但结果近似。可见这种解释还不足以服人。更深层的原因在于对庙底沟期相对年代的理解不够深入,没有意识到庙底沟期不同区域的年代存在差异。以下略作分析。

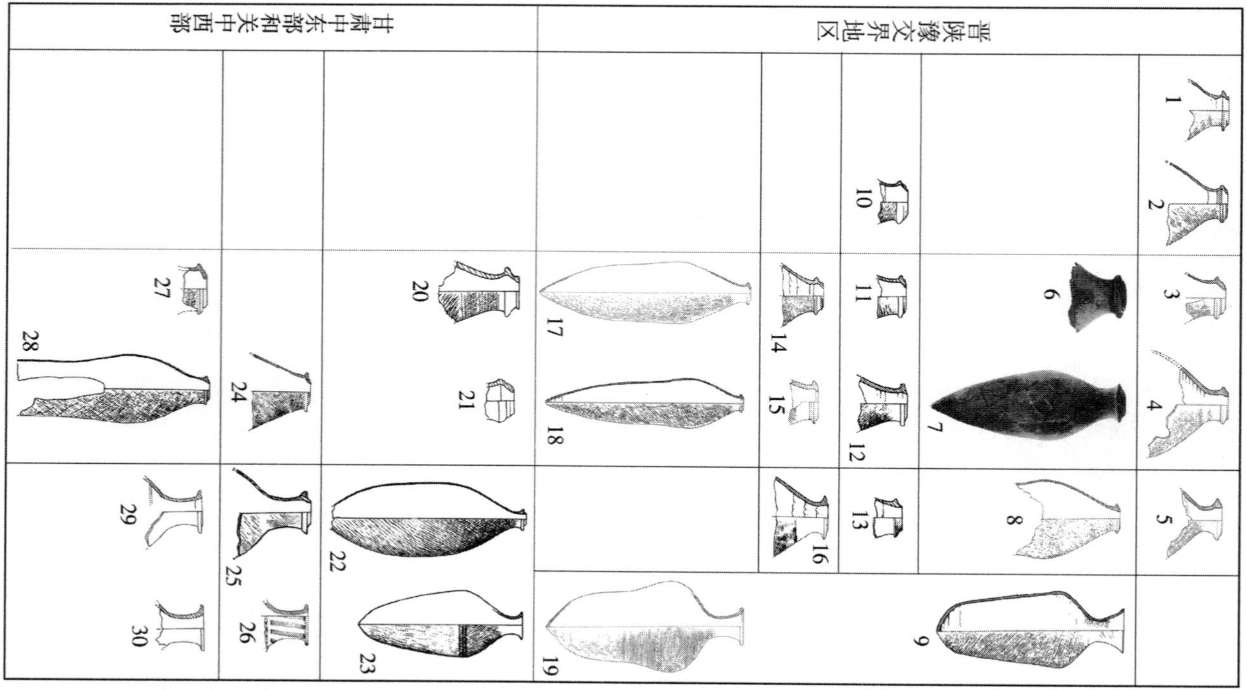

054
文化上的早期中国

图一 晋陕豫交界地区和甘肃中东部—关中西部庙底沟期小口尖底瓶的演变
1~2.北橄（ⅡT1403②：1，T9⑧：1）3~5.泉护（第二次发掘H9：137）9.上耄（H247：1）10~13.西阴（第二次发掘H27：4，H39：33，H32：19，H8：2）14~16.西坡（F105：1，F107-3：1，H110：5）17~19.杨官寨（W18：1，M323：1，H420：32）20~23.大地湾（T704③：P50，H701：P27，F400：7，F300：3）24~26.福临堡（Y1：5，H37，T30②：12）27~30.案板（GNDH31：8，GNDH24：7，GNZH1：98，GNDH19：13）6~8.庙底沟（第一次发掘H72：22，T203：43，第二次发掘H108：25，H107①：116，H137：32）

一

首先来看作为庙底沟期仰韶文化核心所在的晋、陕、豫三省交界地区。该地区庙底沟期的典型遗址有河南三门峡庙底沟、南交口和灵宝西坡,陕西渭南华州泉护村、西安杨官寨,山西夏县西阴村、翼城北橄等。

庙底沟遗址曾有过两次发掘[7],严文明最早将第一次发掘的仰韶文化遗存分为两期三段[8]。第二次发掘不但包含第一次发掘的两期,而且还有更晚的以 H9 为代表的第三期。小口尖底瓶一期时上口外有明显贴唇,加上外凸的环棱,从而形成双唇,口部内侧转折稍明显(图一,6);二期时上口外贴唇基本消失而成环部单唇,口部内侧转折不甚明显(图一,7);三期时环部单唇缩短变尖,口部内侧转折基本消失(图一,8)。一期时装饰线纹,二、三期时装饰线纹加篮纹或者仅饰篮纹。小口平底瓶的口部形态及纹饰演变基本也是如此。

泉护村遗址先后有过两次发掘,第一次发掘后,张忠培将其中的第一期或者庙底沟期遗存分为 3 段[9],大致对应庙底沟遗址仰韶文化的 3 期。第二次发掘还是同样的分期结果[10]。小口尖底瓶和小口平底瓶的变化轨迹基本和庙底沟遗址相同(图一,3~5),此外,从第 1 段到第 3 段,葫芦口瓶的瓶口逐渐变短,外壁由略外弧变为内弧;罐类陶器的铁轨式口沿和旋纹都逐渐趋于退化,第 3 段的深腹罐肩部多带双錾;釜口越变越大;彩陶盆整体趋高,圆点、勾叶、弧边三角花纹逐渐变得纤细且简化。

北橄仰韶文化遗存被发掘者分为四期[11]，第一期包含无领环形口小口尖底瓶、宽黑彩带圜底钵、卷沿圜底盆、敛口罐等陶器，彩陶有直线、弧线、三角、圆点等元素；第二期新见有领环形口小口尖底瓶、葫芦口瓶，出现铁轨式口沿罐；第三、四期流行有领环形口小口尖底瓶（图一，1、2）、葫芦口瓶、窄黑彩带钵、卷沿弧腹盆、铁轨式口沿罐，彩陶纹样多为圆点、勾叶、弧边三角纹。北橄第三、四期和庙底沟仰韶文化遗存近似，其尖底瓶上口小圆唇、内侧转折明显且角度较小，铁轨式口沿发达，卷沿盆圆腹圜底，年代早于庙底沟仰韶文化第一期。北橄第一、二期遗存更早，当属于仰韶文化庙底沟类型的前身东庄类型。

西阴村遗址有过两次发掘，根据第一次发掘的资料[12]，严文明分析认为该遗址除作为主体的庙底沟类型遗存外，还有更早和更晚的遗存[13]，但并未对庙底沟类型遗存本身进行分期。第二次发掘之后，发掘者将其中的庙底沟期遗存分为两期三组[14]。第一期除F1、F4外，还应当包括H27，所出小口尖底瓶口颈部与北橄第四期者相同（图一，10）；第二期早、晚组与泉护一期Ⅰ、Ⅱ段分别对应（图一，11、12）；另外H8所出小口瓶口颈部形态类似泉护一期Ⅲ段者（图一，13）。

南交口遗址的发掘者将庙底沟期遗存（仰韶文化二期遗存）分为三期六段[15]，其中早期Ⅰ段大致相当于北橄四期，早期Ⅱ段和中期Ⅲ段相当于泉护一期Ⅰ段，中期Ⅳ段和晚期Ⅴ段相当于泉护一期Ⅱ段，晚期Ⅵ段相当于泉护一期Ⅲ段。

西坡遗址的发掘者认为大房子F105组早于F107组[16]，以尖底瓶形态比较，二者分别相当于泉护一期Ⅰ、Ⅱ段（图一，14、15）。还有更晚的H20组，尖底瓶形态相当于泉护一期Ⅲ段者（图一，16）。西坡墓地随葬品多为明器，未见环形口尖底瓶，发掘者根据随葬陶器将墓葬分为三组[17]，其实合并为两组更为清楚：就陶折沿釜来说，M14等第1组的口较小、沿较窄、釜身较大（图二，2），近似于泉护一期Ⅱ段的釜（图二，6）；M29等第2组口扩大、沿变宽、釜身变小（图二，4），近似于泉护一期Ⅲ段的釜（图二，8）。另一种器物陶钵，第一组者尖唇直口或略敛、浅腹（图二，1），第二组者圆唇敛口深腹（图二，3），分别与泉护一期Ⅱ、Ⅲ段者接近（图二，5、7）。可见西坡墓地大致与泉护一期Ⅱ、Ⅲ段同时。

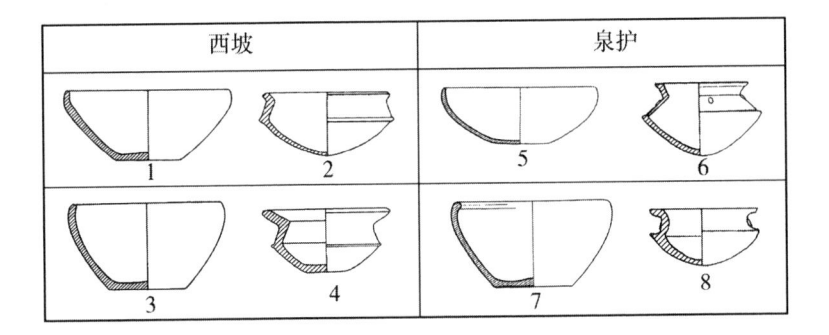

图二 西坡和泉护遗址陶器比较
1～4.西坡（M14：7、M14：4-1、M17：12、M29：3） 5～8.泉护（第二次H149②：4、第一次H133：16、第二次H1003：386、第一次T121③：01）（1、3、5、7.钵 2、4、6、8.釜）

杨官寨遗址的发掘者认为，该遗址存在相当于泉护一期Ⅰ、Ⅱ、Ⅲ段的遗存。[18]从发掘简报公布的资料来看，至少明确存在相当于泉护一期Ⅰ、Ⅱ段的尖底瓶（图一，17）。杨官寨墓地随葬品太少[19]，不好判定相对年代，但至少有相当于泉护一期Ⅱ段的尖底瓶（图一，18）。更晚的"半坡四期文化"或者仰韶文化半坡晚期类型的小口尖底瓶为喇叭口，在线纹上刻划波纹、涡纹图案（图一，19）。

此外，华阴兴乐坊第一、二期大致对应泉护一期Ⅰ、Ⅱ段。[20]垣曲小赵遗址的仰韶文化遗存，大致对应北橄二—四期至泉护一期Ⅰ、Ⅱ段。[21]垣曲上亳遗址的"仰韶中期"遗存大致相当于泉护一期Ⅰ、Ⅱ、Ⅲ段；"仰韶晚期"偏早的H7类遗存相当于泉护一期Ⅲ段；更晚的以H247为代表的西王类型遗存，其小口尖底瓶已变为喇叭口、钝尖底，装饰斜篮纹（图一，9）[22]。

总体来看，我们可以将核心区庙底沟期遗存大致归纳为三期五段[23]（表一）：第一期第1、2段分别以北橄第三、四期为代表，第二期第3、4段分别以庙底沟仰韶文化一、二期和泉护一期Ⅰ、Ⅱ段为代表，第三期第5段以庙底沟仰韶文化三期、泉护一期Ⅲ段为代表。形态演变最为清晰的是环形口小口尖底瓶的口颈部，第1段上口为小圆唇，环部内侧折角略大于90°，口颈接合处内壁外折明显，颈很矮；第2段上口为较薄的宽扁唇，环部内侧折角大于90°，口颈分界不明显，弧颈；第3段上口宽扁唇加厚，环部内侧转折不如前明显，折角明显变大，颈变高变直，口颈分界不明显；第4段上口唇基本消失，环部短厚，内侧转折不明显，直或斜直颈；第5段环部进一步退化，内侧转折基本消失。其他陶器以及彩陶纹饰也有相应的演变规律。

表一　各地区庙底沟期相对年代对应关系

	分期 遗址	第一期		第二期		第三期
		第1段	第2段	第3段	第4段	第5段
晋、陕、豫三省交界地区	庙底沟			仰韶文化一期	仰韶文化二期	仰韶文化三期
	泉护			一期Ⅰ段	一期Ⅱ段	一期Ⅲ段
	北橄	第三期	第四期			
	西阴		庙底沟期一段	庙底沟期二期早	庙底沟期二期晚	H8组
	南交口		早期Ⅰ段	早期Ⅱ段、中期Ⅲ段	中期Ⅳ段、晚期Ⅴ段	晚期Ⅵ段
	西坡			F105组	F107、M14组	H20、M29组
	上亳			H45组	H83组	H7组
	杨官寨			W18	M323	√
甘肃中东部和关中西部地区	大地湾			三期F330	三期H302	四期F400
	福临堡			一期	二期	第三期
	案板			一期H31	一期H24	二期H1
郑洛地区	西山			第二组	第三组	第四组
	大河村			第一期	第二期	第三期
	双槐树				第二组	第三组
岱海地区	王墓山坡下	第1段F1		第2段F5	第3段H32	
	红台坡上					G1

二

再看甘肃中东部和关中西部地区。该地区庙底沟期的典型遗址有秦安大地湾、扶风案板、宝鸡福临堡等。

大地湾遗址第三期属于庙底沟期遗存，发掘者将其分为3段[24]，其中以F330为代表的Ⅰ段和以H302为代表的Ⅱ段遗存，依据尖底瓶等的形态（图一，20、21），大致对应泉护一期Ⅰ、Ⅱ段，陶器群总体面貌也彼此相近。发掘者所分第三期Ⅲ段，实际可与以F400为代表的第四期Ⅰ段合并，大致对应泉护一期Ⅲ段。大地湾F400的小口尖底瓶环部短而尖，和庙底沟仰韶文化三期、泉护一期Ⅲ段者接近（图一，22），但陶器群整体风格开始明显发生变化（图三，12～22），彩陶的圆点、勾叶纹已很少见，流行弧边三角纹和细线纹，新见绞索纹、网纹和蟾蜍图案等（图三，21、22），和泉护一期Ⅲ段类遗存简化的圆点、勾叶、弧边三角纹有了明显区别（图三，3～6）；大地湾的侈口深腹罐腹较直长且多在腹部箍附加堆纹（图三，13），也和泉护一期Ⅲ段类遗存侈口深腹罐鼓上腹且多带双錾的情况不同（图三，2）；大地湾的素面敛口瓮、大口尊等器物（图三，14～16），少见于泉护一期Ⅲ段，而泉护一期Ⅲ段的釜、灶也不见于大地湾。

案板遗址的第一期属于庙底沟期遗存，发掘者又将其分为以GNDH31和GNDH24为代表的早、晚两类[25]，尖底瓶口颈部形态分别和泉护一期Ⅰ、Ⅱ段者近同（图一，27、28）。案板第二期偏早的GNZH1类，尖底瓶口颈部形态近似于泉护一期Ⅲ段者（图一，

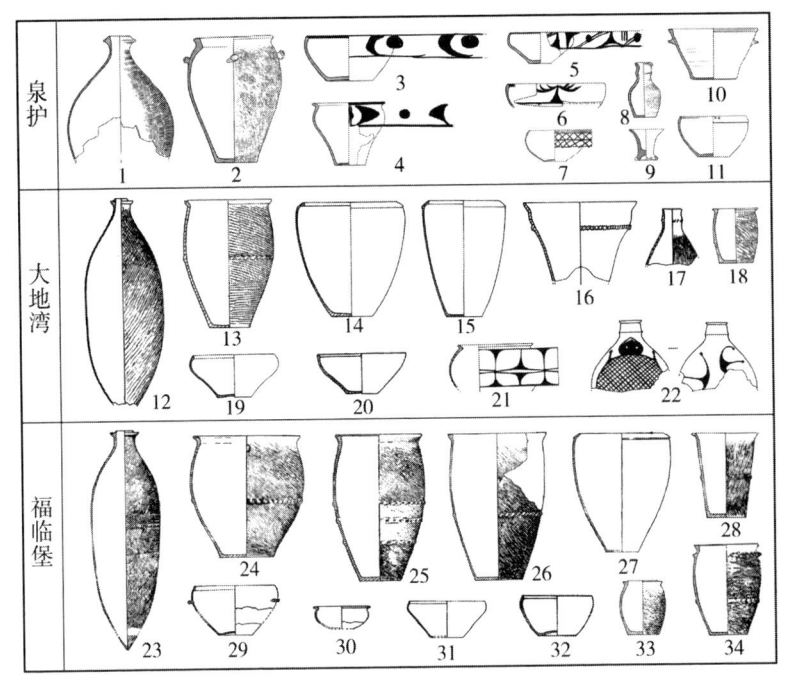

仰韶文化庙底沟期年代的区域性差异

图三 泉护、大地湾和福临堡遗址庙底沟期第三期陶器比较
1~11.泉护（第二次发掘H22②：99，H22①：67、78、79、77、9，H22②：174、49、45，H22①：24、81） 12~22.大地湾（F400：7，F820：14，F400：6、5，F405：5，H705：28，F400：1、8、2，F820：10、15） 23~34.福临堡（H37：8、9、56、12、7、58、16、57、2、3、1、10）
1、12、23.小口尖底瓶 2、13、24~26、34.侈口深腹罐 3、5~7、11、19、20、29、31、32.钵 4、21、30.卷沿盆 8、17、22.小口平底瓶 9.杯 10.敞口盆 14、15、27.敛口瓮 16.大口尊 18、33.小罐 28.筒形罐

29），但彩陶已经非常少见，出现较多双腹盆、大口尊等，确如发掘者所说，应该和第二期偏晚的GNDH19类（图一，30）一起归入"仰韶晚期"，或者半坡晚期类型期。

福临堡遗址的第一期属于庙底沟期遗存，Y1组的尖底瓶口颈部形态近似于泉护一期Ⅱ段者（图一，24）。第二期彩陶已很少见，侈口深腹罐腹较直长且多在腹部箍附加堆纹，多见素面敛口瓮等，和典型的庙底沟期已有一定差异（图三，23～34），发掘者认为属于"庙底沟类型与半坡晚期类型的过渡类型"，并称其为"福临堡二期类型"[26]，其尖底瓶口颈部形态近似于泉护一期Ⅲ段者（图一，25）。再后面就是典型的属于半坡晚期类型的第三期遗存，喇叭口尖底瓶同于案板二期晚段者（图一，26）。

可以看出，甘肃中东部和关中西部地区庙底沟期的遗存，可以分为两期三段，大致对应晋、陕、豫核心区的后两期（表一）。该地区勉强归入庙底沟期第三期第5段的遗存，总体上已经呈现出仰韶晚期的文化面貌，已经不属于严格意义上的庙底沟期。

三

郑洛地区的庙底沟期遗存，以郑州大河村一至二期[27]、西山二至三组[28]和巩义双槐树第二组[29]为代表，多鼎、有豆、尚素面、彩陶复杂多色，小口尖底瓶细长亚腰，地方特色浓厚，但圆点、勾叶、弧边三角纹彩陶和环形口小口尖底瓶等的较多存在，显示与晋、陕、豫核心区确有诸多共性。就西山遗址来说，发掘者认为其第四组也属于庙底沟期，但该期的宽折肩罐、深折腹鼎、球腹鼎、折腹盆等，均是大河村三期的典型器物，而大河村三期一般认为属于仰韶晚期的秦王寨类型[30]。西山第三组的环形口小口尖底瓶，环形口较高且内侧口颈转折明显（图四，1），第四组环形口变矮退化而内侧转折不明显（图四，2），演变规律略同于泉护一期Ⅱ、Ⅲ段之间的变化。可见西山第三、四组，大河村第二、三期，分别和泉护一期Ⅱ、Ⅲ段基本对应。也就是说，郑洛地区广义庙底沟期的最晚遗存，文化面貌也已经发生较大变化，率先进入一般所说的仰韶文化晚期。

　　内蒙古岱海地区的庙底沟期遗存，以凉城王墓山坡下仰韶文化Ⅰ区第1—3段遗存为代表[31]。王墓山坡下第1段（F1组）的环形口小口尖底瓶，有双唇且下唇下垂、内侧转折明显且角度较小；罐类的铁轨式口沿发达，卷沿盆口沿饰弧边三角纹，腹部饰抽象鱼纹，有大量宽黑彩带圜底钵（图五，1～10）；总体面貌和北橄二至四期近似，对应东庄类型晚期至庙底沟类型第一期。鱼纹彩陶较多、流行宽黑彩带圜底钵而未出现窄黑彩带圜底钵，可能是距离晋南较远而一些文化因素演化滞后的反映。王墓山坡下第2段（F5组）的环形口小口尖底瓶有双唇但下唇变正、内侧折角角度变大，铁轨式口沿略退化，新出装饰弧边三角纹、三角纹、斜线纹彩的小平底钵，仍有大量宽黑彩带圜底钵（图五，11～18），和泉护一期Ⅰ段大致对应。王墓山坡下第3段（H32组）的小平底钵在宽黑彩带上绘红色斜线纹，还出现鳞纹、折线三角纹等，黑色、红色互见（图五，19～26），反映来自东方的红山文化等的影响，大致对应泉护一

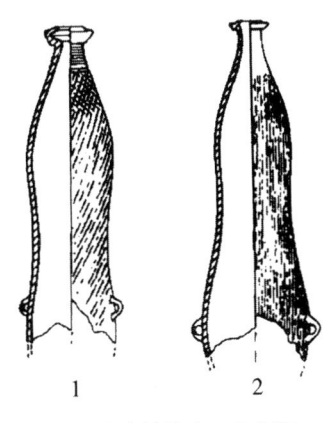

图四　西山遗址陶小口尖底瓶
1、2. W136：1、W141：2

期Ⅱ段。该地区往后就是王墓山坡中 F1、红台坡上 G1 类仰韶文化晚期海生不浪类型初期的遗存，出现筒形罐、小口双耳罐、多色复

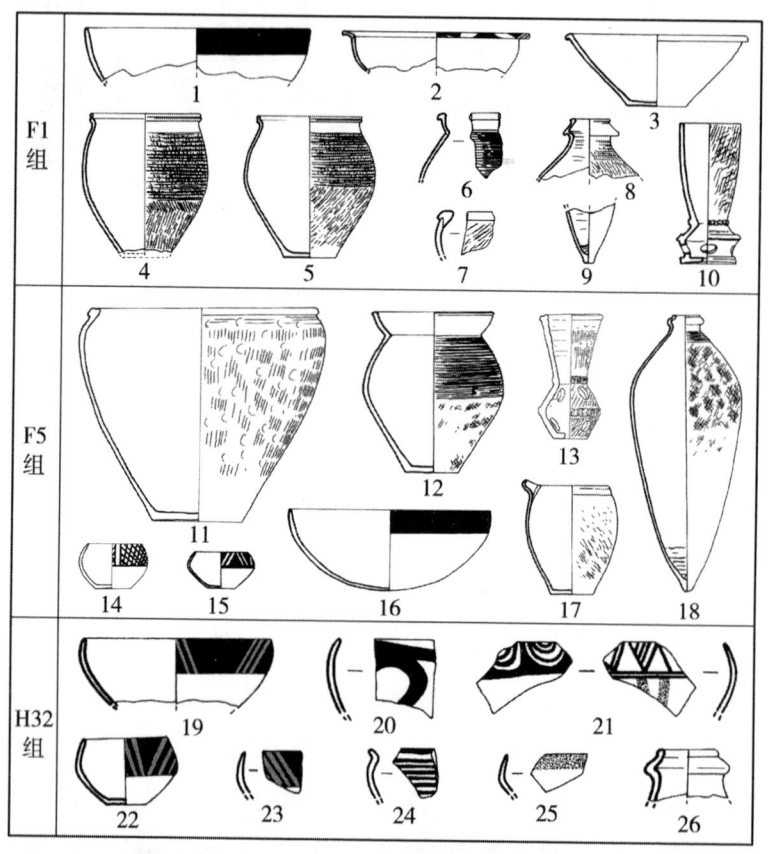

图五　王墓山坡下遗址 I 区 F1、F5、H32 组陶器比较

1、14～16、19～23、25. 钵（F1：8、F5：5、F5：4、F5：8、H32：3、T1123③：5、T1224③：3、H32：8、T0101③：2、T1016③：2）　2、3、24. 盆（F1：20、F1：12、T1016③：6）　4~6、12、17. 罐（F1：19、F1：18、F1：13、F5：14、F5：13）　7、11. 大口瓮（F1：14、F5：11）　8、9、18、26. 小口尖底瓶（F1：21、F1：22、F5：19、T0529③：5）　10、13. 火种炉（F1：17、F5：6）

杂彩陶，受到红山文化和早期雪山一期文化显著影响，小口尖底瓶消失；但有一种中腹箍附加堆纹的侈口鼓腹罐，仍有王墓山坡下第2段铁轨式口沿罐的遗风；推测其年代相当于泉护一期Ⅲ段。岱海地区应当也是先于晋、陕、豫核心区发生变异并进入仰韶文化晚期。

由于资料的限制，我们不能对庙底沟期各地区的相对年代逐一进行分析，仅就上述晋、陕、豫核心区和周边的甘肃中东部、关中西部以及郑洛、岱海地区的情况来看，核心区进入庙底沟期的时间最早，脱离庙底沟期的时间则最晚[32]。庙底沟期的形成，本来就是核心区庙底沟类型扩张其影响的结果，核心区最先进入庙底沟期理所当然；庙底沟期的结束，自然也就应当最先从"庙底沟传统"相对薄弱、更易受到外围文化影响的边缘地区开始。我们可以将核心区庙底沟期所延续的时期称为广义庙底沟期，而将各地庙底沟期实际延续的时期称为狭义庙底沟期。

四

近年所测庙底沟、南交口、西坡、杨官寨、泉护遗址庙底沟期的年代数据，分别为公元前3490—公元前2710年[33]、公元前3700—公元前3100年[34]、公元前3300—公元前3000年[35]、公元前3637—公元前2918年[36]、公元前3640—公元前3100年[37]。除泉护遗址的标本为木炭，其余几个遗址为种子、人骨或兽骨。庙底沟、南交口、杨官寨、泉护都包含二、三期遗存，测出的年代上限在公元前3700年左右，可能大致代表了第二期的上限；年代下限在公元前3100年左右，可能代表第三期的下限。西坡墓地总体属于第三期，测出的年代上限在大约公元前3300年。这些遗址当中只有南交口遗址明确包含庙底沟期第一期遗存，但并没有该期测年数据，推测庙底沟期第一期测年数据有早到公元前4000年的可能性[38]。也就是说，近年对晋、陕、豫核心地区庙底沟期的新测年数据是基本可靠的，第一期约公元前4000—公元前3700年，第二期约公元前3700—公元前3300年，第三期约公元前3300—公元前3100年。

甘肃中东部新近公布了张家川圪垯川和庆阳南佐遗址的大致数据。圪垯川遗址半坡类型晚期或史家类型期（相当于东庄类型期）年代在距今6100—5600年之间，庙底沟期在距今5600—5500年之间（测年标本主要是炭化粟、黍）[39]。以前测年数据较多的大地湾遗址[40]，其庙底沟期最早的单位F330（大地湾三期I段，广义庙底沟期第二期第3段）的测年校正数据为距今5600±120年（测年标本为木炭）。可见甘肃中东部进入庙底沟期的年代的确较晚，大约在距今5600年。庆阳南佐遗址仰韶晚期偏早阶段的测年数据（大型建筑F1等），约在距今5200—4850年之间[41]。大地湾仰韶晚期最早的单位F400（大地湾四期I段，广义庙底沟期第三期第5段）的测年校正数据，其一为距今5875±125年，明显偏早，应予剔除；其二在距今5600—5300年之间，至少其下限应该接近真实年代。可见甘肃中东部脱离庙底沟期的年代，的确要早于晋、陕、豫核心地区。

郑洛地区发表了西山遗址的一批新测年数据，其中"中期"的

15个数据校正后年代范围为公元前3640—公元前3120年,"晚期"的14个数据为公元前3500—公元前2700年[42]。这里的"中期"应该包括发掘简报当中的第二、三组,不清楚是否包括第四组。比较来看,西山广义庙底沟期第二期的年代和核心地区第二期年代基本吻合,广义庙底沟期第三期(仰韶晚期之初)的年代上限甚至也落在核心地区第二期年代范围内。

岱海地区没有新测年,之前仅有王墓山坡下第2段F7的1个属于庙底沟期的测年,校正数据为5710±200年,和核心地区第二期年代上限吻合。

总体来看,各地区广义庙底沟期各期的测年数据基本是互相吻合的,只是因为核心区最晚脱离庙底沟期,所以其庙底沟期的绝对年代下限最晚延续到约公元前3100年;周边区较早脱离广义庙底沟期而率先进入仰韶晚期,故其狭义庙底沟期的绝对年代下限最晚延续到约公元前3300年或公元前3200年。核心区比周边区脱离庙底沟期的年代晚一二百年。

五

年代问题从来都是考古学中最关键的问题。只有在"共时"的前提下,才能讨论文化(人群)之间、聚落(社会)之间的相互关系。依据上文的年代分析结果可知,大约公元前3300—公元前3100年,晋、陕、豫交界地带仍被庙底沟类型晚期人群占据的时候,西面陇山东西、东面郑洛、北方岱海等地,都已经率先进入仰韶晚期阶段。

如果说以双槐树聚落为中心的郑州地区存在一个"河洛古国"的话，那么陇山东西就应该有个以大地湾、南佐聚落为核心的"陇山古国"，而晋、陕、豫交界地带还应有一个与他们共存过一段时间的"嵩山古国"，当时在黄河中游地区实际上是三大古国并行的局面[43]，只是就现有材料看，"嵩山古国"的起始年代要早于其他两个"古国"三四百年。

"相对年代和绝对年代的确定都有其优点，又都有其局限性。如果把两者结合起来，就能发挥各自的优点而避免某些局限性。"[44]依靠科技手段获得的绝对年代，必须与依靠考古类型学和地层学建立的相对年代正确结合起来，才能获得其在考古学研究中的真实意义。随着考古发现的增多和科技手段的改进，对相对年代的认识会日益细化，获得的绝对年代也会日益准确，但永远无法得到"绝对"确切的年代，考古年代学研究永远在路上。那种认为现阶段的考古学研究已经跨越了"文化史编年"旧时代的说法，或者试图用年代测定手段替代类型学基础上的分期谱系研究的做法，未免失之于轻率。

注释

1　严文明：《论半坡类型和庙底沟类型》，《考古与文物》1980年第1期。
2　张忠培：《研究考古学文化需要探索的几个问题》，《文物与考古论集——

文物出版社成立三十周年纪念》，文物出版社，1986年，第177~185页。

3　张忠培：《仰韶时代——史前社会的繁荣与向文明时代的转变》，《故宫博物院院刊》1996年第1期；余西云：《西阴文化——中国文明的滥觞》，中国科学出版社，2006年。

4　张雪莲等综合推定的庙底沟期年代为约公元前4000—公元前3100年。但她所推定的公元前4000年只是根据庙底沟类型晚于东庄类型、史家类型而作出的拟合推测，并非新测年实际数据。见张雪莲、仇士华、钟建等：《仰韶文化年代讨论》，《考古》2013年第11期。

5　关于庙底沟类型的绝对年代，1979年安志敏推定为公元前3910—公元前3550年；严文明1980年推定为公元前4000—公元前3300年，1989年修改为公元前4000—公元前3500年；石兴邦1986年推定为公元前4000—公元前3600年；王仁湘1998年推定为公元前3900—公元前3600年。见安志敏：《裴李岗、磁山和仰韶——试论中原新石器文化的渊源及发展》，《考古》1979年第4期；严文明：《论半坡类型和庙底沟类型》，《考古与文物》1980年第1期；严文明：《略论仰韶文化的起源和发展阶段》，《仰韶文化研究》，文物出版社，1989年，第122~165页；石兴邦：《仰韶文化》，《中国大百科全书·考古学》，中国大百科全书出版社，1986年，第596页；王仁湘：《仰韶文化绝对年代研究检视》，《远望集——陕西省考古研究所华诞四十周年纪念文集》，陕西人民美术出版社，1998年，第83~96页。

6　西王类型或者半坡晚期类型期的年代，石兴邦1986年推定为公元前3600—公元前3000年；严文明1989年推定为公元前3500—公元前3000年；王仁湘1998年推定为公元前3600—公元前2900年。见石兴邦：《仰韶文化》，《中国大百科全书·考古学》，中国大百科全书出版社，1986年，第596页；严文明：《略论仰韶文化的起源和发展阶段》，《仰韶文化研究》，文物出版社，1989年，第122~165页；王仁湘：《仰韶文化绝对年代研究检视》，《远望集——陕西省考古研究所华诞四十周年纪念文集》，陕西人民美术出版社，1998年，第83~96页。

7　中国科学院考古研究所：《庙底沟与三里桥》，科学出版社，1959年；《三门峡庙底沟遗址》，《2002中国重要考古发现》，文物出版社，2003年，第20~25页；河南省文物考古研究所：《河南三门峡市庙底沟遗址仰韶文化H9发掘简报》，《考古》2011年第12期；河南省文物考古研究院：《华夏之花——庙底沟彩陶选粹》，上海古籍出版社，2013年。

8　严文明：《论庙底沟仰韶文化的分期》，《考古学报》1965年第2期。

9　北京大学考古学系、中国社会科学院考古研究所：《华县泉护村》，科学出版社，2003年。

10　陕西省考古研究院、渭南市文物局等：《华县泉护村——1997年考古发掘报告》，文物出版社，2014年。

11　山西省考古研究所：《山西翼城北橄遗址发掘报告》，《文物季刊》1993年第4期。

12　李济：《西阴村史前的遗存》，清华学校研究院丛书第三种，1927年；梁思永：《山西西阴村史前遗址的新石器时代的陶器》，《梁思永考古论文集》，科学出版社，1959年，第1~49页。

13　严文明：《西阴村史前遗存分析》，《仰韶文化研究》，文物出版社，1989年，第21~26页。

14　山西省考古研究所：《西阴村史前遗存第二次发掘》，《三晋考古》第2辑，山西人民出版社，1996年，第1~62页。

15　河南省文物考古研究所：《三门峡南交口》，科学出版社，2009年。

16　河南省文物考古研究所、中国社会科学院考古研究所河南一队等：《河南灵宝西坡遗址105号仰韶文化房址》，《文物》2003年第8期；中国社会科学院考古研究所河南一队、河南省文物考古研究院等：《河南灵宝市西坡遗址庙底沟类型两座大型房址的发掘》，《考古》2015年第5期。

17　中国社会科学院考古研究所、河南省文物考古研究所：《灵宝西坡墓地》，文物出版社，2010年。

18　陕西省考古研究院：《陕西高陵杨官寨遗址发掘简报》，《考古与文物》2011年第6期；张鹏程：《陕西高陵杨官寨遗址H85发掘报告》，《考古与文物》2018年第6期。

19　陕西省考古研究院、高陵区文体广电旅游局：《陕西高陵杨官寨遗址庙底沟文化墓地发掘简报》，《考古与文物》2018 年第 4 期。
20 陕西省考古研究院、渭南市文物保护考古研究所：《陕西华阴兴乐坊遗址发掘简报》，《考古与文物》2011 年第 6 期。
21 中国社会科学院考古研究所山西工作队：《山西垣曲小赵遗址 1996 年发掘报告》，《考古学报》2001 年第 2 期。
22 山西省考古研究所：《垣曲上亳》，科学出版社，2010 年。
23 韩建业：《庙底沟时代与"早期中国"》，《考古》2012 年第 3 期。
24 甘肃省文物考古研究所：《秦安大地湾——新石器时代遗址发掘报告》，文物出版社，2006 年。
25 西北大学文博学院考古专业：《扶风案板遗址发掘报告》，科学出版社，2000 年。
26 宝鸡市考古工作队、陕西省考古研究所宝鸡工作站：《宝鸡福临堡——新石器时代遗址发掘报告》，文物出版社，1993 年。
27 郑州市文物考古研究所：《郑州大河村》，科学出版社，2001 年。
28 国家文物局考古领队培训班：《郑州西山仰韶时代城址的发掘》，《文物》1999 年第 7 期。
29 郑州市文物考古研究院：《河南巩义市双槐树新石器时代遗址》，《考古》2021 年第 7 期。
30 严文明：《略论仰韶文化的起源和发展阶段》，《仰韶文化研究》，文物出版社，1989 年，第 122～165 页。
31 内蒙古文物考古研究所、北京大学中国考古学研究中心"聚落演变与早期文明"课题组：《岱海考古（三）——仰韶文化遗址发掘报告集》，科学出版社，2003 年。
32 朱雪菲、许永杰认为西坡墓葬"属于仰韶时代的晚期，而非西阴文化"。我也曾有过同样的认识。但观其随葬品整体面貌的确仍属庙底沟类型。朱雪菲、许永杰：《西阴文化的解体与仰韶晚期遗存的生成》，《考古与文物》2012 年第 6 期；韩建业：《西坡墓葬与"中原模式"》，《仰韶和她的时代——纪念仰韶文化发现 90 周年国际学术研讨会论文集》，文物出版社，2014 年，第 153～164 页。

33 张雪莲、仇士华、钟建等：《仰韶文化年代讨论》，《考古》2013年第11期。
34 吴小红、魏兴涛：《南交口遗址 ^{14}C 年代的测定与相关遗存的年代》，《三门峡南交口》，科学出版社，2009年，第436~443页。
35 中国社会科学院考古研究所、河南省文物考古研究所：《灵宝西坡墓地》，文物出版社，2010年，第270~282年。
36 杨利平：《试论杨官寨遗址墓地的年代》，《考古与文物》2018年第4期。
37 陕西省考古研究院：《泉护村遗址 ^{14}C 年代测定结果分析》，《华县泉护村——1997年考古发掘报告》，文物出版社，2014年，第729~730页。
38 张雪莲、仇士华、钟建等：《仰韶文化年代讨论》，《考古》2013年第11期。
39 《甘肃张家川圪垯川遗址》，《2021中国重要考古发现》，文物出版社，2022年，第80~85页。
40 甘肃省文物考古研究所：《秦安大地湾——新石器时代遗址发掘报告》，文物出版社，2006年，第705~707页。
41 《甘肃庆阳西峰区南佐遗址2021年发掘收获》，《2021中国重要考古发现》，文物出版社，2022年，第76~79页。
42 张雪莲、仇士华、钟建等：《仰韶文化年代讨论》，《考古》2013年第11期。
43 韩建业：《庙底沟期仰韶文化研究的几个问题》，《文物世界》2021年第2期。
44 严文明：《新石器时代考古的年代学》，《考古学初阶》，文物出版社，2018年，第98页。

中国北方早期石城兴起的历史背景
——涿鹿之战再探索

本文所说北方是小北方的概念，也就是苏秉琦所说"北方古文化"中的"北方"[1]，比"河套地区"的范围要大一些，具体指陕北、陇东、内蒙古中南部、晋中北、冀西北地区。北方地区长城沿线在龙山时代是有很多石城的，著名的如石峁、后城咀、碧村等，而石城最早出现的年代则可早到庙底沟二期之初。关于北方早期石城的兴起背景，最有启发性的认识就是苏秉琦提出的"长城原型"说[2]。笔者曾对这一说法做过进一步的阐发，认为北方石城带的重要功能之一是为了防御北方民族的南侵[3]，但到底是哪些"北方民族"，并没有说清楚。随着近些年考古新资料的增多，以及相关研究的进展，有必要对北方早期石城兴起的历史背景做进一步的讨论和反思。

一

北方早期石城发现不少，但见诸报道并能说清楚年代者并不多。城址始建年代的确定本来就是一件很复杂的事情，需要通过解剖城墙城壕并结合城内遗存综合判断，需要有清楚的地层学证据和足以说明年代的陶器等遗存的发现。目前大部分北方石城的考古工作有限，初步来看，最早的一批石城应当修建于庙底沟二期之初（图一）。

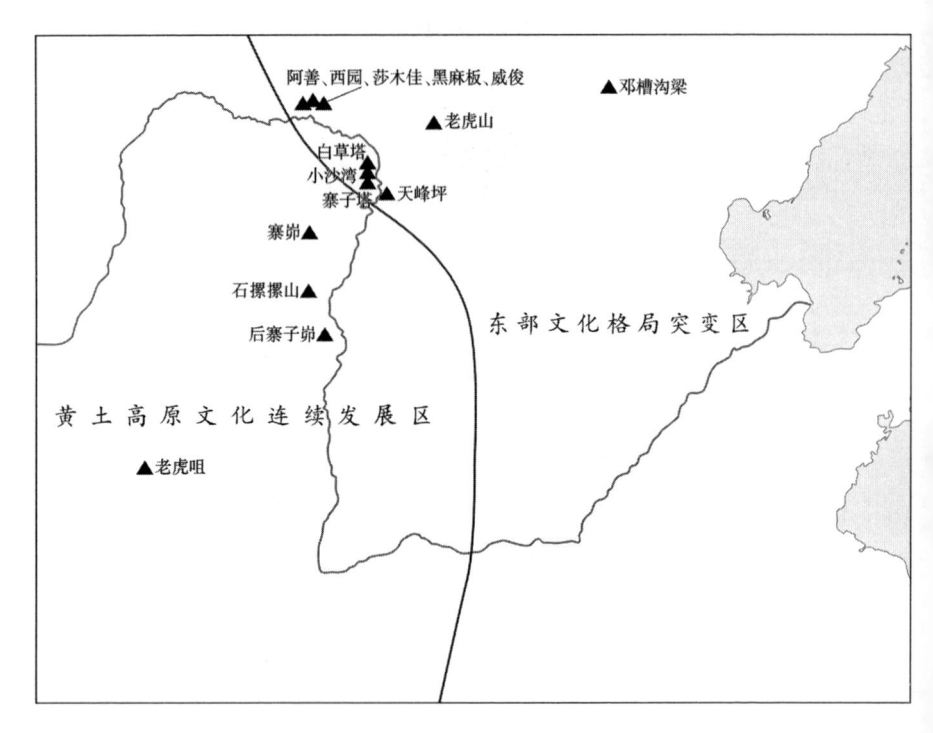

图一 中国北方地区庙底沟二期石城的分布

陕北明确始建于庙底沟二期的石城址有吴堡后寨子峁。该遗址位于三座相连的山梁上，总面积约 21 万平方米。山梁三面陡峭，易守难攻，因此山梁部位的石墙比较简单，也没有壕沟；重点在连接山梁的容易通行的马鞍部位修筑了几段石墙、壕沟和石台阶，军事防御性质很明显[4]。从发表的几件陶器看，有底部退化剩个小纽的喇叭口尖底瓶，也有印有横篮纹的小口折肩罐，应当代表早、晚两段，都属于庙底沟二期阶段。发掘者说它是"北方地区最早出现的防御性城址"[5]，应该是可信的。

佳县石摞摞山和神木寨峁石城址除了庙底沟二期遗存，还有更晚的龙山时代遗存，但石城的初建年代可能在庙底沟二期。石摞摞山石城所在遗址面积约15万平方米，石城本身分内、外城，外城石墙大致环绕成不规则三角形，面积约6万平方米，内城约3000平方米。外城墙是在夯土基础上垒砌厚约1米的石墙，局部有宽约10米、深约7米的城壕，发现有城门和瓮城结构，防御功能明显。该城址第一期属于庙底沟二期阶段，出土了小口折肩罐、口部箍多周附加堆纹的深腹罐等陶器。发掘者认为该城兴建于庙底沟二期晚段[6]。寨峁遗址约17万平方米，遗址中南部有道石墙，石墙以南为三面临崖的遗址主体区[7]。其中第一期流行横篮纹，属于庙底沟二期。

内蒙古中南部准格尔地区明确始建于庙底沟二期的石城址有小沙湾和寨子塔。小沙湾遗址仅有4000平方米，在遗址南部以两道石墙隔出一个三面悬崖峭壁的小空间，石墙宽3—4米[8]，所出陶器均属庙底沟二期早段，有底部带小纽的小口尖底瓶、口部箍多周附加堆纹的罐等，流行横篮纹，可见这是一处庙底沟二期早段的石城址。寨子塔遗址面积近5万平方米，在临悬崖陡坡的三面建有不连续的石墙，在北侧方便与外界相通处建有两道石墙形成瓮城，内、外墙前面都有宽约20米的壕沟，仅在中轴位置留出通道，内、外城门错位，内墙里侧还有一道短石墙围出瞭望台类的设施，军事防御功能十分明显（图二）。寨子塔石城最早的遗存属于庙底沟二期，之后是龙山时代遗存，由于叠压城墙和被城墙叠压的文化层都属于庙底沟二期，所以石城的始建年代当在庙底沟二期[9]。在准格尔地区还有一个白草塔遗址，面积近 3 万平方米，遗址中部有一道宽近 1 米的石墙，石墙以北的居址区三面临悬崖[10]。该遗址第一期为仰韶文化晚期遗存，

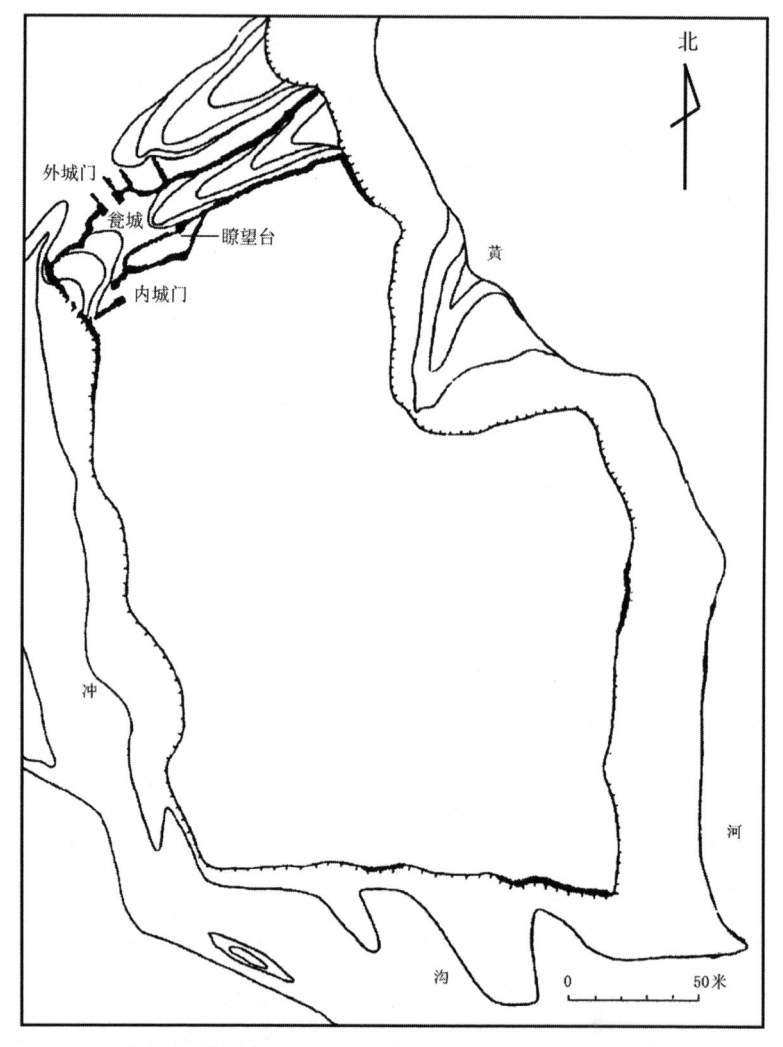

图二　寨子塔石城平面略图

第二期为庙底沟二期遗存。由于石墙外叠压石墙的第 2 层堆积中出土仰韶晚期的陶片，发掘者因此判断石墙建于仰韶晚期，但第 2 层也存在因扰动而混入早期陶片的可能性。目前在北方地区发现的最早石城均不早于庙底沟二期，因此白草塔石墙始建于庙底沟二期的可能性更大。

在包头以东大青山南麓的阿善、西园、莎木佳、黑麻板、威俊等遗址，也都曾发现建有石围墙的庙底沟二期石城址[11]。面积小的仅有数千平方米，最大的阿善约 5 万平方米，墙基宽多不足 1 米。这些石城址里面基本都有石墙房屋，应当和石城墙同时，而石墙房屋所出陶器流行横篮纹，有小口瓮、口外箍多周附加堆纹缸、小口罐、折腹盆、折腹豆等，属于阿善三期或庙底沟二期。

凉城老虎山石城位于岱海盆地西北部的山坡高处，面积约 13 万平方米，石墙宽约 1 米。如果有瓮城的话，理应建在下部平缓易通行之处，可惜下部城墙破坏殆尽，情况不明。我们曾将该城址遗存分为两期，认为第一期和同在岱海盆地北侧的园子沟遗址第一期同时，均属于龙山时代前期早段，推测年代上限距今约 4500 年[12]。仔细分析，老虎山第一期的 F6、F7 等只是单间房屋，平面圆角方形，火塘不甚规整且表面铺垫料姜石和石块；而园子沟第一期早段的 F3042、F3044 分主室和外间两部分，主室"凸"字形，圆形火塘规整干净。两者有明显差别。老虎山 F6、F7 开口于 Ⅱ 区第 3 层下，可能与其大致同时的各区的第 4 层陶器流行横篮纹[13]，和寨子塔第一阶段遗存接近；而园子沟 F3042 则以斜篮纹为主，和寨子塔第二阶段遗存接近。园子沟 F3042 所出高领罐直领鼓肩，也是和寨子塔第二阶段同类器近似,而与第一阶段弧领鼓腹的高领罐有别。所以老虎山第一期很有可能早于园子沟第一期[14],早到庙底沟二期阶段。

晋中北的偏关天峰坪城址的始建年代也可能在庙底沟二期。该城址约3万平方米,是在一个台地边缘砌筑石墙,内有石墙房屋,已见诸报道的横篮纹的折肩罐、折腹盆等,和准格尔、包头地区庙底沟二期遗存类似。在冀西北的崇礼邓槽沟梁也发现有带瓮城的石城,防御功能显著,所出陶器和老虎山遗存近似,不排除该城始建于庙底沟二期的可能性。此外,调查发现陇东的镇原老虎咀遗址也有庙底沟二期的石城遗迹。

二

北方地区早期石城兴起之时正好是庙底沟二期之初。在仰韶晚期向庙底沟二期转变之际,黄土高原大部地区文化仍然连续发展,而内蒙古中南部、河北大部和豫中地区的文化面貌则发生了突变。

黄土高原大部地区,指的是关中、晋中南、甘肃中东部和陕北地区。除陕北外,其他地区从庙底沟时代到仰韶晚期再到仰韶末期的庙底沟二期,文化稳定连续发展。虽然晋、陕、豫交界区进入仰韶晚期的时间要滞后于周边区域[15],但从仰韶晚期进入庙底沟二期却步调一致。关中和晋南豫西在仰韶晚期分别为半坡晚期类型和西王类型,之后都发展为庙底沟二期类型[16]。晋中仰韶晚期为义井类型,后发展为白燕类型[17]。甘肃中东部仰韶晚期为大地湾类型[18],后发展为常山类型。以晋南地区为例，瓶、罐、瓮、钵、盆等仰韶文化的代表性陶器前后相承，只是绳纹、彩陶和素面陶减少，横篮纹、附加堆纹越来越流行，常见在深腹盆中腹饰箆点纹者，肩部带鋬的器物减少；仰韶晚期的喇叭口小口尖底瓶至庙底沟二期早段时变得矮胖钝底，卷沿盆减少而无沿盆增加，新出擂钵等（图三）[19]。庙底沟二期晚段在晋南率先出现陶斝[20]。

陕北地区庙底沟时代和仰韶晚期偏早的遗存很少，到仰韶晚期晚段突然增多，很可能存在一个从陇东、关中等地移民至此的过程。陕北仰韶晚期遗存以靖边庙梁早段遗存为代表[21]，可暂称庙梁类型。庙梁类型的陶器和半坡晚期类型、大地湾类型有较多相似之处，但少见半坡晚期类型那种肩部带双鋬的罐，不见海生不浪类典型的小口大鼓腹双耳罐，普通房屋则基本都是前后室白灰面窑洞式建筑，类似房屋还见于陇东的宁县阳坬遗址[22]。陕北中北部庙底沟二期遗存和内蒙古中南部包头至鄂尔多斯地区同时期文化面貌基本相同，可称仰韶文化阿善三期类型，陶器和庙梁类型一脉相承，普通房屋仍然主要是前后室白灰面窑洞式建筑，出现石墙房屋。陕北阿善三期类型的遗址数量比仰韶晚期又有大幅度增加[23]，并且在靖边高家沟等地出现了大规模聚落群。从横山杨界沙[24]、靖边五庄果墚[25]、吴堡后寨子峁、神木寨峁、府谷郑则峁[26]等遗址发现的陶器看，从以绳纹为主逐渐转变为流行横篮纹，常见口沿外箍多周附加堆纹的罐、瓮、缸和上腹素面压光的深腹盆（尊），有的深腹盆中腹饰箆点纹（图四）。从器物来看，可分早、晚两段，早段的胖直腹钝底或底部带退化小纽的喇叭口小口尖底瓶，到晚段变为小口平底罐；

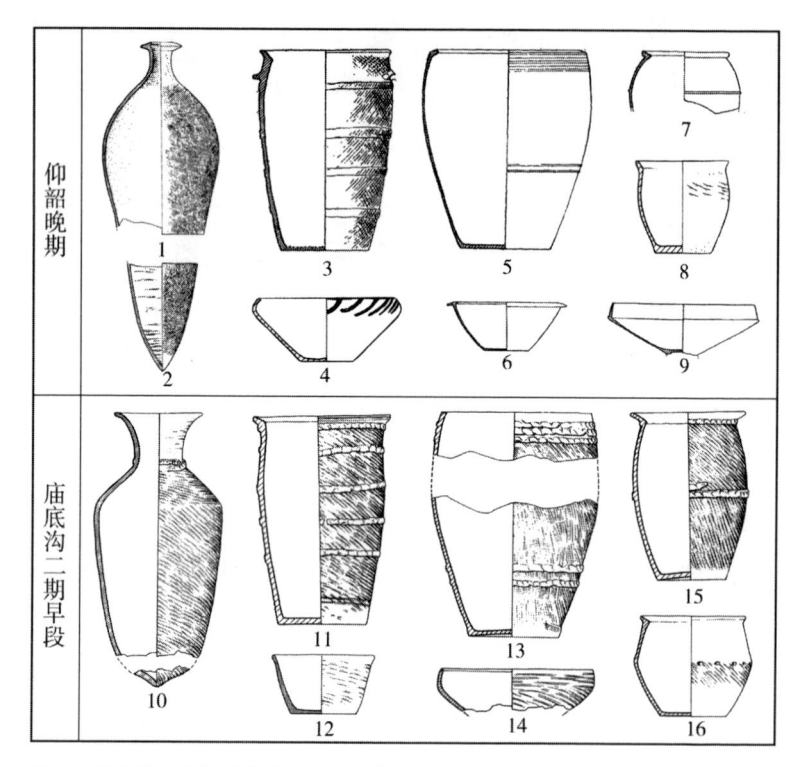

图三　晋南地区仰韶晚期和庙底沟二期早段陶器比较
1、2.上亳（H7：1、3）　3、5~7、9.西王村（M2：1，H4：2：17、7，H29：2：14，H4：2：14）　4、8.古城东关（IH76：2、IH56：117）　10~16.陶寺（H372：17，H356：14，H3422：32、H359：1，H347：22，H355：4，H358：1）
1、2、10.小口尖底瓶　3、11.深腹罐　4、14.钵　5、13.瓮　6、12.盆　7、15.弧腹罐　8、16.深腹盆　9.豆

早段还有少量双腹器，晚段开始出现可能源于晋南的陶斝[27]。

内蒙古中南部庙底沟二期的阿善三期类型和仰韶晚期的海生不浪类型总体面貌相差甚大。就包头和鄂尔多斯地区来说，阿善三期类型陶器虽然与海生不浪类型存在一定的继承关系，比如阿善三期

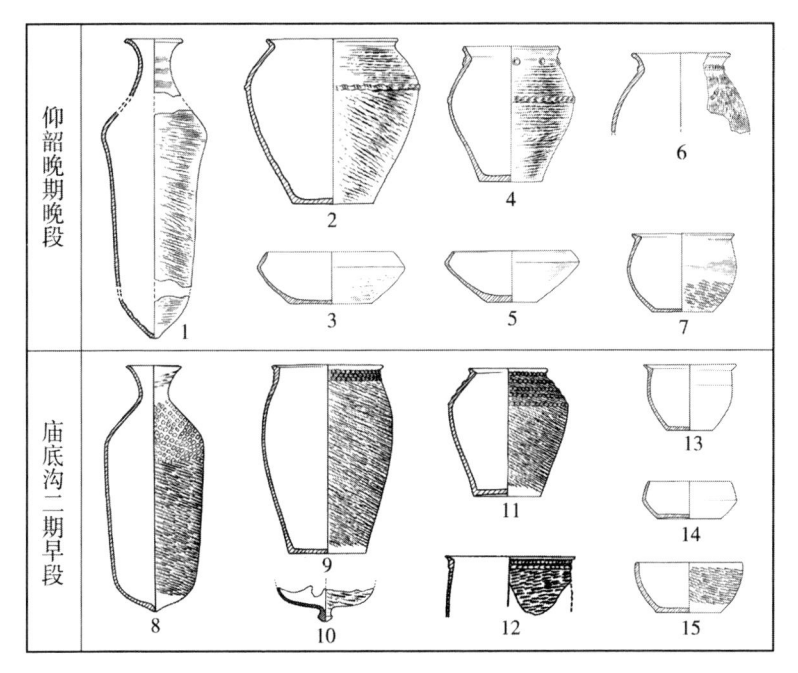

图四 陕北地区仰韶晚期晚段和庙底沟二期早段陶器比较
1～7. 庙梁（H41：9、H8：1、H41：1、H8：2、H41：2、F25：10、H27：1） 8、9、11、13～15. 杨沙界（AH19：39、CH18：24、CH45：36、AH12：5、CH22：6、BH4：2） 10. 郑则峁（乙T60⑤：1） 12. 寨峁（AF7：1）
1、8、10. 小口尖底瓶 2. 瓮 3、5、14. 钵 4、6、11. 鼓腹罐 7、13、15. 盆 9、12. 缸

类型的敛口双耳瓮应该和海生不浪类型的小口大鼓腹双耳罐有承袭关系，两者也都以半地穴式房屋为主，但整体上二者之间缺乏连续演化的中间环节：阿善三期类型流行横篮纹和方格纹，不见彩陶，而海生不浪类型流行绳纹和彩陶[28]；阿善三期类型大部分陶器都和海生不浪类型有显著差异，而与陕北同期遗存面貌基本相同（图五），并新出石墙房屋。岱海地区的老虎山第一期至少可以早到阿善三期

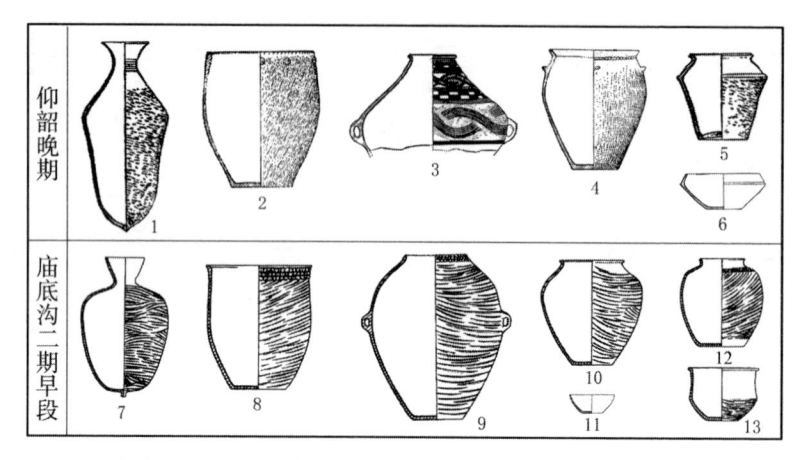

图五　鄂尔多斯地区仰韶晚期和庙底沟二期早段陶器比较
1～6.张家圪旦 H1　7～13.小沙湾（F4：8、9、11、10、21、4，T20②：1）
1、7.小口尖底瓶　2、8.缸　3.小口双耳鼓腹罐　4、10、12.鼓肩罐　5.折肩罐　6、11.钵　9.小口瓮　13.折腹盆

类型的晚段，陶器主要分两系，一类是和阿善三期类型基本相同的横篮纹灰陶系，另一类是极具地方特色的素面红褐陶系。横篮纹灰陶系肯定来自陕北和鄂尔多斯，而素面红褐陶系则为当地海生不浪类型传统（图六）[29]。先前我们将老虎山第一期定在龙山时代之初，认为其与当地海生不浪类型之间有着一段"空白"期，但也一直疑惑海生不浪类型因素通过何种方式能传承下来。现在看来，二者之间并不见得存在"空白"期，实际上很可能只是阿善三期类型扩张到岱海地区后，和当地海生不浪类型发生了融合。稍后园子沟一期的前后室白灰面窑洞式建筑，更是直接来源于陕北地区。黄旗海地区察右前旗庙子沟遗址的灾难现场，一般被认为是瘟疫所致[30]，但也不排除是战争原因，该地区此后文化长期中断。此外，晋西北地区天峰坪早期遗存属于阿善三期类型，来源自然应该在陕北和内蒙

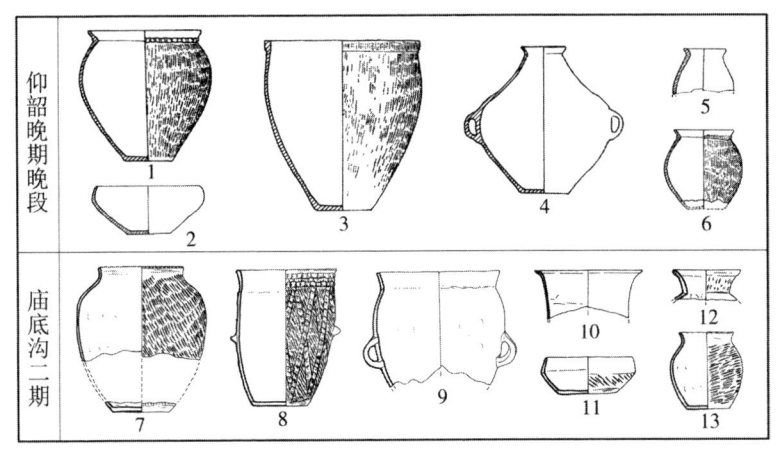

图六　岱海地区仰韶晚期晚段和庙底沟二期陶器比较
1~6.王墓山坡上（F10:5、9、2、3、11、19）　7~13.老虎山（T513④:9、F7:1、F6:3、T511④:15、T510④:23、T511④:24、T621④:16）
1、7.鼓肩罐　2、11.钵　3、8.缸　4.小口双耳鼓腹罐　5、9.素面夹砂罐　6、13.小罐　10.深腹盆　12.高领罐

古中南部，而当地仰韶晚期为海生不浪类型遗存[31]，文化突变的情况和准格尔地区一样。

冀西北地区的张家口贾家营遗址有明确的老虎山文化前期遗存[32]。邓槽沟梁城址也被认为属于老虎山文化，老虎山文化的上限有可能早到庙底沟二期。而当地蔚县三关第三期[33]、阳原姜家梁墓地等仰韶晚期遗存[34]，则属于雪山一期文化。雪山一期文化和海生不浪类型有很多接近之处，与老虎山文化或者阿善三期类型则有根本性差异。再放大到北京和冀中地区，曾经也是雪山一期文化的分布区[35]，但庙底沟二期阶段则一片"空白"。冀南豫北地区庙底沟二期早段以辉县孟庄仰韶文化遗存为代表[36]，流行花边篮纹附加堆纹深腹罐、深腹盆、双腹盆、高领罐、豆、杯、壶等陶器，与晋南庙底沟二期类型偏早阶段遗存面貌接近，尤其上腹素面、中腹饰篦点纹的篮纹罐，在陕北、内蒙古中南部和晋南都比较常见。这类遗存当然也继承了当地仰韶晚期大司空类型的部分因素[37]，甚至还有秦王寨类型因素（图七），但整体上以来自西部的文化因素占据主体，文化格局也是发生了剧烈变化。

豫中地区庙底沟二期阶段的郑州大河村五期（"龙山文化早期"）遗存，虽然继承了大河村四期的高领罐、杯、壶等，但整体上差异甚大，新出篮纹和绳纹深腹罐、附加堆纹敛口鼎、双腹盆等陶器（图八）[38]，显然是接受了来自黄土高原地区的强烈影响。此时郑州地

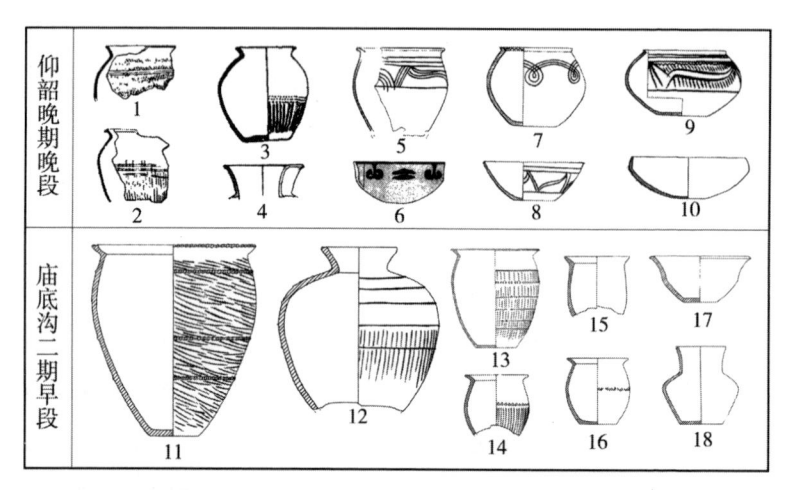

图七 冀南豫北地区仰韶晚期晚段和庙底沟二期早段陶器比较
1～3、6.大正集老磨冈（H3：24、5、169，H6：69） 4、5、7～10.鲍家堂（T1③：1，H5：4、7，H7：7、6、4） 11～18.孟庄（ⅡT191H2：4，ⅡT239⑤：1，ⅢT261W8：2，VⅢT67H6：1、2，ⅢT242H4：1，ⅡT191H2：17、21）

1～3、13、14.篮纹罐 4、12.高领罐 5、7、9.彩陶罐 6、10.钵 8.碗 11.缸 15、16.素面罐 17.双腹盆 18.壶

区聚落数量骤减，双槐树等大型聚落全面衰落，文化格局发生了根本性变化。

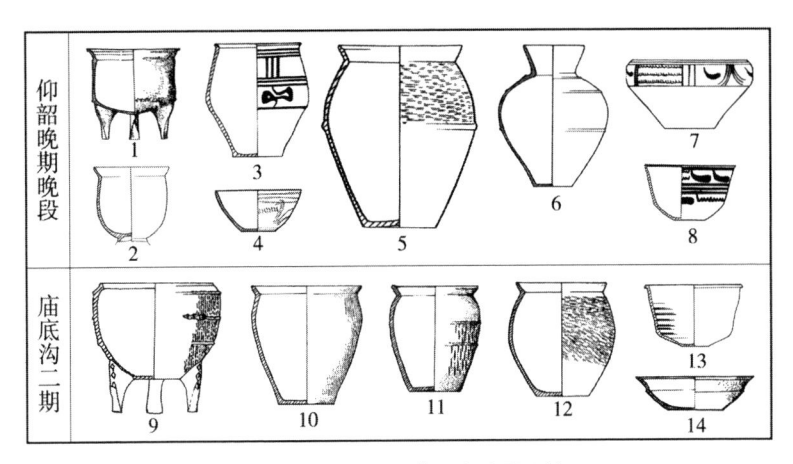

图八 豫中地区仰韶晚期晚段和庙底沟二期早段陶器比较
1～14.大河村（F42：3、H154：4、W8：1、H178：23、H254：4、H154：26、展厅基槽⑤：20、T52⑤：9、H228：10、H50：4、T6-7南扩③：2、H251：1、T42③：52、T12③：22）
1、9.鼎 2.圈足尊 3、5、10～12.深腹罐 4、8.碗 6.高领罐 7.钵 13.深腹盆 14.双腹盆

此外，海岱地区庙底沟二期之初时当大汶口文化中期向晚期过渡之际，当时发生的主要变化之一就是横篮纹的数量显著增加，也当与来自黄土高原的影响有关。

三

庙底沟二期之初黄土高原大部地区文化连续发展，而以东地区发生大范围突然性的文化格局巨变，只能与大规模的战争事件相联系，黄土高原一方人群显然是胜利者。恰在此时北方地区军事性质突出的石城兴起，很可能一方面是为了满足黄土高原人群的战争需要，一方面是战后稳定地方的需要。结合文献记载，这场战争很可能对应《逸周书·尝麦》《史记·五帝本纪》等所记载的轩辕黄帝诛杀蚩尤的涿鹿之战。

按《国语·晋语》等的记载，结合徐旭生的考证，可知属于华夏集团的黄帝和炎帝都发源于黄土高原，是两个同源部族首领的称谓，而轩辕黄帝为历代黄帝中最后一统天下者。徐旭生论证说，炎帝部族发祥于渭河上游，黄帝部族发祥于陇东陕北，后来他们向东迁移的路线是炎帝部族偏南而黄帝部族偏北[39]。沈长云等进一步论证认为，轩辕黄帝的根据地在陕北[40]，而涿鹿很可能就在包括现涿鹿在内的冀西北一带[41]，张家口是从内蒙古中南部进入太行山以东地区的必经之地。庙底沟二期时的石城从陕北、内蒙古中南部、晋西北一直到岱海，甚至有可能延伸至张家口地区，并导致包括内蒙古中南部、晋西北、冀西北在内的黄土高原以东地区文化面貌发生巨变或出现文化"空白"，与涿鹿之战发生的地理位置和惨烈程度正相符合。海岱地区大汶口文化中期向晚期的转变，很可能也与涿鹿之战有关。

需要讨论一下涿鹿之战发生的年代，也就是庙底沟二期之初的绝对年代。

庙底沟二期的开端当从西王上层（西王Ⅲ期）开始，与其同时的还有寨峁一期、小沙湾遗存等，黄土高原各地彩陶已基本不见，普遍流行横篮纹、多周附加堆纹陶器，有底部退化近平的小口尖底瓶等，和仰韶晚期已有较大差别，稍后出现陶斝。庙底沟二期上限的大致年代（包括出现最早斝的时期），以往木炭样本测年的结果多在距今4800—4700年（以下均为校正数据）：陶寺庙底沟二期早段（无斝）的两个木炭样本数据的中心值分别为公元前3103年、2810年，一个兽骨样本数据的中心值为2695年，发掘者判断总体当在公元前2800—公元前2700年[42]。庙底沟遗址H558（有斝）的一个数据是在公元前2780年左右[43]。垣曲古城东关"庙底沟二期文化"早期（有斝）的两个数据的中心值分别约为公元前3000年、公元前2660年[44]。垣曲丰村"庙底沟二期文化"的一个数据中心值是公元前2839年[45]。武功浒西庄"庙底沟二期文化"早期的几个数据中心值在距今4965—4745年[46]。蓝田新街"龙山时代遗存"（有斝）的3个数据中心值在公元前2780—公元前2665年[47]。阿善三期的一个数据中心值是公元前2806年[48]。近年根据对庙底沟遗址兽骨的新测年，西王村Ⅲ期的上限被推定在公元前2800年[49]。综合新旧测年，将庙底沟二期开始之年确定在距今4800—4700年，应该是大致不差的。传承下来的黄帝纪元元年为公元前2698年，正在这个年代范围之内[50]。

严文明曾根据《史记·五帝本纪》等中轩辕黄帝征伐天下、建立政权等的记载，推测其年代当在社会趋于复杂化的仰韶文化后期，是很有见地的认识[51]。笔者曾认为涿鹿之战可能和仰韶文化前期庙底沟类型的强力扩张影响有关[52]，现在看来并不能成立，庙底沟类型的扩张更可能对应炎帝部族的发展壮大。黄帝部族的根据地应该在黄土高原或者古雍州，其与冀州、豫州等发生关联当是距今4700

当是距今 4700 多年前涿鹿之战和阪泉之战后的结果，之后黄帝部族一定程度上统一了黄河流域。关于黄炎之间的阪泉之战，待以后另文讨论。

注释

1　苏秉琦：《谈"晋文化"考古》，《华人·龙的传人·中国人——考古寻根记》，辽宁大学出版社，1994 年，第 22 ~ 30 页。

2　苏秉琦：《象征中华的辽宁重大文化史迹》，《华人·龙的传人·中国人——考古寻根记》，辽宁大学出版社，1994 年，第 92 页。

3　韩建业：《试论作为长城"原型"的北方早期石城带》，《华夏考古》2008 年第 1 期。

4　《陕西吴堡后寨子峁新石器时代遗址》，《2004 中国重要考古发现》，文物出版社，2005 年，第 21 ~ 25 页。

5　王玮林、马明志：《榆林吴堡后寨子峁史前城址》，《留住文明——陕西"十一五"期间基本建设考古重要发现》，三秦出版社，2011 年，第 42 ~ 46 页。

6　陕西省考古研究院：《陕西佳县石摞摞山遗址龙山遗存发掘简报》，《考古与文物》2016 年第 4 期。

7　陕西省考古研究所：《陕西神木县寨峁遗址发掘简报》，《考古与文物》2002 年第 3 期。

8　内蒙古文物考古研究所：《准格尔旗小沙湾遗址及石棺墓地》，《内蒙古文物考古文集》（第 1 辑），中国大百科全书出版社，1994 年，第 225 ~ 234 页。

9　内蒙古文物考古研究所：《准格尔旗寨子塔遗址》，《内蒙古文物考古文集》

（第 2 辑），中国大百科全书出版社，1997 年，第 280~326 页。

10　内蒙古文物考古研究所：《准格尔旗白草塔遗址》，《内蒙古文物考古文集》（第 1 辑），中国大百科全书出版社，1994 年，第 183~204 页。

11　内蒙古社会科学院蒙古史研究所、包头市文物管理所：《内蒙古包头市阿善遗址发掘简报》，《考古》1984 年第 2 期；包头市文物管理所：《内蒙古大青山西段新石器时代遗址》，《考古》1986 年第 6 期。

12　内蒙古文物考古研究所：《岱海考古（一）——老虎山文化遗址发掘报告集》，科学出版社，2000 年，第 381、497~500 页。

13　老虎山遗址的第 4 层并不单纯，比如 V 区第 4 层虽然多见横篮纹，花边鼓肩罐也和寨子塔第一阶段器物类似，但也出有高直领罐的口沿，与园子沟 F3042 同类器相同，这也是我们当初认为其与园子沟第一期同时的主要依据。

14　魏坚、冯宝：《试论老虎山文化》，《边疆考古研究》2019 年第 2 期。

15　韩建业：《庙底沟期仰韶文化研究的几个问题》，《文物世界》2021 年第 2 期。

16　张岱海、高天麟、高炜：《晋南庙底沟二期文化分期试探》，《史前研究》1984 年第 2 期；严文明：《略论仰韶文化的起源和发展阶段》，《仰韶文化研究》，文物出版社，1989 年，第 122~165 页。

17　韩建业：《中国北方地区新石器时代文化研究》，文物出版社，2003 年，第 126 页。

18　大地湾四期遗存总体面貌和宝鸡福临堡、扶风案板等地同期遗存基本相同，只是彩陶数量更多，称之为大地湾类型是比较妥当的。许永杰：《黄土高原仰韶晚期遗存的谱系》，科学出版社，2007 年，第 204~206 页。

19　晋南地区的仰韶晚期和庙底沟二期早段遗存分别以芮城西王村仰韶晚期和"龙山"遗存为代表。仰韶晚期遗存还见于垣曲上亳和古城东关等遗址，庙底沟二期早段遗存还见于襄汾陶寺、夏县东下冯等遗址。中国科学院考古研究所山西工作队：《山西芮城东庄村和西王村遗址的发掘》，《考古学报》1973 年第 1 期；山西省考古研究所：《垣曲上亳》，科学出版社，2010 年，第 127 页；中国历史博物馆考古部、山西省考古研究所等：《垣曲古城东关》，科学出版社，2001年，第117~159页；中国社会科学院考古研究所、山西省临汾市文物局：《襄汾陶寺——1978~1985年考古发掘报告》，文物出版社，2015年，第23~121页。

20　张忠培、卜工等将陶斝的出现作为进入庙底沟二期的标志。张忠培：《试论东庄村和西王村遗存的文化性质》，《考古》1979年第1期；卜工：《庙底沟二期文化的几个问题》，《文物》1990年第2期。

21　邸楠将庙梁仰韶遗存分为早、晚两段，其中早段属于仰韶晚期遗存。陕西省考古研究院、榆林市文物考古勘探工作队等：《陕西靖边庙梁遗址仰韶时代遗存发掘简报》，《文博》2019年第1期；邸楠：《从庙梁遗址看陕北地区的仰韶晚期遗存》，《文博》2019年第1期。

22　庆阳地区博物馆：《甘肃省宁县阳坬遗址试掘简报》，《考古》1983年第10期。

23　据《中国文物地图集·陕西分册》，榆林地区所谓"新石器时代晚期"遗址数猛增至仰韶文化的5.7倍。这里的"新石器时代晚期"指庙底沟二期和龙山时代，且往往在同一个遗址存在两个时期遗存。国家文物局：《中国文物地图集·陕西分册》，西安地图出版社，1998年，第100页。

24　陕西省考古研究院、榆林市文物考古勘探工作队：《陕西横山杨界沙遗址发掘简报》，《考古与文物》2011年第6期。

25　陕西省考古研究院：《陕西靖边五庄果墚遗址发掘简报》，《考古与文物》2011年第6期。

26　榆林地区文管会、陕西省考古研究所陕北考古队：《陕西府谷县郑则峁遗址发掘简报》，《考古与文物》2000年第6期。

27　寨峁遗址第一期的灰坑仅出土退化形态的小口尖底瓶，这些灰坑应当均叠压于第4层之下，年代偏早；第4层出土斝，理应偏晚。

28　内蒙古文物考古研究所、伊克昭盟文物工作站：《内蒙古准格尔煤田黑岱沟矿区文物普查述要》，《考古》1990年第1期。

29　内蒙古文物考古研究所、日本京都中国考古学研究会岱海地区考察队：《王墓山坡上遗址发掘报告》，《岱海考古（二）——中日岱海地区考察研究报告集》，科学出版社，2001年，第146~205页。

30 内蒙古文物考古研究所：《庙子沟与大坝沟》，中国大百科全书出版社，2003年。

31 如老牛湾新庄窝主体遗存。北京大学考古系、雁北地区文物工作站等：《山西大同及偏关县新石器时代遗址调查简报》，《考古》1994年第12期。

32 以贾家营H3为代表。陶宗冶：《河北张家口市考古调查简报》，《考古与文物》1985年第6期；韩建业：《中国北方地区新石器时代文化研究》，文物出版社，2003年，第63页。

33 孔哲生、张文军、陈雍：《河北境内仰韶时期遗存初探》，《史前研究》1986年第3～4期。

34 河北省文物研究所：《河北阳原县姜家梁新石器时代遗址的发掘》，《考古》2001年第2期。

35 韩建业：《论雪山一期文化》，《华夏考古》2003年第4期。

36 河南省文物考古研究所：《辉县孟庄》，中州古籍出版社，2003年，第38～64页。

37 大司空类型晚期以安阳大正集老磨冈H3、H6和鲍家堂H5、H7等为代表。严文明：《大司空类型彩陶之分析》，《中华文明的始原》，文物出版社，2011年，第127～156页；中国科学院考古研究所安阳发掘队：《安阳洹河流域几个遗址的试掘》，《考古》1965年第7期；中国社会科学院考古研究所安阳队：《安阳鲍家堂仰韶文化遗址》，《考古学报》1988年第2期。

38 郑州市文物考古研究所：《郑州大河村》，科学出版社，2001年，第238～452页。

39 徐旭生：《中国古史的传说时代》，文物出版社，1985年，第40～48页。

40 沈长云：《石峁古城是黄帝部族居邑》，《光明日报》2013年3月25日，第15版。

41 白国红、沈长云：《古涿鹿地望与黄帝相关问题新探》，《河北师范大学学报（哲学社会科学版）》2015年第2期。

42 中国社会科学院考古研究所、山西省临汾市文物局：《襄汾陶寺——1978～1985年考古发掘报告》，文物出版社，2015年，第120～121页。

43 夏鼐：《碳-14 测定年代和中国史前考古学》，《考古》1977 年第 4 期。

44 中国历史博物馆考古部、山西省考古研究所等：《垣曲古城东关》，科学出版社，2001 年，第 591 年。

45 中国社会科学院考古研究所：《中国考古学中碳十四年代数据集（1965—1991）》，文物出版社，1991 年，第 47 页。

46 中国社会科学院考古研究所：《武功发掘报告——浒西庄与赵家来遗址》，文物出版社，1988 年，第 153 页。

47 陕西省考古研究院：《蓝田新街——新石器时代遗址发掘报告》，文物出版社，2020 年，第 587 年。

48 中国社会科学院考古研究所：《中国考古学中碳十四年代数据集（1965—1991）》，文物出版社，1991 年，第 61 页。

49 张雪莲、仇士华、钟建等：《仰韶文化年代讨论》，《考古》2013 年第 11 期。

50 1912 年以黄帝纪元 4609 年为中华民国元年，则黄帝纪元元年当为公元前 2698 年（金西来：《轩辕甲子·黄帝纪元考》，《学术月刊》1986 年第 7 期）。2019 年出版的《姬氏祖传经》前言中，传承人姬英明注明当年为"黄帝纪元四千七百一十六年"，则黄帝元年也是在公元前 2698 年（姬英明辑：《姬氏祖传经·仁经》，线装书局，2019 年）。

51 严文明：《炎黄传说与炎黄文化》，《炎黄文化与民族精神》，中国人民大学出版社，1993 年，第 45～60 页。

52 韩建业：《涿鹿之战探索》，《中原文物》2002 年第 4 期。

龙山时代早期中国的文化格局

龙山时代是"和龙山文化同一时代并同龙山文化发生过不同程度的联系的一些考古学文化"的总称,既是时代概念,也有特定内涵[1]。早期中国是早期中国文化圈或文化上早期中国的简称,指商代晚期以前中国大部地区文化交融联系形成的中原为核心的多层次结构的文化共同体[2]。

早期中国形成于庙底沟时代[3],经历了仰韶后期——铜石并用时代早期中原核心文化相对衰弱、文化格局略显分化的过程,至约公元前2500年进入龙山时代——铜石并用时代晚期以后发生重要转变。以公元前2100年左右为界,还可以将其分成前期和后期两个阶段[4]。本文拟对龙山时代早期中国的考古学文化区系及其文化格局略作讨论。

一、海岱地区龙山文化的兴起

约公元前2500年,鲁东沿海和潍河流域的大汶口文化最早发展为龙山文化[5],稍后扩展至鲁中南地区[6],再后扩展至山东全境乃至于江苏北部,可分五六个地方类型[7]。其鼎、鬶、豆、深腹罐、蛋壳高柄杯、筒腹杯、平底盆等主体陶器与大汶口文化一脉相承。鼎由凿形足或铲形足变为鸟首形足，甗由鸟首形足变为袋足，出现三环足盘、圈足盘、瓦足或圈足盆、罍、盒等陶器，以及云雷纹、兽面纹等。约公元前2100年进入龙山后期，鼎足变为侧装三角形，袋足甗的实足跟越来越明显，受中原龙山文化影响出现鬲。在三里河、杨家圈、尧王城、大范庄等遗址发现铜锥、铜条、铜块等。

龙山文化聚落分化显著，发现章丘城子崖、临淄桐林、邹平丁公、寿光边线王、阳谷景阳冈、茌平教场铺、五莲丹土、日照尧王城和两城镇、连云港藤花落等多处古城遗址或中心聚落，以其为中心大致形成若干聚落群。墓地多为一二十座墓葬的小型家族墓地，等级差异显著。其中最高级别的临朐西朱封[8]、泗水尹家城的大墓，有二层台、棺椁和放置随葬品的边箱和脚箱，随葬大量精美的陶器、玉器等。

二、中原龙山文化的形成

大约同时，中原地区文化也经历了一个变革和重新整合的过程。由于重新整合后的中原各区域遗存已不是一般意义上的一个考古学文化所能容纳，因此就被划成了一些不同的"文化"；但中原文化的古老基础仍然存在，内部各区域彼此间的交流仍相对密切，因此还可以用"中原龙山文化"这个概念将它们囊括在一起。

约公元前2500年进入龙山前期，晋南临汾盆地文化面貌发生变革，诞生了面貌一新的陶寺文化[9]。陶寺文化实际上是在仰韶文化庙底沟二期类型的基础上融入大量东方文化因素而形成的[10]，早期的釜灶、斝、扁壶等属于庙底沟二期类型传统器物，还有大量良渚文化或者大汶口文化晚期因素，包括常施彩绘的高领折肩尊、折腹尊、簋、豆等陶器，曲尺形厨刀、多孔刀、钺、琮、璧等玉或石器；晚期南向扩展至运城盆地乃至于黄河沿岸芮城一带[11]。陶寺古城分两个时期，偏早的小城面积约56万平方米[12]，偏晚的大城面积约280万平方米[13]。大城发现1万平方米的大型夯土建筑基址[14]和半圆形天文观象台类建筑[15]。墓地分化明显，大墓随葬玉钺、玉琮、玉璧、鼍鼓、石磬、彩绘蟠龙纹陶盘等珍贵礼器[16]。约公元前2100年进入龙山后期，老虎山文化的南下对陶寺文化产生很大冲击，使其转变为陶寺晚期文化[17]，出现大量老虎山文化的双鋬鬲、单把鬲、甗、深腹簋、卜骨等，陶寺大城废弃，出现屠杀[18]、盗墓等暴力现象。最有意思的是在清凉寺M269的盗洞中发现一个大肥袋足鬲，当为北方人群盗毁陶寺文化墓葬的有力证据。陶寺文化和陶寺晚期文化出现铜铃、铜齿轮形器和铜容器残片。

龙山前期豫中西地区形成王湾三期文化，包括豫中地区的郝家台类型[19]和豫西地区的冢子坪类型[20]，主体是在当地谷水河类型基础上发展而来。两个类型的区别主要表现在郝家台类型多鼎，常见袋足鬶、平底实足鬶、漏斗形擂钵、觚等，而冢子坪类型少鼎多斝，有较多双腹盆、素面罐及少量鬲、甗、釜灶等。这当中袋足鬶、平底实足鬶、鸟首形足鼎、折盘豆、觚形杯等与龙山文化有莫大关系，觚或为良渚文化因素，漏斗形擂钵、宽扁式足鼎、红陶斜腹杯属于石家河文化因素，鬲、甗体现来自陶寺文化的影响，而双腹盆、素面罐则为冢子坪类型和后冈二期文化共有。龙山后期，嵩山以南郝家台类型发展为煤山类型[21]，嵩山以北冢子坪类型发展为王湾类型[22]。王湾三期文化后期对外强烈扩张和影响，王湾类型西北向强烈影响豫西西部和晋西南地区，形成王湾三期文化三里桥类型[23]；煤山类型南向大规模拓展而代替豫南、鄂北、鄂西地区石家河文化，形成豫东南鄂北的杨庄类型[24]、豫西南鄂西北的下王岗类型[25]、鄂西峡江地区的石板巷子类型等[26]。到龙山后期末段，在嵩山以东兴起王湾三期文化新砦类型[27]，其子母口器、折壁器盖、平底盆、甗等陶器体现来自豫东造律台文化的强烈影响。王湾三期文化聚落分化较为显著，前期已出现郾城郝家台城址，后期更有登封王城岗、平顶山蒲城店、新密新砦等城址。曾在王城岗、煤山和郑州董砦等遗址发现青铜容器残片、炼铜坩埚残片和铜渣等，说明王湾三期文化晚期已经能够冶铸铜器甚至铜容器。

龙山前期豫东皖北仍为大汶口文化尉迟寺类型末期遗存，已经渗透进少量龙山文化的蛋壳黑陶杯和鬶等，也见有红陶杯等石家河文化因素。龙山后期尉迟寺类型发展为造律台文化[28]，其侧装三角形罐形鼎、深腹罐、豆、高领壶、平底盆等主要器类继承尉迟寺类型而来，鬶、鸟首形足鼎、假圈足缸等体现来自龙山文化的强烈影响，而矮领瓮、篮纹深腹罐、盆形擂钵等则体现来自王湾三期文化的影响，甗应为后冈二期文化因素。造律台文化也存在地方性差别，其中豫东遗存可称王油坊类型，皖北遗存可称禹会类型。造律台文化晚期曾一度东南向扩展至江淮地区，留下南荡类型[29]。造律台文化发现规整的淮阳平粮台古城[30]，以及大型祭祀遗迹、乱葬坑和人牲奠基等情况。在鹿台岗、栾台、平粮台等遗址出土小件铜器。

龙山时代豫北冀南地区为后冈二期文化[31]，冀中北和京津地区为雪山二期文化[32]。两文化主体器类都是甗、斝、深腹罐、矮领瓮、平底盆、瓦足盆、豆、圈足盘等，只是前者多双腹盆、斜腹钵、釜形斝、擂钵等与王湾三期文化共有的器物，而后者多双鋬大袋足鬲等老虎山文化因素。雪山二期文化总体上与后冈二期文化后期相当，应为后冈二期文化北上拓展的结果。后冈二期文化前期的深腹罐、矮领瓮、大口瓮、平底盆、平底碗、筒腹杯都与仰韶文化台口类型有继承关系，罐形斝当为晋南釜形斝的变体，袋足甗或为在尉迟寺类型实足甗基础上发展而来，双腹盆当为和王湾三期文化共同创造。两文化的鸟首形足鼎、鬶、甗、圈足盘、瓦足盆、子母口盆、子母口缸、假圈足折壁器盖、贯耳盆形器盖等的出现应与来自龙山文化的强烈影响有关。在孟庄遗址发现后冈二期文化城址，有乱葬坑、以孩童奠基的现象。

内蒙古中南部、晋中北、陕北和冀西北地区——也就是狭义的北方地区，在龙山时代分布着老虎山文化[33]，陶器主要有斝或斝式鬲、甗、盉、深腹罐、高领罐、矮领瓮、直壁缸、高领尊、大口尊、大口瓮、敛口瓮、单耳或双耳罐、豆等。可分为前后两期，前期多横篮纹，有釜形斝，并在此基础上新创斝式鬲，根据地方性差异可分老虎山类型、永兴店类型、游邀类型等；后期多斜篮纹，斝式鬲演变为鬲，在陕北已经出现三足瓮，可分白草塔类型、游邀类型、筛子绫罗类型、石峁类型等[34]。老虎山文化主体由仰韶文化阿善三期类型发展而来，但新出的釜形斝的来源应当在晋南地区，其他甗、盉类可能与后冈二期文化存在联系。老虎山文化有不少石城聚落，龙山后期的陕西神木石峁石城总面积可达400万平方米，有规模宏大的城门等设施[35]，至少应当是当时陕北地区的中心聚落。园子沟等聚落的窑洞式房屋互相组合形成院落、群、排，当分别代表不同层次的社会组织。

龙山时代关中、陇东和宁夏南部等地分布着客省庄二期文化[36]、齐家文化[37]和菜园文化[38]，其中属于龙山前期者有客省庄二期文化前期、齐家文化早期和菜园文化，属于龙山后期者有客省庄二期文化后期和齐家文化中期。龙山前期三个文化都流行斝或斝式鬲、小口高领罐、束颈罐、单耳或双耳罐、花边罐等，只是客省庄二期文化斝式鬲瘦高，齐家文化斝式鬲较矮，菜园文化则有少量类似半山类型的彩陶。客省庄二期文化和菜园文化分别由仰韶文化泉护二期类型、常山类型发展而来，齐家文化为客省庄二期文化的地方变体。客省庄二期文化和齐家文化新出的鬶当来自中原地区，菜园文化的复彩彩陶、偏口壶、双孔刀等文化因素当来自东部仰韶文化海生不浪类型、雪山一期文化等[39]。龙山后期，菜园文化消失，客省庄二期文化和齐家文化的斝式鬲变为鬲，齐家文化从甘肃东部扩展至甘肃中西部[40]、青海东部[41]和宁夏南部。三个文化都流行窑洞式建筑，还出现筒瓦、板瓦等建筑构件[42]。在喇家、皇娘娘台等遗址发现随葬玉石璧等的较大墓葬[43]，出现刀、锥、凿、环等红铜器。

三、长江中游的石家河文化与肖家屋脊文化

龙山时代前期长江中游和豫南地区为石家河文化，核心区在江

汉平原[44]，边缘分布到湘北、豫西南、豫东南、皖南等地，可分成若干地方类型。约公元前2100年进入龙山后期，王湾三期文化向南强烈扩张和影响，豫东南、豫西南、鄂西、鄂北等地都已经被王湾三期文化所占据，就连江汉平原及附近地区文化面貌也与王湾三期文化接近[45]，有人称之为肖家屋脊文化[46]。

石家河文化由屈家岭文化发展而来，其宽扁式足折腹鼎、凿形足鼎、高领罐、腰鼓形罐、甑、缸、豆、圈足碗、圈足盘、长颈壶、红陶斜腹杯、高柄杯等主体器类均为屈家岭文化同类器的继承和发展，新出大量红陶盘、捏塑红陶小动物和小人，鬶和有刻符的陶尊的出现可能与来自大汶口文化尉迟寺类型的影响有关。到肖家屋脊文化阶段，石家河文化的典型器物大多消失，残留少量弧腹盆、红陶盘、三足杯等；占据主体的矮领瓮、细高柄豆、侧装足鼎等与王湾三期文化同类器接近，鬶、盉属于龙山文化或造律台文化因素，扁足罐、凸底罐、无底甑等体现出地方特色。值得注意的是肖家屋脊文化玉器较为发达，其来源当在龙山文化或王湾三期文化。

屈家岭文化时期兴建的10多处城垣聚落大多都沿用至石家河文化，墓葬分化严重，在邓家湾、肖家屋脊等遗址发现多处套尊、倒立尊、扣碗等构成的祭祀遗迹，大量陶塑小动物和小人的堆积也当与祭祀有关。但至肖家屋脊文化阶段，石家河文化城址被毁，石家河文化风格的祭祀遗迹随之消失。

四、长江上游的宝墩文化和中坝文化

龙山时代在成都平原和重庆地区分别为宝墩文化[47]和中坝文化[48]。两个文化总体面貌接近，共有的主体器类花边绳纹深腹罐、喇叭口壶、高领罐等与此前长江上游陶器有直接渊源关系，共有的平底尊、豆、圈足盘等或为长江中游屈家岭文化因素之遗留，或为受同时期石家河文化、王湾三期文化之影响。只是宝墩文化有更多盘口或敞口圈足尊，更流行旋纹以及刻划戳印的波纹、网纹等，类似因素早见于汉源麦坪类遗存，与云南新光文化也有联系；而中坝文化有更多盘口罐、圈足或假圈足碗、折腹钵等，有的器物花边绳切凹凸显著。

宝墩文化发现有新津宝墩、都江堰芒城、郫县古城村、温江鱼凫、崇州双河、崇州紫竹等城垣遗址，其中最大的宝墩古城外城面积达268万平方米，古城村有面积达550平方米的大型长条形建筑。而中坝文化聚落一般较小，社会复杂化程度不高。

五、长江下游及附近地区文化

江浙一带龙山前期偏早当为良渚文化晚期遗存，稍后发展为以上海松江广富林第二段为代表的末期良渚文化[49]，鱼鳍形鼎足大而夸张，有长颈圈足壶、长颈鬶等。龙山后期该地区分布着广富林文化，其侧装扁足鼎、凹折沿罐、矮领罐、矮领瓮、细高柄豆、平底碗等主要器物与造律台文化南荡类型和王湾三期文化杨庄类型较为相似，甗、白陶鬶、竖条纹直腹杯等也当与造律台文化相关；饰云雷纹、方格纹、叶脉纹等的印纹矮领凹底罐、圈足罐、圜底钵，体现出强烈的地方特色，应该和良渚文化有一定继承关系，也与华南昙石山文化等有关。广富林文化大约是在末期良渚文化基础上，受到中原龙山文化强烈影响并融合北上的华南文化因素而形成。

龙山前期江西中北部为山背文化[50]，浙江南部为好川文化[51]。两个文化都以鼎、豆、素面高领罐、高领圈足壶（尊）、鬶占据主体，都有素面或印纹釜，这均与樊城堆文化等当地传统相关。区别主要是山背文化鼎腹较深、多凿形足，豆多子母口，多见与石家河文化近似的高领扁腹圈足壶、红陶小动物；而好川文化鼎腹较浅、多侧装扁足，豆盘下出棱，多见单耳圈足盉以及属于良渚文化因素的阔把带流杯、双鼻壶、单耳圈足杯、三鼻簋等，还有玉钺、玉锥形器、嵌玉石片漆器等良渚式器物。这些区别当分别与石家河文化和良渚文化的影响有关。好川文化还有较多印纹圈足罐等昙石山文化因素。

六、早期中国边缘区文化

在黄河、长江流域大部地区交融整合形成以灰黑陶和三足器为代表的龙山时代文化系统的同时，边缘地区也发生着程度不同的变化，并在一定程度上受到三足器系统的影响。

龙山前期，在甘肃中西部和青海东部分布着马家窑文化半山类型[52]，在青海共和盆地分布着马家窑文化宗日类型晚期[53]。半山类型盛行黑、红复彩彩陶，锯齿纹装饰最具特色，典型器类有小口高领壶（罐）、单耳或双耳长颈瓶、小口高领瓮、弧腹盆、单耳罐、双耳罐、鸮形壶、双口壶等。半山类型是在马家窑类型基础上发展而来的，同时接受了大量来自菜园文化的因素，包括偏洞室墓、屈肢葬、黑红复彩、锯齿纹元素，以及双口壶、鸮形壶、卍字纹等，其更早的渊源当然还是东部的雪山一期文化和海生不浪类型。宗日类型除有类似半山类型的彩陶外，还有大量夹粗砂且彩陶纹饰粗犷的"宗日式陶器"。

龙山后期，甘肃中西部和青海东部分布着马厂类型[54]，陶器基本类似半山类型，器表崇尚彩陶装饰，盛行单色黑彩，也有红色单彩和黑红复彩，人蛙纹（蛙肢纹）大增且种类复杂，四大圆圈纹盛行。此外，卐字纹和双F形花纹与大体同时的西伯利亚地区辛塔什塔文化陶器上的某些刻划花纹近似，又见于更早的小河沿类型，表明早在公元前2千纪以前，欧亚草原就存在大范围的文化联系。随着时间的推移，马厂类型有逐渐向河西走廊延伸的趋势，最西达新疆哈密地区。墓葬有较为显著的分化，出现随葬数十至上百件陶器的富有墓葬。

龙山时代东北西部西辽河流域和科尔沁草原一带大约仍为雪山一期文化小河沿类型和南宝力皋吐文化的末期，下辽河流域当仍为偏堡子文化或类似遗存，辽东南部为小珠山上层文化[55]，辽东鸭绿江下游一带则为北沟文化[56]。小珠山上层文化是在小珠山中层文化和偏堡子文化基础上，受到龙山文化强烈影响而形成的，鼓肩罐、瓮、盆形鼎、鬶、豆、三环足盘、三足杯、单把杯等陶器都大致属于龙山文化因素，但罐、瓮等饰刻划或戳印几何纹、饰多色几何纹彩绘等特征仍然很具地方特色，筒形罐、叠唇罐等更是属于当地土著传统。北沟文化主要器类为装饰刻划几何纹、纵向附加泥条纹、附加堆纹等的侈口罐、敛口罐、壶,尤其直领略外鼓的壶最具特色,与偏堡子文化存在一定联系;但三环足盘、豆等显然属于龙山文化因素。

龙山时代福建东南沿海发展到昙石山文化晚期[57],新出与好川文化形态近似而拍印绳纹的折腹鼎与长颈圈足壶,豆或圈足盘也和好川文化一样腹下出棱。此时昙石山文化拓展至福建西北部,以浦城牛鼻山上层类遗存为代表[58],但其鬶、鬹等的出现当与造律台文化的影响有关。广东西北部为石峡文化晚期遗存,新出圈足甑、鬶等陶器,琮、璧等玉器属良渚文化因素。大小墓分化严重,大墓随葬品可达上百件,包括良渚式玉器。

龙山时代云南西北部为新光文化[59],陶器主要是各种罐类,也有壶、钵、平底碗、圈足盘等,常见花边口沿,盛行刻划、压印、戳印的各种几何形纹饰,其源头或许与川西马家窑文化及其后续传统有关。

当时在闽南、粤东分布着虎头埔文化[60],在粤中南部分布着后沙湾二期文化[61]。总体上大同小异,仍属于有着古老传统的釜—圈足盘文化系统,以印纹釜、印纹圈足罐、印纹圜底钵、豆(或簋)、支脚等陶器为主。当然也有一定的地方性差异,如沿海一带来自石峡文化的根部有按窝的锥足鼎、瓦足鼎等数量很少,有压印的复杂几何纹,而广东中部锥足鼎、瓦足鼎较多。

广西大部地区为感驮岩一期文化[62],文化基础仍为绳纹圜底釜传统,以圜底釜、圜底钵、三足罐、圈足壶、圈足碗、圈足杯等陶器为主体,大多饰绳纹,成组水波形、横竖S形、飘带状刻划纹很有特色。偏东部的锥足鼎、豆等属于石峡文化因素。

七、龙山时代早期中国的总体文化格局

以上对龙山时代各地文化区系进行了梳理，现在来看总体文化格局。

约公元前2500年以后，黄河长江流域大部地区在仰韶文化、大汶口文化、屈家岭文化等铜石并用时代早期文化的基础上，发展演变出龙山文化、陶寺文化、王湾三期文化、后冈二期文化、老虎山文化、客省庄二期文化、石家河文化等一系列铜石并用时代晚期考古学文化，他们彼此影响，频繁交流，使得灰黑陶和鼎、鬹、盉、斝、鬲、甗等三足器成为该区域突出特色，形成鼎—斝（鬲）—鬹文化系统，即狭义的龙山时代文化系统，构成该时期早期中国的主体文化区。与此同时，在黄河上游和青藏高原东部存在以彩陶著称的马家窑文化半山类型、马厂类型等，属于罐—壶—钵—盆文化系统。该系统虽和中原龙山文化一样源于仰韶文化，但却罕见灰黑陶及三足器，其早与中原分道扬镳，成为该时期早期中国的边缘文化。同样作为早期中国边缘文化的还有华南和云南地区诸文化，不过加入原因却是受到鼎—斝（鬲）—鬹文化系统越来越多影响的缘故（图一）。西北地区与中原渐行渐远，而华南、云南地区却日益亲近，为下一阶段早期中国文化格局的再次调整埋下了伏笔。此外，此时东北北部地区的筒形罐文化系统仍未纳入早期中国范畴，而新疆等地或仍处于中石器时代阶段。

龙山时代早期中国的文化格局

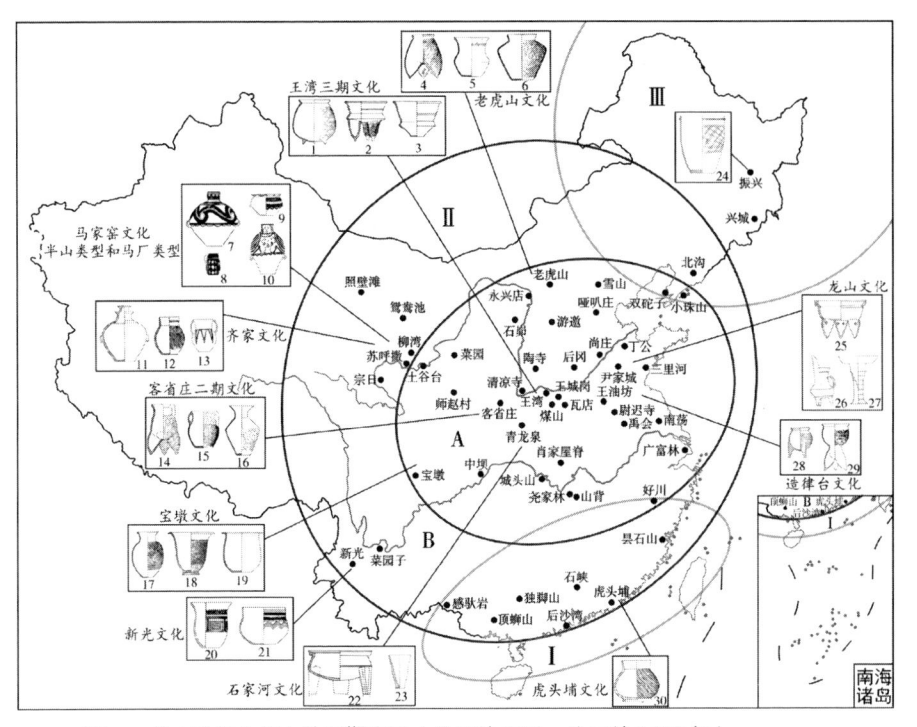

图一 龙山时代文化上的早期中国（公元前2500—公元前1800年）
Ⅰ.釜—圈足盘文化系统 Ⅱ.早期中国文化圈 Ⅲ.筒形罐文化系统
A.主体区 B.边缘区

1、22、25、28.鼎（王城岗H433：5、肖家屋脊H32：1、尹家城T192⑧：13、王油坊H27：25） 2.斝（王湾T58④：1） 3、9.盆（王湾H212：4、苏呼撒M24：2） 4、14.鬲（永兴店H14：2、赵家来H2：3） 5~7、10~13、15~17、20、21、30.罐（瓮）（永兴店H66：1、H17：1，苏呼撒M55：4，柳湾采01、M1103：36、M366：5、M977：5，赵家来H20：2、1，芒城G4：265，新光T1104⑩：56、T1106⑨：21，虎头埔ⅢT0202④：3） 8、23、27.杯（柳湾M1250：6、肖家屋脊H497：36、三里河M2100：5） 18、19.尊（宝墩T1929⑦：128、H16：57） 24.筒形罐（振兴H161：4） 26.鬶（三里河M134：1） 29.甗（王油坊H5：4）（均为陶器）

龙山时代——铜石并用时代晚期,大江南北形成多个以大型城垣等中心聚落为核心的地区中心,且很多已经进入初始国家或初期文明社会阶段。每个考古学文化至少有一两个这样的中心,中心之间虽互有影响,但总体并非统属关系,呈现出群雄并起、各领风骚的时代风貌,因此仍属于"古国时代"。此时长江中下游地区趋于衰落:曾经辉煌一时的良渚文化风光不再,已不再拥有超大古城和大量精美玉器;石家河文化也开始走下坡路,基本没有新建城垣,陶器、石器制作等也日趋粗糙。中原核心区再度崛起,其对外影响逐渐加强:龙山前期陶寺文化的发展程度难有其匹,其文化影响至少及于中原龙山文化大部地区,颇有核心文化的样子,或许已经进入雏形王国阶段[63];龙山后期王湾三期文化向周边大幅度扩张和强烈影响,造成石家河文化的衰亡及中原文化范围的空前扩大。中原文化既有当地传统的深沉底蕴,又融合了周围文化的优秀内涵,实际上是中国大部地区文化长久发展的结晶,为各地区先民共同缔造。周围文化也发生了不少变革和创新,但仍然基于原有基础。总体上文化上的早期中国得到进一步发展。

注释

1 严文明：《龙山文化和龙山时代》，《文物》1981年第6期。
2 严文明：《中国史前文化的统一性与多样性》，《文物》1987年第3期；张光直：《中国相互作用圈与文明的形成》，《庆祝苏秉琦考古五十五年论文集》，文物出版社，1989年，第1~23页；韩建业：《论早期中国文化周期性的"分""合"现象》，《史林》2005年增刊。
3 韩建业：《庙底沟时代与"早期中国"》，《考古》2012年第3期。
4 韩建业、杨新改：《王湾三期文化研究》，《考古学报》1997年第1期。
5 中国社会科学院考古研究所：《胶县三里河》，文物出版社，1988年；孙波：《再论大汶口文化向龙山文化的过渡》，《古代文明》（第6卷），文物出版社，2007年，第12~33页。
6 山东大学历史系考古专业教研室：《泗水尹家城》，文物出版社，1990年。
7 赵辉：《龙山文化的分期和地方类型》，《考古学文化论集（三）》，文物出版社，1993年，第230~269页；栾丰实：《海岱地区考古研究》，山东大学出版社，1997年，第229~282页。
8 中国社会科学院考古研究所山东工作队：《山东临朐朱封龙山文化墓葬》，《考古》1990年第7期。
9 高天麟、张岱海、高炜：《龙山文化陶寺类型的年代与分期》，《史前研究》1984年第3期；张岱海：《陶寺文化与龙山时代》，《庆祝苏秉琦考古五十五年论文集》，文物出版社，1989年，第245~251页。
10 中国社会科学院考古研究所山西工作队、临汾地区文化局：《山西襄汾县陶寺遗址发掘简报》，《考古》1980年第1期；韩建业：《唐伐西夏与稷放丹朱》，《北京大学学报（哲学社会科学版）》2001年第4期；韩建业：《晋西南豫西西部庙底沟二期—龙山时代文化的分期与谱系》，《考古学报》2006年第2期。
11 山西省考古研究所、运城市文物局等：《山西芮城清凉寺新石器时代墓地》，《文物》2006年第3期；山西省考古研究所、运城市文物局等：《山西芮城清凉寺史前墓地》,《考古学报》2011年第4期。

12 中国社会科学院考古研究所山西队、山西省考古研究所等:《山西襄汾陶寺城址2002年发掘报告》,《考古学报》2005年第3期。

13 梁星彭、严志斌:《陶寺城址的发现及其对中国古代文明起源研究的学术意义》,《中国社会科学院古代文明研究中心通讯》2002年第3期。

14 中国社会科学院考古研究所山西队、山西省考古研究所等:《山西襄汾县陶寺城址发现陶寺文化中期大型夯土建筑基址》,《考古》2008年第3期。

15 中国社会科学院考古研究所山西队、山西省考古研究所等:《山西襄汾县陶寺城址祭祀区大型建筑基址2003年发掘简报》,《考古》2004年第7期;中国社会科学院考古研究所山西队、山西省考古研究所等:《山西襄汾县陶寺中期城址大型建筑ⅡFJT1基址2004~2005年发掘简报》,《考古》2007年第4期。

16 中国社会科学院考古研究所山西工作队、临汾地区文化局:《1978~1980年山西襄汾陶寺墓地发掘简报》,《考古》1983年第1期;中国社会科学院考古研究所山西队、山西省考古研究所等:《陶寺城址发现陶寺文化中期墓葬》,《考古》2003年第9期。

17 我此前称其为陶寺晚期类型,主要指发掘者所称陶寺类型或陶寺文化的晚期。见中国社会科学院考古研究所山西工作队、山西省临汾地区文化局:《陶寺遗址1983—1984年Ⅲ区居住址发掘的主要收获》,《考古》1986年第9期。

18 中国社会科学院考古研究所山西队、山西省考古研究所等:《山西襄汾陶寺城址2002年发掘报告》,《考古学报》2005年第3期。

19 河南省文物考古研究所:《郾城郝家台》,大象出版社,2012年;韩建业、杨新改:《王湾三期文化研究》,《考古学报》1997年第1期。

20 河南省文物管理局、河南省文物考古研究所:《黄河小浪底水库考古报告(一)》,中州古籍出版社,1999年,第337~390页。

21 中国社会科学院考古研究所河南二队:《河南临汝煤山遗址发掘报告》,《考古学报》1982年第4期;河南省文物研究所、中国历史博物馆考古部:《登封王城岗与阳城》,文物出版社,1992年。

22 北京大学考古文博学院：《洛阳王湾——田野考古发掘报告》，北京大学出版社，2002年。

23 中国科学院考古研究所：《庙底沟与三里桥》，科学出版社，1959年。

24 北京大学考古学系、驻马店市文物保护管理所：《驻马店杨庄——中全新世淮河上游的文化遗存与环境信息》，科学出版社，1998年；韩建业：《试论豫东南地区龙山时代的考古学文化》，《考古学研究》（三），科学出版社，1997年，第68～83页。

25 河南省文物研究所、长江流域规划办公室考古队河南分队：《淅川下王岗》，文物出版社，1989年。

26 湖北省文物考古研究所：《宜都城背溪》，文物出版社，2001年。

27 北京大学震旦古代文明研究中心、郑州市文物考古研究院：《新密新砦——1999～2000年田野考古发掘报告》，文物出版社，2008年。

28 中国社会科学院考古研究所河南二队、河南商丘地区文物管理委员会：《河南永城王油坊遗址发掘报告》，《考古学集刊》5，中国社会科学出版社，1987年，第79～119页；中国社会科学院考古研究所安徽工作队、蚌埠市博物馆：《安徽蚌埠市禹会龙山文化遗址祭祀台基发掘简报》，《考古》2013年第1期。

29 南京博物院考古研究所、扬州博物馆等：《江苏兴化戴家舍南荡遗址》，《文物》1995年第4期；南京博物院考古研究所、扬州博物馆等：《江苏高邮周邶墩遗址发掘报告》，《考古学报》1997年第4期。

30 河南省文物研究所、周口地区文化局文物科：《河南淮阳平粮台龙山文化城址试掘简报》，《文物》1983年第3期。

31 中国社会科学院考古所安阳工作队：《1979年安阳后冈遗址发掘报告》，《考古学报》1985年第1期；河南省安阳地区文物管理委员会：《汤阴白营河南龙山文化村落遗址发掘报告》，《考古学集刊》3，中国社会科学出版社，1983年，第1～47页。

32 《北大历史系考古专业四年级在京郊实习　发掘到新石器时代至辽代文化遗址》，《光明日报》1964年4月2日；河北省文物研究所、沧州地区文物管理所：《河北省任邱市哑叭庄遗址发掘报告》，《文物春秋》1992年增刊。

33 内蒙古文物考古研究所：《岱海考古（一）——老虎山文化遗址发掘报告集》，科学出版社，2000年；内蒙古文物考古研究所：《准格尔旗永兴店遗址》，《内蒙古文物考古文集》（第1辑），中国大百科全书出版社，1994年，第235~245页；国家文物局、山西省考古研究所等：《晋中考古》，文物出版社，1999年。

34 韩建业：《中国北方地区新石器时代文化研究》，文物出版社，2003年。

35 陕西省考古研究院、榆林市文物考古勘探工作队等：《陕西神木县石峁遗址》，《考古》2013年第7期。

36 中国科学院考古研究所沣西发掘队：《沣西发掘报告》，文物出版社，1962年。

37 中国社会科学院考古研究所：《师赵村与西山坪》，中国大百科全书出版社，1999年。

38 宁夏文物考古研究所、中国历史博物馆考古部：《宁夏菜园——新石器时代遗址、墓葬发掘报告》，科学出版社，2003年。

39 韩建业：《半山类型的形成与东部文化的西迁》，《考古与文物》2007年第3期。

40 甘肃省博物馆：《甘肃武威皇娘娘台遗址发掘报告》，《考古学报》1960年第2期；甘肃省博物馆：《武威皇娘娘台遗址第四次发掘》，《考古学报》1978年第4期。

41 青海省文物管理处考古队、中国社会科学院考古研究所：《青海柳湾》，文物出版社，1984年。

42 宝鸡市考古研究所：《宝鸡发现龙山文化时期建筑构件》，《文物》2011年第3期。

43 中国社会科学院考古研究所、青海省文物考古研究所：《青海民和喇家史前遗址的发掘》，《考古》2002年第7期；中国社会科学院考古研究所甘青工作队、青海省文物考古研究所：《青海民和县喇家遗址2000年发掘简报》，《考古》2002年第12期；中国社会科学院考古研究所甘青工作队、青海省文物考古研究所：《青海民和喇家遗址发现齐家文化祭坛和干栏式建筑》,《考古》2004年第6期。

44 湖北省荆州博物馆、湖北省文物考古研究所等:《天门石家河考古发掘报告之一:肖家屋脊》,文物出版社,1999年;湖北省文物考古研究所、北京大学考古学系等:《天门石家河考古报告之二:邓家湾》,文物出版社,2003年。

45 杨新改、韩建业:《禹征三苗探索》,《中原文物》1995年第2期。

46 何驽:《试论肖家屋脊文化及其相关问题》,《三代考古》(二),科学出版社,2006年,第98~145页。

47 中日联合考古调查队:《四川新津县宝墩遗址1996年发掘简报》,《考古》1998年第1期;成都市文物考古研究所、四川大学历史系考古教研室等:《宝墩遗址——新津宝墩遗址发掘和研究》,(日本)有限会社阿普(ARP),2000年。

48 四川省文物考古研究所、重庆市文物局三峡办等:《忠县中坝遗址Ⅱ区发掘简报》,《重庆库区考古报告集1998卷》,科学出版社,2003年,第607~648页;四川省文物考古研究所、北京大学考古文博学院等:《忠县中坝遗址1999年度发掘简报》,《重庆库区考古报告集2000卷》,科学出版社,2007年,第964~1042页。

49 上海博物馆考古研究部:《上海松江区广富林遗址1999~2000年发掘简报》,《考古》2002年第10期;上海博物馆考古研究部:《上海松江区广富林遗址2001~2005年发掘简报》,《考古》2008年第8期。

50 江西省文物管理委员会:《江西修水山背地区考古调查与试掘》,《考古》1962年第7期。

51 浙江省文物考古研究所、遂昌县文物管理委员会:《好川墓地》,文物出版社,2001年。

52 甘肃省博物馆:《甘肃兰州青岗岔遗址试掘简报》,《考古》1972年第3期;青海省考古研究所:《青海循化苏呼撒墓地》,《考古学报》1994年第4期。

53 青海省文物管理处、海南州民族博物馆:《青海同德县宗日遗址发掘简报》,《考古》1998年第5期;格桑本、陈洪海主编:《宗日遗址文物精粹及论述选集》,四川科学技术出版社,1999年。

54 甘肃省博物馆、兰州市文化馆：《兰州土谷台半—马厂文化墓地》，《考古学报》1983年第2期；青海省文物考古研究所：《民和阳山》，文物出版社，1990年。

55 辽宁省博物馆、旅顺博物馆等：《长海县广鹿岛大长山岛贝丘遗址》，《考古学报》1981年第1期；中国社会科学院考古研究所：《双砣子与岗上——辽东史前文化的发现和研究》，科学出版社，1996年。

56 许玉林、杨永芳：《辽宁岫岩北沟西山遗址发掘简报》，《考古》1992年第5期。

57 福建博物院：《闽侯县石山遗址第八次发掘报告》，科学出版社，2004年。

58 福建省博物馆：《福建浦城县牛鼻山新石器时代遗址第一、二次发掘》，《考古学报》1996年第2期。

59 云南省文物考古研究所、大理州文物管理所等：《云南永平新光遗址发掘报告》，《考古学报》2002年第2期；云南省文物考古研究所、中国社会科学院考古研究所云南工作队等：《云南永仁菜园子、磨盘地遗址2001年发掘报告》，《考古学报》2003年第2期。

60 揭阳考古队、揭阳市文化广电新闻出版局：《普宁市虎头埔新石器时代遗址发掘报告》，《揭阳考古（2003~2005）》，科学出版社，2005年，第3~50页。

61 李子文：《淇澳岛后沙湾遗址发掘》，《珠海考古发现与研究》，广东人民出版社，1991年，第3~21页；广东省文物考古研究所、珠海市博物馆：《珠海宝镜湾——海岛型史前文化遗址发掘报告》，科学出版社，2004年。

62 广西壮族自治区文物工作队、那坡县博物馆：《广西那坡县感驮岩遗址发掘简报》，《考古》2003年第10期；广西壮族自治区文物工作队、平南县博物馆：《广西平南县石脚山遗址发掘简报》，《考古》2001年第1期。

63 韩建业：《良渚、陶寺与二里头——早期中国文明的演进之路》，《考古》2010年第11期。

龙山时代：新风尚与旧传统

1981年，严文明提出"龙山时代"这个概念，用以指称和龙山文化大体同时的黄河、长江流域大部地区文化所处的时代，并认为其绝对年代大体上落在公元前26世纪—公元前21世纪之间[1]。但不少学者所理解的龙山时代，实际包括更早的大汶口文化晚期、庙底沟二期阶段在内，年代上限也就早到公元前3千纪之初[2]。按理说，既然"龙山时代"得名于龙山文化，就以与龙山文化时间相当为宜，何况黄河、长江流域文化格局的重大调整就是发生在公元前3千纪前后叶之交，而非公元前3千纪之初[3]，因此，本文所谓龙山时代，仍是从其本意。

即便按照龙山时代的本意，近年的一些新观点也足以引起重视。最有代表性者，就是有学者根据新的测年数据，认为进入龙山时代整体上要晚至公元前2300年[4]；至于龙山时代的下限，各地参差不一，但都比公元前21世纪晚许多。龙山时代已属铜石并用时代晚期，龙山时代后期可能已经进入夏代。对这样一个关键时期来说，二三百年的时间差可不是小事，有必要加以讨论。形成差异的原因，也不仅仅是有了新的测年方法和测年数据，主要还在于对异常复杂的"龙山化"的过程认识不清，没有充分注意文化传播过程中的"文化滞后"问题[5]。实际上，各文化区之间，甚至文化区内各小区之间，进入和脱离"龙山"的年代都可能参差不一，新风尚和旧传统并存，应当是龙山时代的普遍现象。以下仅以海岱和中原地区为例进行分析。

一

海岱地区在龙山时代之初，龙山文化新风尚和大汶口文化旧传统在不同区域曾一度并存；岳石之初，岳石文化和龙山文化的关系也当如此，只是不如前者看得清楚。海岱地区的龙山化，最早始于鲁东南大汶口文化向龙山文化的转变[6]，随后再逐渐扩展至山东全境乃至周边地区。至于龙山文化向岳石文化的转变，最早则可能发生在鲁西地区。统计显示，鲁东地区前期遗存众多，而后期很少，鲁西地区则正好相反[7]，尤其现在的黄河以西地区，就基本不见龙山时代偏早阶段的遗存。在大汶口文化向龙山文化的转变当中，鼎、鬶、豆、深腹罐、高柄杯等主体陶器，都只是在大汶口文化基础上发生了细微变化，可见属于文化内部变革性质。龙山文化还缺乏新的系统测年数据，以往的数据早晚偏差较大，一般都是把大汶口文化晚期和岳石文化早期的数据也考虑进来，认为整体上龙山文化的绝对年代在公元前2600—公元前2000年[8]，如果调整为公元前2500—公元前1700年[9]，或许更为合适一些。其前后期的分界就应该在公元前2100年左右。

海岱南邻的豫东皖北地区大汶口文化向造律台文化的转变，

也当晚于鲁东南地区龙山文化的诞生。从蒙城尉迟寺遗址来看，属于大汶口文化晚期的部分遗存，已经见有龙山文化早期的蛋壳高柄杯、贯耳罐、鬶等因素，说明相对年代已经进入龙山时代[10]。明确进入造律台文化早期的遗存，以蚌埠禹会[11]、淮阳平粮台遗存为代表[12]，新的测年上限在公元前2400—公元前2300年。造律台文化的主体器类均继承大汶口文化尉迟寺类型而来，但又受到来自龙山文化的强烈影响，此外还有和王湾三期文化前期、石家河文化、良渚文化末期类似的因素。造律台文化的出现当与龙山文化的西南向拓展有因果关系，有学者甚至直接将其归入龙山文化范畴[13]。此外，豫东皖北地区造律台文化向岳石文化的转变，也应晚于鲁西地区。

二

中原地区在龙山时代之初，陶寺文化、王湾三期文化新风尚和庙底沟二期类型旧传统并存过较长时间。二里头文化之初，洛阳盆地的二里头文化新风尚也和周边龙山时代旧传统有过一定时期的并存过程。

临汾盆地的陶寺文化，是东来文化和土著文化融合的结果。因为有玉器、美陶、鼍鼓、厨刀、棺椁大墓等大量大汶口文化、良渚文化因素的进入，就和土著的仰韶文化庙底沟二期类型有了质的区别[14]。与此形成鲜明对照的是，以南的运城、垣曲盆地仍保持庙底沟二期类型的旧传统，只是各种器物发生了细微变化，并增添了来自陶寺文化、石家河文化等新因素[15]。即便如芮城清凉寺那样的高级墓地，随葬了许多源自东方的玉器，而陶器仍顽强保持着旧传统[16]。至龙山时代后期，随着北方地区老虎山文化的南下，陶寺文化蜕变为陶寺晚期文化，老虎山文化或陶寺晚期文化的陶鬲等继续南下，和北上的王湾三期文化相遇，使得运城和垣曲盆地文化转变为王湾三期文化三里桥类型，庙底沟二期旧传统才告结束[17]。晋西南龙山时代之后为二里头文化东下冯类型分布区，东下冯类型最早期略相当于二里头文化二期[18]，可见该地区的龙山旧传统和豫西的二里头新风尚也有过短暂并存。

龙山时代前期之初，在豫西三门峡地区仍然是庙底沟二期类型末期的旧传统，洛阳附近地区仍为仰韶文化谷水河类型末期的旧传统——该类型其实和庙底沟二期类型颇为相近[19]。同时，在豫中地区则已经形成新的王湾三期文化郝家台类型[20]。最早的王湾三期文化虽以谷水河类型为基础，但有鬶、鸟首形足鼎、折盘豆、圈足盘、觚形杯、折腹壶等诸多龙山文化因素，以及漏斗形擂钵、宽扁式足鼎、红陶斜腹杯等较多石家河文化因素，显见龙山文化和石家河文化的影响是王湾三期文化形成的重要原因，尤以龙山文化最为关键[21]。龙山后期，王湾三期文化大规模南下，造成石家河文化的衰亡。中原地区龙山时代的结束，则以二里头文化在洛阳盆地的诞生为标志，但其向四周的扩展，总要有个过程。二里头文化二期晚段分布范围到达豫南地区[22]，三期到达湖北地区[23]，这些地区的龙山旧传统也就一直延续到二里头文化二、三期之时。

中原地区的龙山时代，传统观点认为在公元前2500—公元前1900年[24]，新观点调整为公元前2300—公元前1900年[25]。但仔细分析，新观点所提供的"陶寺文化早期"的数据上限基本仍是在公元前25世纪左右，和传统观点并没有很大冲突。新测王湾三期文化"最早"的数据大约在公元前2300年[26]，但实际上其相对年代已经属于王湾三期文化前期偏晚阶段。因此，本文将陶寺文化年代上限仍推定在大约公元前2500年，王湾三期文化上限在约公元前2400年。至于王湾三期文化的下限，洛阳盆地当以二里头文化的出现为界，二里头一期最新拟合数据在约1750年[27]，周围地区逐渐延迟，晋南陶寺晚期文化和三里桥类型的下限就应在公元前1700年左右，豫南和湖北的龙山旧传统还当延续得更晚，或至公元前1700—公元前1600年[28]。至于王湾三期文化前后期的界限，大约就在公元前2100年。

三

总体而言，海岱和中原龙山新风尚及前龙山旧传统交替的步伐快慢不同：鲁东南和临汾盆地最早，约在公元前2500年；其次是鲁西、豫东皖北、河南中部，在公元前2400—公元前2300年；最后是晋南运城和垣曲盆地、豫西三门峡地区，在公元前2200—公元前2100年——而这已经基本是整个龙山时代前后期之交的时间了，也差不多就是进入夏代的时间点。至于龙山旧传统和二里头新风尚的交替时间，则以洛阳盆地最早，约公元前1750年，周边地区依次早晚，最晚可能到公元前1600年左右。值得注意的是，勉强可以归入龙山时代的齐家文化的下限，甚至可以晚到约公元前 1500 年[29]。绝对年代有相对性，相对年代有绝对性[30]。由于测年数据限制，本文所推定的绝对年代，或许只有相对参考价值，但各地区"龙山文化"的相对年代早晚参差不一，则是可以肯定的。

在龙山化的过程中，鲁东南龙山文化起到了关键作用，其向周围的拓展影响，直接带动了鲁西、豫东皖北、河南中部、豫北冀南等地区跨入龙山时代。临汾盆地陶寺文化和豫北冀南后冈二期文化的诞生，则可能对北方地区的老虎山文化的形成有某种激励作用。另外，鲁东南龙山文化和陶寺文化的产生也可能有一定联系，存在鲁东南龙山文化压迫鲁北等地大汶口文化西移促成陶寺文化的可能性。扩大视野，会发现石家河文化、客省庄二期文化、齐家文化也都在大约公元前 2500 年或稍后进入龙山时代。要之，龙山时代的形成，是黄河、长江流域各文化频繁互动交流的结果，龙山时代诸文化实际成为新时期文化意义上早期中国的主体文化。

注释

1 严文明：《龙山文化和龙山时代》，《文物》1981 年第 6 期。
2 《庙底沟与三里桥》结语说，"庙底沟第二期文化，很可能为龙山早期或由仰韶到龙山的一种过渡性质的文化"，这应当就是部分学者将龙山时代延伸到庙底沟二期、大汶口晚期阶段的出发点（中国科学院考古研究所：《庙底沟与三里桥》，科学出版社，1959 年，第 118 页；中国社会科学院考古研究所：

《新中国的考古发现和研究》，文物出版社，1984年，第68~85页）。严文明也曾有过将大汶口文化晚期阶段划归"龙山时代的早期"的意见（严文明：《龙山时代考古新发现的思考》，《纪念城子崖遗址发掘60周年国际学术讨论会文集》，齐鲁书社，1993年，第39~45页），但更多的时候则仍坚持他最初的看法（严文明：《重建早期中国的历史》，《早期中国——中华文明起源》，文物出版社，2009年，第15~23页）。

3 韩建业：《晋西南豫西西部庙底沟二期—龙山时代文化的分期与谱系》，《考古学报》2006年第2期；王立新：《关于"龙山时代"的概念》，《庆祝魏存成先生七十岁论文集》，科学出版社，2015年，第24~27页。

4 何驽：《陶寺文化谱系研究综论》，《古代文明》（第3卷），文物出版社，2004年，第54~86页；方燕明：《河南龙山文化和二里头文化碳十四测年的若干问题讨论》，《中原文物》2015年第2期；戴向明：《中原地区龙山时代社会复杂化的进程》，《考古学研究》（十），科学出版社，2012年，第539~581年。

5 诺埃尔·巴纳德：《对广汉埋藏坑青铜器及其他器物之意义的初步认识》，《南方民族考古》（第五辑），四川科学技术出版社，1992年，第25~66页；李伯谦：《从对三星堆青铜器年代的不同认识谈到如何正确理解和运用"文化滞后"理论》，《四川考古论文集》，文物出版社，1996年，第64~69页。

6 大汶口文化晚期，鲁东南地区突然涌现出很多大汶口文化晚期遗址，如胶州三里河、日照东海峪、诸城呈子、莒县陵阳河、莒县大朱家村等，这些新来的人群少受传统的束缚，富于创新，终于最早完成从大汶口文化向龙山文化的蜕变，并进而影响到龙山时代的形成。参见孙波：《再论大汶口文化向龙山文化的过渡》，《古代文明》（第6卷），文物出版社，2007年，第12~33页。

7 栾丰实：《试析海岱龙山文化东、西部遗址分布的区域差异》，《海岱考古》（第九辑），科学出版社，2016年，第401~411页。

8 栾丰实：《海岱龙山文化的分期和类型》，《海岱地区考古研究》，山东大学出版社，1997年，第229~282页；栾丰实：《大汶口文化的分期和类型》，《海岱地区考古研究》，山东大学出版社，1997年，第69~113页；栾丰实：《岳石文化的分期和类型》，《海岱地区考古研究》，山东大学出版社，1997年，第318~347页。

9　栾丰实参考中原等地新的测年数据，将龙山文化年代调整为公元前2400年（或公元前2300年）至公元前1800年。见栾丰实：《试析海岱龙山文化东、西部遗址分布的区域差异》，《海岱考古》（第九辑），科学出版社，2016年，第402页。

10　出典型龙山式蛋壳高柄杯的M171，出龙山式贯耳罐的F51，陶器群面貌总体当属于大汶口文化晚期，发掘者根据测年判断其下限约在公元前2400年。只是前者被第一部报告作为大汶口文化遗存介绍，后者被第二部报告作为龙山文化遗存介绍。见中国社会科学院考古研究所：《蒙城尉迟寺——皖北新石器时代聚落遗存的发掘与研究》，科学出版社，2001年，第212页；中国社会科学院考古研究所、安徽省蒙城县文化局：《蒙城尉迟寺》（第二部），科学出版社，2007年，第230页。

11　中国社会科学院考古研究所、安徽省蚌埠市博物馆：《蚌埠禹会村》，科学出版社，2013年。

12　河南省文物考古研究院、北京大学考古文博学院：《河南淮阳平粮台遗址龙山时期墓葬发掘报告》，《华夏考古》2017年第3期。

13　栾丰实：《龙山文化王油坊类型初论》，《考古》1992年第10期。

14　韩建业：《唐伐西夏与稷放丹朱》，《北京大学学报（哲学社会科学版）》2001年第4期；中国社会科学院考古研究所、山西省临汾市文物局：《襄汾陶寺——1978—1985年发掘报告》，文物出版社，2015年，第1087~1099页。

15　相对年代进入龙山时代的庙底沟二期类型末期遗存，以垣曲古城东关"庙底沟二期文化遗存"的中、晚期为代表。中国历史博物馆考古部、山西省考古研究所等：《垣曲古城东关》，科学出版社，2001年；韩建业：《晋西南豫西西部庙底沟二期—龙山时代文化的分期与谱系》，《考古学报》2006年第2期。

16　山西省考古研究所、运城市文物工作站等：《清凉寺史前墓地》，文物出版社，2016年。

17 韩建业：《老虎山文化的扩张与对外影响》，《中原文物》2007 年第 1 期；韩建业：《早期中国——中国文化圈的形成和发展》，上海古籍出版社，2015 年，第 163 ~ 168 页。

18 中国社会科学院考古研究所、中国历史博物馆等：《夏县东下冯》，文物出版社，1988 年；李伯谦：《东下冯类型的初步分析》，《中原文物》1981 年第 1 期。

19 相对年代进入龙山时代的仰韶文化谷水河类型末期遗存，以新安西沃、济源长泉"庙底沟二期文化"为代表。河南省文物管理局、河南省文物考古研究所：《黄河小浪底水库考古报告（一）》，中州古籍出版社，1999 年，第 391 ~ 422 页；河南省文物管理局、河南省文物考古研究所：《黄河小浪底水库考古报告（一）》，中州古籍出版社，1999 年，第 4 ~ 94 页。

20 以郾城郝家台一、二期和上蔡十里铺二、三期为代表。河南省文物考古研究所：《郾城郝家台》，大象出版社，2012 年；河南省驻马店地区文管会：《河南上蔡十里铺新石器时代遗址》，《考古学集刊》3，中国社会科学出版社，1983 年，第 69 ~ 80 页；韩建业、杨新改：《王湾三期文化研究》，《考古学报》1997 年第 1 期。

21 我曾经将王湾三期文化前期遗存分为 A、B、C 三群，其中 A 群为石家河文化因素，B 群为龙山文化因素。杨新改、韩建业：《禹征三苗探索》，《中原文物》1995 年第 2 期；韩建业：《早期中国——中国文化圈的形成和发展》，上海古籍出版社，2015 年，第 166 ~ 168 页。

22 北京大学考古学系、驻马店市文物保护管理所：《驻马店杨庄——中全新世淮河上游的文化遗存与环境信息》，科学出版社，1998 年。

23 武汉大学历史系考古教研室、襄樊市博物馆等：《西花园与庙台子》，武汉大学出版社，1993 年；韩建业：《湖北随州市西花园早期遗存分析》，《考古》1999 年第 3 期；湖北省文物考古研究所：《盘龙城——1963 ~ 1994 年考古发掘报告》，文物出版社，2001 年；荆州博物馆：《荆州荆南寺》，文物出版社，2009 年。

24 仇士华、蔡莲珍、冼自强等：《有关所谓"夏文化"的碳十四年代测定的初步报告》，《考古》1983 年第 10 期；韩建业、杨新改：《王湾三期文化研究》,《考古学报》1997年第1期;中国社会科学院考古研究所、山西省临汾市文物局:《襄汾陶寺:1978~1985年发掘报告》,文物出版社,2015年,第1112~1115页。

25 方燕明:《河南龙山文化和二里头文化碳十四测年的若干问题讨论》,《中原文物》2005年第2期;何驽:《陶寺文化谱系研究综论》,《古代文明》(第3卷),文物出版社,2004年,第54~86页。

26 比如禹州瓦店王湾三期文化一期YHW97 Ⅳ T3H61为公元前2255年。方燕明:《河南龙山文化和二里头文化碳十四测年的若干问题讨论》,《中原文物》2005年第2期。

27 张雪莲、仇士华、蔡莲珍等:《新砦—二里头—二里冈文化考古年代序列的建立与完善》,《考古》2007年第8期;中国社会科学院考古研究所:《二里头:1999~2006》,文物出版社,2014年,第1231页。

28 我曾经推定鄂北地区龙山遗存的下限在公元前1700年左右。韩建业:《湖北随州市西花园早期遗存分析》,《考古》1999年第3期。

29 韩建业:《中国西北地区先秦时期的自然环境与文化发展》,文物出版社,2008年,第196~201页。

30 严文明:《新石器时代考古的年代学》,《走向21世纪的考古学》,三秦出版社,1997年,第94~103页。

二里头—二里冈时代文化上的早期中国

庙底沟时代中国大部地区文化首次交融联系形成以中原为核心的三层次结构的文化共同体，是为最早的早期中国文化圈或文化上的早期中国，简称早期中国[1]。仰韶时代后期和龙山时代，早期中国经历了中原核心文化由弱到强、文化格局由分渐合的过程，总体属于天下万国的古国阶段。至二里头—二里冈时代，中原腹地伟大复兴，文化格局重新整合[2]，真正进入以中原为核心的王国阶段。本文拟对二里头—二里冈时代早期中国的文化发展和文化结构状况略作讨论。

一、中原及周边地区文化

约公元前1750年，在中原腹地洛阳盆地形成二里头文化，以河南偃师二里头一至四期遗存为代表[3]。二里头文化主体虽继承新砦类型而来[4]，但也吸收了不少周边地区文化因素，如陶鬲来自下七垣文化，云雷纹等印纹因素来自东南地区，花边圆腹罐来自齐家文化。同样由于齐家文化的桥梁作用，青铜环首刀、斧等西方因素进入，并受西方青铜技术的影响而在中原文化基础上新创爵、斝、盉、斝、鼎等青铜礼器，中原地区晚于新疆等地 200 多年以后终于也进入了青铜时代。二里头文化形成后即向外扩张，三期时达到极盛。在二里头文化向外扩张其影响过程中与当地文化结合而形成若干地方类型，包括中原核心区的二里头类型、晋南的东下冯类型、豫东南的杨庄类型、豫西南的下王岗类型、豫东的牛角岗类型等[5]，甚至还扩展至长江中游地区。二里头文化区域之间、聚落之间分化严重，中心聚落内部功能区划明确、建筑墓葬等级分明。其中二里头古都面积达 300 多万平方米，有宫城和大型宫殿，不仅是洛阳盆地无与伦比的超大型聚落[6]，在整个二里头文化中也首屈一指。当时应已进入成熟的文明社会。

与二里头文化同时或略晚在冀中南地区为下七垣文化。至约公元前 1550 年，下七垣文化辗转挺进郑州地区发展为二里冈文化，该文化至少可分为分别以郑州二里冈下层、上层[7]和白家庄第 2 层遗存[8]为代表的三期。其典型器类鬲、甗等继承下七垣文化而来，爵、斝、盉、大口尊等为二里头文化因素，尊、罐等硬陶或原始瓷器当源于江南。二里冈文化继承了二里头文化的青铜器传统并发扬光大，尤以饰乳钉纹、兽面纹的大方鼎最具代表性。二里冈文化形成后迅即西拓至洛阳地区，再向周围扩展，形成中原腹地二里冈类型、豫北琉璃阁类型、冀中南台西类型、晋南东下冯类型、关中北村类型、鄂中盘龙城类型、安徽大城墩类型、鲁中西大辛庄类型等地方类型[9]，分布范围空前扩大。二里冈文化有郑州商城、偃师商城等位于中原腹地的都城级超级中心聚落，中原核心地位进一步提高；有黄陂盘龙城、垣曲商城、焦作府城商城等地方性中心聚落，层级清楚。

二、海岱和长江下游地区文化

二里头—二里冈时代，在山东及邻近地区为岳石文化，以山东平度东岳石早期遗存为代表[10]。北向扩展至辽东半岛[11]，南向远达江淮中部[12]。岳石文化是龙山文化的后继者，随着后来二里冈文化的东向扩展，岳石文化渐次向东退缩。岳石文化的鼎、豆、尊形器等绝大多数陶器都和龙山文化一脉相承，少量绳纹鬲、绳纹深腹罐、大口尊、爵、斝等属于二里头文化、下七垣文化和二里冈文化因素，个别硬陶和原始瓷源于江南。该文化也可分若干地方类型[13]，并有山东历城城子崖古城等中心聚落。

二里头文化时期皖中一带为斗鸡台文化，以寿县斗鸡台二至四期遗存为代表[14]，之后被二里冈文化大城墩类型代替。斗鸡台文化主要为继承当地王湾三期文化发展而来，其垂腹鼎、凹底罐、鸡冠錾盆等属王湾三期文化传统，按压指窝纹足鼎、花边圆腹罐、曲柄弧腹豆、瓦足盘、觚等为二里头文化因素，尊形器、子母口罐等为岳石文化因素，云雷纹等印纹的祖源当在马桥文化。

宁镇地区与二里头文化和二里冈文化大致同时的为点将台下层文化和湖熟文化，二者在江宁点将台[15]、丹徒团山[16]等遗址存在依次早晚的地层关系。点将台下层文化当主要是在类似造律台文化南荡类型的文化基础上发展而来，其素面甗、素面鼎等继承造律台文化、龙山文化等的深厚传统而又自具特点，曲柄豆、按压指窝纹足鼎等体现了其受到二里头文化的影响。湖熟文化既继承了斗鸡台文化素面甗、素面鼎等地方传统，又受到了二里冈文化强烈影响而出现大量绳纹或素面鬲、绳纹甗、绳纹罐、折盘豆、簋等，还受马桥文化等影响而出现较多罐类印纹陶。

二里头文化时期在太湖地区和浙东北地区为马桥文化，以上海马桥该时期遗存为代表[17]，下限或可延续到二里冈文化时期。马桥文化是在当地广富林文化基础上发展而来，并受到二里头文化影响。其典型器绳纹鼎、绳纹甗等陶器及大量云雷纹、回纹、条格纹、叶脉纹、席纹等印纹均继承广富林文化，觚、鲜（粗矮觚）、瓦足盘等属于二里头文化因素，个别子母口三足罐等属于岳石文化因素。大体同时，在赣浙闽交界分布着与马桥文化有密切关系的肩头弄类遗存[18]，流行印纹陶尤其是黑釉印纹陶为其一大特色。

二里冈文化偏晚阶段在江西大部地区分布着吴城文化[19]，以樟树吴城一期遗存为代表[20]。该文化当为在肩头弄类遗存的基础上，受到二里冈文化强烈影响而形成。其分裆鬲、甗、大口尊、深腹罐、假腹豆、斝、爵等大部分陶器都基本属于二里冈文化因素，硬陶、釉陶、原始瓷等特征则又属当地传统。该文化有鼎、斝等青铜容器，以及吴城古城等中心聚落。

三、北方和东北地区文化

二里头—二里冈时代狭义的北方地区分布着朱开沟文化[21]，以内蒙古伊金霍洛旗朱开沟遗存为代表[22]。朱开沟文化主要是在老虎山文化基础上发展而来，双鋬鬲、单耳鬲、敛口甗、三足瓮等大部分陶器和老虎山文化一脉相承，大肥袋足鬲、圈足罐、深腹簋等陶器来自陶寺晚期文化，双（三）大耳罐为齐家文化因素，陶折沿分裆鬲以及大三角形纹、大十字镂孔、云雷纹、兽面纹等属于二里头文化和二里冈文化因素，青铜戈、鼎也属于二里冈文化因素。此外，该文化陶器上的"蛇纹"以及晚期出现的短剑、环首刀等，其源头当与中国西北地区甚至西伯利亚草原地带青铜文化有关，但青铜短剑特色明显。朱开沟文化早期聚落以陕北石峁石城为最，其400多万平方米的庞大体量、宏伟复杂的城门等[23]，将其超级中心聚落的地位显露无遗。

二里头—二里冈时代西辽河流域、凌河流域和燕山南北地区为夏家店下层文化[24]，以内蒙古赤峰夏家店下层遗存为代表[25]。夏家店下层文化主要是在雪山二期文化基础上发展而来，也受到后冈二期文化较大影响。其典型陶器鼓腹或弧腹鬲、侈口甗等都与上述两个文化有密切联系，陶蛇纹鬲、花边鬲以及厚背弯身石刀为朱开沟文化因素，少量素面壶等为高台山文化因素，铜喇叭口耳环、铜指环、金耳环等体现来自西方的影响[26]。偏早阶段大甸子等墓地的爵、鬹、盉等属于二里头文化因素，偏晚阶段燕山以南的实足根鬲、假腹豆等属于二里冈文化因素。夏家店下层文化聚落以河流两侧山冈上带状分布、成组成群的石城最具代表性[27]。

下辽河流域与夏家店下层文化基本同时者为高台山文化（早期）[28]，以辽宁新民高台山遗存为代表[29]。高台山文化当为在偏堡子文化或类似遗存基础上，受到岳石文化等的影响而形成。其高领壶、双耳罐（瓮）等与偏堡子文化或小珠山上层文化有继承关系，偏早的腰裆有附加堆纹的素面无实足跟甗、子母口罐属岳石文化因素，偏晚的实足鬲直腹鬲、鼓肩鬲、弧腹鬲等为受到夏家店下层文化影响的结果，个别铜喇叭口耳环、环首刀等属于西方文化因素。

此时东北嫩江流域为小拉哈文化，以黑龙江肇源小拉哈二期遗存为代表[30]。其筒形罐、高领壶、小口瓮等器类与当地早先的南宝力皋吐文化有一定继承关系，受到高台山文化较大影响，个别弧腹鬲则属于夏家店下层文化因素。图们江流域为以吉林和龙兴城青铜时代遗存为代表的兴城文化（早期）[31]，主要陶器为花边、素面、深腹的罐、瓮类，与新石器时代的筒形罐文化系统已经有很大区别，或许为受到岳石文化双砣子二期类型较大影响而形成。

四、西北地区文化

二里头文化或稍早时期，甘青宁地区（不包括河西走廊）为齐家文化晚期遗存，还东向扩展至陕西渭河中下游地区。以甘肃广河齐家坪、临潭磨沟[32]遗存为代表，可分为陇中的秦魏家类型、陇南的磨沟类型、关中的老牛坡类型等[33]。晚期齐家文化受到来自西方的较大影响，新出的带耳有銎斧、矛、刀、镜、月牙形项饰、喇叭口耳环等铜器，陶器上的折线纹、胡须状垂带纹、尖顶冠状纹、联珠纹等，都早见于南西伯利亚、中亚等地。而青铜牌饰、陶盉等则属于二里头文化因素。晚期齐家文化成人合葬流行男性仰身直肢、女性侧身屈肢的形式，体现男尊女卑观念。

二里冈文化时期甘青宁地区（不包括河西走廊）为辛店文化、卡约文化、寺洼文化的早期，分别以青海民和山家头遗存[34]、青海湟中下西河潘家梁早期墓葬[35]和甘肃临潭磨沟晚期墓葬为代表。这三个文化的源头都在齐家文化，其主要器类双大耳罐、花边绳纹罐等都与齐家文化一脉相承，也存在一些可能与西方有关的新文化因素，如垂须纹、垂带纹，羊、狗、鹿之类的兽形图案，等等，青铜器种类增多。个别铜鬲的发现显示二里冈文化影响至此地[36]。磨沟早期寺洼文化发现公元前15世纪左右的块炼铁器，是中国最早的人工冶铁制品[37]，其源头当在西亚地区。

二里头—二里冈时代或稍早，在河西走廊、新疆东部分别为四坝文化[38]和哈密天山北路文化。前者以甘肃山丹四坝滩[39]、民乐东灰山[40]遗存为代表，后者以哈密天山北路墓地为代表[41]。两文化都主要是在马家窑文化马厂类型基础上，受到西方文化强烈影响发展而来，主体陶器带耳罐、壶等以及彩陶与马厂类型有继承关系，尖顶冠形纹、人形图像等属西方因素。两文化的刀、剑、有銎斧、锛、凿、镰、矛、镜、耳环、手镯、铃、牌、泡等铜器也基本属于西方文化因素。

五、长江上游和华南地区文化

二里头—二里冈时代长江上游为三星堆文化，包括成都平原及其附近的三星堆类型[42]、川东峡江地区的朝天嘴类型[43]。三星堆文化的凸肩罐、大口尊、细高柄豆等主体陶器与宝墩文化有一定联系，盉、鬶、曲柄豆等为二里头文化因素，个别圈足印纹壶为华南因素。三星堆文化有面积达三四百万平方米的三星堆古城，城内有大型宫殿建筑。

二里头—二里冈时代的华南大部地区仍大体属于釜—圈足盘—豆文化系统，只是凹底罐、壶类显著增多，包括黄瓜山文化[44]、后山文化[45]等。流行印纹硬陶，陶器以釜、小口凹底罐（尊）、矮圈足罐（壶）、带流壶、圈足盘、豆为主，又普遍包含戈、牙璋、有段或有肩锛、带槽石拍等玉石器。戈、牙璋属于二里头文化因素，有些折肩的尊、罐类可能与二里冈文化的影响有关。

六、早期中国外缘区文化

二里头—二里冈时代文化上早期中国的范围空前扩展，只是在新疆中西部、西藏南部等边缘地区仍有其没有涵盖的地方。

约公元前2000年，东西方文化差不多同时进入新疆地区，在哈密盆地交融形成哈密天山北路文化，而在新疆中西部则出现安德罗诺沃文化[46]、克尔木齐文化[47]和古墓沟文化（或小河文化）[48]等，那主要属于西方文化系统——我们曾称其为"筒形罐文化系统"[49]；为与中国东北地区相区别，也可称"罐文化系统"。这些文化的斧、镰、锛、凿、矛、喇叭口耳环等青铜器也都属西方文化系统。

此时在西藏拉萨一带分布着曲贡文化[50]，压光陶、压划菱格纹有特色，有圜底罐、小圈足罐、小圈足壶、圜底钵、圈足杯、三角形镂孔柄豆等陶器，来龙去脉尚不甚清楚。

七、三个文化影响圈

二里头—二里冈时代诸文化间存在普遍且深入的交流与影响，形成分别以中原文化、西部青铜文化和华南印纹陶文化为中心的三个文化影响圈，而以中原文化影响圈范围最大、影响程度最深。

1. 中原文化影响圈

二里头文化二期以后不但将其文化范围迅速扩展至河南大部地区和山西南部，而且对周围产生了很大影响。其典型因素绳纹深腹罐、花边圆腹罐、鼎、大口尊、曲柄折盘或弧腹豆、瓦足盘、爵、斝、鬶、盉、蘑菇钮器盖等，或多或少见于周围的下七垣文化、岳石文化、斗鸡台文化、点将台文化、马桥文化、三星堆文化、齐家文化、朱开沟文化等当中，爵、鬶等因素更是远达西辽河流域夏家店下层文化，戈、牙璋等则广泛见于华南地区。

二里冈文化对周围影响更大，尤其是二里冈上层时期。不但其文化范围扩展到北至冀中南、东达鲁中西、南抵江淮和长江中游、西到关中的广大地区，而且其绳纹鬲、绳纹甗、绳纹深腹罐、大口尊、深腹盆、假腹豆、爵、斝、簋、蘑菇钮器盖等陶器也渗透到周围文化，包括夏家店下层文化、岳石文化、湖熟文化、吴城文化、朱开沟文化。另外，华南地区有些折肩的甗形器、尊、罐类也与二里冈文化的影响有关，个别二里冈式的铜鬲甚至西向渗透到卡约文化。

由于二里头文化和二里冈文化的强势影响，形成以中原为核心，以鼎、鬲、甗、爵、鬶、斝、盉等三足器为代表的不同层次的文化圈，并将粟作农业扩展到长江下游地区、嫩江流域甚至新疆东部地区。

2. 西部青铜文化影响圈

公元前 2000 年左右，首先在中国西北地区，然后在北方、东北和中原地区，最后在东部沿江海地区，自西而东掀起了青铜之风，从而使得这些地区先后进入青铜时代。这些青铜器大致可分为两大传统：一是以工具、武器、装饰品为主的西方或北方传统，主要源头在欧亚大陆西部地区，包括刀、斧、锛、锥、镞、镜、耳环、指环、手镯、泡、扣等青铜器，属于铜、锡或铜、砷合金，见于哈密天山北路文化、古墓沟文化、克尔木齐文化、安德罗诺沃文化、四坝文化、晚期齐家文化、辛店文化、卡约文化、寺洼文化、朱开沟文化、夏家店下层文化等。二是以容器、武器为主的中原传统，当为在中原文化基础上受到西方青铜文化影响而产生，包括鼎、鬲、甗、爵、盉、斝、觚、簋、盘、尊、罍、卣等青铜容器，钺、戈、斧、锛、凿、刀、镞、锯等青铜武器或工具，除铜、锡合金外，最有特色的是铜、铅或铜、铅、锡合金，主要见于二里头文化、二里冈文化、岳石文化，并影响到吴城文化等。

伴随青铜文化而来的是西北地区诸文化当中畜牧、半农半牧经济的出现，同时中东部东区诸文化也或多或少带有畜牧经济成分。畜牧经济在干旱半干旱地区有着很强的适应性，这使得广大的西北内陆干旱区和内蒙古半干旱草原区等地终于迎来了人类发展的首次高潮。这是"新石器时代革命"以后中国文化格局上前所未有的重大变化，堪称一次"青铜时代革命"[51]。

3. 华南印纹陶文化影响圈

二里头—二里冈时代华南、东南地区逐渐形成云雷纹、回纹、圆圈纹、叶脉纹等几何形印纹陶占据主流的态势，广泛流行于马桥文化、吴城文化、点将台文化、湖熟文化、黄瓜山文化、后山文化等当中，并且马桥文化、吴城文化产生了最早的原始瓷。几何形印纹陶和原始瓷都不同程度地北向渗透到二里头文化、二里冈文化、岳石文化、斗鸡台文化等当中。

八、四层次结构的早期中国

约公元前 1800 年以后，由于二里头文化和二里冈文化从中原核心区向外强势影响，使得文化格局发生重大调整，中国大部地区文化再次交融联系成更大范围的相对的文化共同体，其空间结构自内而外至少可以分为四个层次：第一个层次是郑洛核心区，有二里头、郑州商城、偃师商城等超大型中心聚落和成组大型宫殿，拥有较多体大精致的鼎、鬲、斝等青铜礼器和玉礼器。第二个层次主要是黄河中游和淮河流域，偏晚还延伸到黄河上游和长江中游，也就是核心区之外的二里头文化和二里冈文化分布区，存在地方性差异，有东下冯、垣曲商城、台西、盘龙城等大型中心聚落和若干区域性中心，城数量不多，青铜礼器、玉礼器体小量少且不如核心区精致。第三个层次是周围的黄河下游、长江下游、长江上游、北方地区和东北地区，包括岳石文化、斗鸡台文化、点将台文化、湖熟文化、马桥文化、吴城文化、三星堆文化、朱开沟文化、夏家店下层文化、高台山文化等，有城子崖、吴城、三星堆、石峁等超大型或大型中心聚落，形成若干地方中心，有少量青铜礼器和玉礼器，见有鬲、鬶、鼎、爵、斝、鬹等三足陶器。第四个层次是再外围的华南地区、西北甘青宁地区、东北北部地区，包括黄瓜山文化、后山文化、齐家文化、四坝文化、哈密天山北路文化、辛店文化、卡约文化、寺洼文化、小拉哈文化等，缺乏高级别聚落和礼器，少见三足器，华南时见玉石璋，西北地区流行工具、武器类北方式青铜器。

四个层次文化当中：第一层次处于核心地位；第二层次直接受第一层次影响而形成和发展；第三层次文化虽彼此差别较大，但大致都可在此前文化上的早期中国找到源头，且他们此时又都深受第一、二层次制约；第四层次文化的源头都与早期中国文化密切相关，只是此时受到前几个层次的影响较为微弱。另外，边缘地区新疆中西部的安德罗诺沃文化、克尔木齐文化和古墓沟文化，以及西藏的曲贡文化等，已经基本不属于文化上早期中国的范畴。如果站在现代中国的角度，那已经是第五个层次了。总体来看，此时中原腹地伟大复兴，实力强劲，无与伦比，对周围产生强大辐射影响，达到四海之内唯我独尊的真正的王国阶段[52]，周围各层次文化则不同程度受到中原腹地的制约和影响。中国大地上再度形成以中原为核心的不同层次的文化圈，文化上的早期中国在空间范围和统一性方面得到显著发展，从此以后进入统一性为主的"合"的时期（图一）。有人曾指出二里头时代有中原王朝和域外地域之别，而中原王朝又由畿内地域和次级地域组成，这实际是认为二里头时代存在以中原为核心的三层次文化结构[53]。有人认为"最早的中国"正是在这个时候正式出现[54]。

二里头—二里冈时代文化上的早期中国

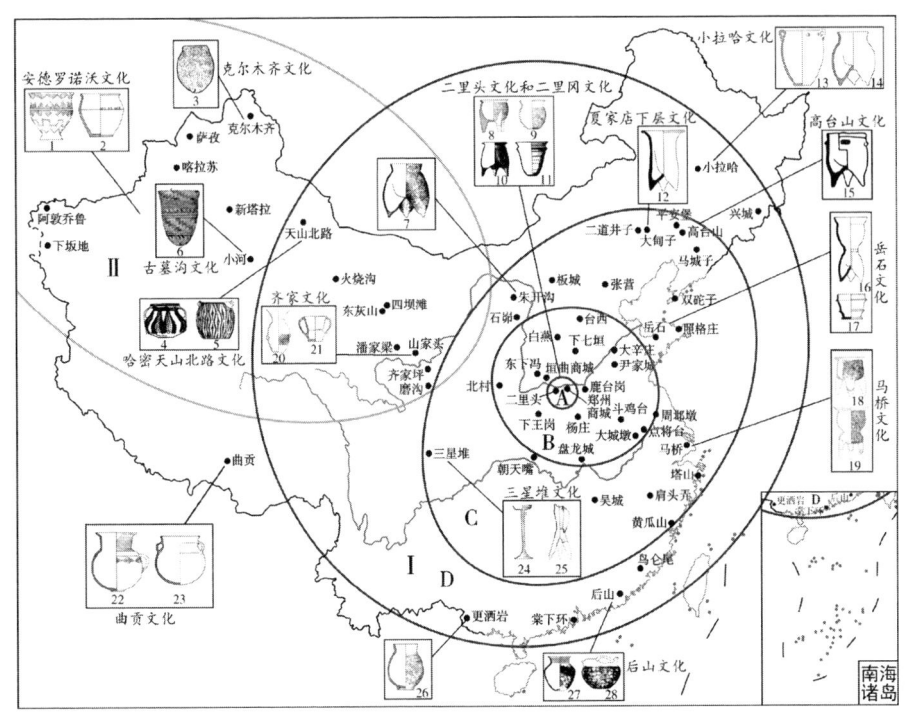

图一 二里头—二里冈时代文化上的早期中国（公元前1800—公元前1300年）
Ⅰ.早期中国文化圈　Ⅱ.罐文化系统
A.核心区　B.主体区　C.边缘区一　D.边缘区二
1～5、9、13、20、22、23、26、27.罐（萨孜M3：2，下坂地AⅡM042：1，克尔木齐M16：1，天山北路，天山北路，二里头Ⅱ·ⅤT104⑤：18，白金宝F3032：2，秦魏家M96：2，曲贡M111：1，H17：7，更洒岩07LG：08，后山M4：1）　6.篓（小河MC：24）　7、10、12、14、15.鬲（朱开沟W2007：1、二里冈H17：119、大甸子M612：14、白金宝F3028：3、平安堡H1012：1）　8、18.鼎（二里头Ⅱ·ⅤT104⑥：51、马桥ⅡTD101：11）　11.大口尊（南关外T87：46）　16、19.甗（庙岛以南海底采集、马桥ⅠT1209③B：9）　17.尊（照格庄H6：14）　21.双大耳罐（秦魏家M68：3）　24.豆（三星堆BaT1②：36）　25.鬶（三星堆DcT1②：43）　28.鸭形壶（后山M1：1）（除6为草编外，余均为陶器）

这个文化上早期中国辉煌发展的时代，恰是西方古代文明走向衰落之时。闪米特、印欧诸畜牧民族大规模入侵，导致美索不达米亚、埃及、印度河古代文明的衰落。此后两河流域和希腊地区虽有赫梯文明和迈锡尼文明的兴起，埃及也再现辉煌，但其文化内涵和影响深度都与前不同。与此形成鲜明对照的是，印欧畜牧民族对早期中国只有远距离的、间接的影响，不但未造成早期中国文明的衰落，其青铜技术和畜牧业等的传播反而为早期中国文明增添了鲜活血液，促进了早期中国文明的发展。

注释

1. 严文明：《中国史前文化的统一性与多样性》，《文物》1987年第3期；张光直：《中国相互作用圈与文明的形成》，《庆祝苏秉琦考古五十五年论文集》，文物出版社，1989年，第1~23页；韩建业：《庙底沟时代与"早期中国"》，《考古》2012年第3期。
2. 李伯谦：《中国青铜文化的发展阶段与分区系统》，《华夏考古》1990年第2期。
3. 中国社会科学院考古研究所：《偃师二里头 1959年~1978年考古发掘报告》，中国大百科全书出版社，1999年；中国社会科学院考古研究所：《二里头：1999~2006》，文物出版社，2014年。
4. 韩建业：《论二里头青铜文明的兴起》，《中国历史文物》2009年第1期。
5. 中国社会科学院考古研究所：《中国考古学·夏商卷》，中国社会科学出版社，2003年，第61~139页。

6 中国社会科学院考古研究所二里头工作队：《河南洛阳盆地 2001～2003 年考古调查简报》，《考古》2005 年第 5 期。
7 河南省文化局文物工作队：《郑州二里冈》，科学出版社，1959 年。
8 河南省文化局文物工作队第一队：《郑州白家庄遗址发掘简报》，《文物参考资料》1956 年第 4 期。
9 邹衡：《试论夏文化》，《夏商周考古学论文集》，文物出版社，1980 年，第 95～182 页；王立新：《早商文化研究》，高等教育出版社，1998 年。
10 中国科学院考古研究所山东发掘队：《山东平度东岳石村新石器时代遗址与战国墓》，《考古》1962 年第 10 期。
11 中国社会科学院考古研究所：《双砣子与岗上——辽东史前文化的发现和研究》，科学出版社，1996 年。
12 南京博物院考古研究所、扬州博物馆等：《江苏高邮周邶墩遗址发掘报告》，《考古学报》1997 年第 4 期。
13 严文明：《东夷文化的探索》，《文物》1989 年第 9 期；栾丰实：《岳石文化的分期和类型》，《海岱地区考古研究》，山东大学出版社，1997 年，第 318～347 页。
14 北京大学考古学系商周组、安徽省文物工作队：《安徽省霍邱、六安、寿县考古调查试掘报告》，《考古学研究（三）》，科学出版社，1997 年，第 240～299 页。
15 南京博物院：《江宁汤山点将台遗址》，《东南文化》1987 年第 3 期。
16 团山考古队：《江苏丹徒赵家窑团山遗址》，《东南文化》1989 年第 1 期。
17 上海市文物管理委员会：《马桥：1993—1997 年发掘报告》，上海书画出版社，2002 年。
18 浙江省文物考古所、江山县文管会：《江山县南区古遗址、墓葬调查试掘》，《浙江省文物考古所学刊》（1981），文物出版社，1981 年，第 57～84 页。
19 李伯谦：《试论吴城文化》，《文物集刊》（3），文物出版社，1981 年，第 133～143 页。
20 江西省文物考古研究所、樟树市博物馆：《吴城：1973～2002 年考古发掘报告》，科学出版社，2005年。

21 田广金、韩建业：《朱开沟文化研究》，《考古学研究（五）：庆祝邹衡先生七十五寿辰暨从事考古研究五十年论文集》，文物出版社，2003年，第 227 ~ 259 页。

22 内蒙古自治区文物考古研究所、鄂尔多斯博物馆：《朱开沟——青铜时代早期遗址发掘报告》，文物出版社，2000年。

23 陕西省考古研究院、榆林市文物考古勘探工作队等：《陕西神木县石峁遗址》，《考古》2013年第7期。

24 邹衡：《关于夏商时期北方地区诸邻境文化的初步探讨》，《夏商周考古学论文集》，文物出版社，1980年，第 242 ~ 244 页；张忠培、孔哲生、张文军等：《夏家店下层文化研究》，《考古学文化论集》（一），文物出版社，1987年，第 58 ~ 78 页。

25 中国科学院考古研究所内蒙古工作队：《赤峰药王庙、夏家店遗址试掘报告》，《考古学报》1974年第1期。

26 林沄：《夏代的中国北方系青铜器》，《边疆考古研究》（第1辑），科学出版社，2002年，第 1 ~ 12 页。

27 徐光冀：《赤峰英金河、阴河流域的石城遗址》，《中国考古学研究——夏鼐先生考古五十年纪念论文集》，文物出版社，1986年，第 83 ~ 84 页。

28 赵宾福：《中国东北地区夏至战国时期的考古学文化研究》，科学出版社，2009年。

29 新民县文化馆、沈阳市文物管理办公室：《新民高台山新石器时代遗址1976年发掘简报》，《文物资料丛刊》（7），文物出版社，1983年，第 80 ~ 91 页。

30 黑龙江省文物考古研究所、吉林大学考古学系：《黑龙江肇源县小拉哈遗址发掘报告》，《考古学报》1998年第1期。

31 吉林省文物考古研究所、延边朝鲜族自治州博物馆：《和龙兴城：新石器及青铜时代遗址发掘报告》，文物出版社，2001年。

32 甘肃省文物考古研究所、西北大学文化遗产与考古学研究中心：《甘肃临潭县磨沟齐家文化墓地》，《考古》2009年第7期。

33 韩建业:《中国西北地区先秦时期的自然环境与文化发展》,文物出版社,2008年,第196~201页。

34 青海省文物管理处:《青海民和核桃庄山家头墓地清理简报》,《文物》1992年第11期。

35 青海省文物考古研究所:《青海湟中下西河潘家梁卡约文化墓地》,《考古学集刊》8,科学出版社,1994年,第28~86页。

36 赵生琛:《青海西宁发现卡约文化铜鬲》,《考古》1985年第7期;河南省文物考古研究所、郑州市文物考古研究所:《郑州商代铜器窖藏》,科学出版社,1999年,第78页。

37 陈建立、毛瑞林、王辉等:《甘肃临潭磨沟寺洼文化墓葬出土铁器与中国冶铁技术起源》,《文物》2012年第8期。

38 李水城:《四坝文化研究》,《考古学文化论集》(三),文物出版社,1993年,第80~121页。

39 安志敏:《甘肃山丹四坝滩新石器时代遗址》,《考古学报》1959年第3期。

40 甘肃省文物考古研究所、吉林大学北方考古研究室:《民乐东灰山考古——四坝文化墓地的揭示与研究》,科学出版社,1998年。

41 吕恩国、常喜恩、王炳华:《新疆青铜时代考古文化浅论》,《苏秉琦与当代中国考古学》,科学出版社,2001年,第179~184页。

42 四川省文物管理委员会、四川省博物馆等:《广汉三星堆遗址》,《考古学报》1987年第2期。

43 国家文物局三峡考古队:《朝天嘴与中堡岛》,文物出版社,2001年。

44 福建省博物馆:《福建霞浦黄瓜山遗址发掘报告》,《福建文博》1994年第1期。

45 魏峻:《粤东闽南地区先秦考古学文化的分期与谱系》,《考古学研究》(九)——庆祝严文明先生八十寿辰论文集》,文物出版社,2012年,第140~165页。

46 新疆文物考古研究所:《新疆下坂地墓地》,文物出版社,2012年。

47 新疆社会科学院考古研究所:《新疆克尔木齐古墓群发掘简报》,《文物》1981年第1期。

48 新疆社会科学院考古研究所：《孔雀河古墓沟发掘及其初步研究》，《新疆社会科学》1983年第1期；新疆文物考古研究所：《新疆罗布泊小河墓地2003年发掘简报》，《文物》2007年第10期。

49 韩建业：《新疆的青铜时代和早期铁器时代文化》，文物出版社，2007年。

50 中国社会科学院考古研究所、西藏自治区文物局：《拉萨曲贡》，中国大百科全书出版社，1999年。

51 韩建业：《略论中国的"青铜时代革命"》，《西域研究》2012年第3期。

52 苏秉琦：《迎接中国考古学的新世纪》，《华人·龙的传人·中国人——考古寻根记》，辽宁大学出版社，1994年，第236~251页；严文明：《黄河流域文明的发祥与发展》，《华夏考古》1997年第1期；韩建业：《良渚、陶寺与二里头——早期中国文明的演进之路》，《考古》2010年第11期。

53 西江清高、久慈大介：《从地域间关系看二里头文化期中原王朝的空间结构》，《二里头遗址与二里头文化研究》，科学出版社，2006年，第444~456页。

54 许宏：《最早的中国》，科学出版社，2009年。

略论文化上"早期中国"的起源、形成和发展

一

"中国"一词至少可追溯至西周,最初仅指洛阳一带中原核心地区,后来逐渐演变成近现代意义上的中国。本文所谓"早期中国",实即文化意义上"早期中国"的简称,是指商代晚期以前中国大部地区文化彼此交融联系而形成的以中原为核心的文化共同体,是商周王朝乃至于秦汉帝国得以建立的地理、文化和政治基础,也可以称其为"早期中国文化圈"[1]。

文化上的早期中国以中原为核心,并且至少自五帝以来就基本前后相承、连续发展,这是中国传统史学的基本认识。但自晚清以来,随着中西文化的碰撞和中国弱势地位的显现,疑古思潮在国内外渐成风气,这一认识受到前所未有的挑战。当然随着甲骨文的发现和研究,王国维、徐旭生等对古史的研究整理,以及20世纪20年代以来殷墟等重要遗址的考古发现和研究,极端的疑古思潮已经淡出史学领域,商代晚期以来的中国史基本为信史、中华文明的起源在商代晚期以前等观点已成学术界共识,但商代晚期以前是否存在文化意义上连续发展的早期中国,或者这个早

期中国有着怎样的文化格局、特质和发展过程,都还没有定论或者不很清楚。

在20世纪80年代以来对中国文明起源的热烈讨论中,主要由中国学者进行的绝大部分研究都直接论述中国古代文明或国家起源的时间、标志、过程等,只有少数学者注意到早期或古代的"中国"这个概念本身需要加以深究。这当中张光直提出在公元前4000年前已经形成"中国相互作用圈",中国文明具有连续性和整体性特征[2];严文明认为中国史前文化具有统一性与多样性的特点,并且存在"重瓣花朵式的格局"[3];苏秉琦指出先秦时期存在"共识的中国"[4]。这些观点可以说已经初步搭建了早期中国文化圈的基本框架。但"中国相互作用圈"或"重瓣花朵式的格局"的空间结构值得进一步研究,起源、形成和发展过程有待系统梳理。

二

文化上的早期中国植根于遥远的旧石器时代和新石器时代早期。

在持续约200万年的中国旧石器时代,铲形门齿等后世蒙古人种的特征普遍存在,砾石—石片工业传统贯穿始终,而南方砾石石器、北方小石器的差别也长期延续,表现出人类进化、文化发展上显著的连续性、统一性和多样性特征[5]。正是在这个意义上,苏秉琦说:"中国人的主体部分是东亚大陆土著居民,是北京人后裔;中国文化是有近200万年传统的土著文化。"[6]

至约公元前18000年,华南和长江流域交界地带进入最早的新石器时代,约公元前9000年,新石器文化拓展至中国中东部地区并形成五大文化区或五大文化系统,即华南文化区的绳纹圜底釜文化系统、长江下游文化区的平底盆—圈足盘—双耳罐文化系统、中原腹地文化区的深腹罐文化系统、黄河下游文化区的素面圜底釜文化系统和华北东北文化区的筒形罐文化系统[7]。五大文化系统之外其他地区仍停留在旧石器时代末期或中石器时代。

尽管分属不同文化系统,但也不能借此而对这些文化统一性的一面有所忽视。实际上不但新石器时代早期各文化系统的陶器有同出一源的可能性[8],就是新石器时代早期文化和同时的旧石器末期文化、中石器文化之间也并非天壤之别:虽然长江流域、华北地区部分新石器时代早期的人群已经种植水稻和黍类作物,但也还处于初始阶段,在食物结构中所占分量有限,可能只是采集渔猎经济的补充。

从整体来说,中国是世界上最早发明农业、陶器(陶容器)和磨制石器的地区,而且三者基本上是以组合的方式同时出现。虽然三者的最初发生不见得就有必然的联系,但在发展过程中却互相关联。这为中国此后成为世界上最大、最稳定的农业地区,最发达的陶瓷器大国奠定了坚实基础。发展农业需要定居,需要不断调节社会内部以保持稳定,而不需要无节制地对外扩张,这使得中国文化逐渐形成质朴稳健、注重整体性思维、重视传统、稳定内敛的特质。

三

文化上的早期中国萌芽于公元前 6000 年前后的新石器时代中期。

约公元前 7000 年开始进入新石器时代中期，农业文化得到很大发展，尤其约公元前 6200 年进入新石器时代中期中段以后，各文化区交流明显频繁起来，中原裴李岗文化强势扩张[9]，长江流域彭头山文化和跨湖桥文化东进西渐[10]，从而整合成四个文化区或文化系统，即黄河和淮河上中游文化区的深腹罐—双耳壶—钵文化系统、长江中下游—华南文化区的釜—圈足盘—豆文化系统、华北—东北文化区的筒形罐文化系统三个大文化系统，以及泰沂以北地区的素面圜底釜文化系统一个小文化系统。这当中三个大文化系统已和严文明归纳的中国新石器时代的三个系统大致吻合[11]。

不仅如此，通过裴李岗文化的强烈扩张和影响，还使各文化区边缘都开始互相接触融合，几个文化系统发生一定的联系。无论是长江中游的彭头山文化，还是华北的磁山文化，其临近裴李岗文化的边缘地区都开始出现较多泥质素面的壶、钵等裴李岗文化因素。这样一来几个文化系统就具有了一定共性，从而形成雏形的初具圈层结构或者"重瓣花朵式"结构的"早期中国文化圈"，或者说文化上的"早期中国"已经萌芽。此后在中国大部才会出现普遍的认同观念和以中原为核心的历史趋势[12]。

这个雏形的早期中国文化圈，已经存在互补型的南稻北粟二元谷物农业体系，兼养家猪，是当时世界上最大的农业文化圈；有着丰富的陶器和讲究的器用生活,尤其核心区裴李岗文化发明了早期中国第一标型器——专门炊器鼎;出现早熟的木器手工业和梁架结构房屋;出现东西二元彩陶、似文字符号以及八角星纹、兽面纹等蕴含深意的图像;形成以祖先崇拜为核心的世俗化的信仰体系、多层次整体性的思维方式。当时社会虽然还处于比较平等的状态,但一些较专业的神职人员的地位已经开始凸显出来。

四

约公元前 5000 年进入新石器时代晚期以后,文化融合进一步加强。其一,黄河下游和淮河中游地区文化整合为北辛文化[13],后在北辛文化影响推动下产生初期仰韶文化[14],使得黄河流域和淮河上中游地区文化出现较为统一的面貌,形成瓶(壶)—钵(盆)—罐—鼎文化系统。其二,长江中下游—华南文化区的釜—圈足盘—豆文化系统在古老传统的基础上继续交融发展。长江中游汤家岗文化、大溪文化一期的印纹白陶传播到下游马家浜文化,反之,马家浜文化的石钺、三足盘等因素见于长江中游。此外,发源于长江中游的印纹白陶等还见于华南珠江口沿岸。其三,随着仰韶文化的北向扩展,华北地区已经成了瓶(壶)—钵(盆)—罐—鼎文化系统的天下,筒形罐文化系统北向退缩形成东北文化区。这样,早期中国三大文化系统正式形成。

新石器时代晚期各文化区虽然基本平行发展,中原地区核心作用反而不如前明显,但文化交流更加频繁,雏形的"早期中国文化圈"

继续发展。此时两大农业体系进一步壮大，农业在黄河长江流域大部地区的地位越来越重要。玉器崭露头角，中国特有的玉文化传统正式形成。无论是仰韶文化的分组房屋和凝聚向心式聚落结构[15]，还是大溪文化和河姆渡文化的排房，都将主要建筑秩序井然地安排在一个特定空间内，有的外周还有环壕或者城垣，在强调集体利益和公共秩序方面有异曲同工之妙。很大程度上这是一个平等友善、爱护弱小、重视集体、秩序井然的时代。

五

文化上的早期中国形成于公元前 4000 年前后的庙底沟时代。

约公元前 4000 年前后仰韶文化东庄—庙底沟类型从晋南豫西核心区向外强力扩张影响，以前的三大文化系统的格局大为改观，中国大部地区文化交融联系成相对的文化共同体，其空间结构自内而外至少可以分为三个层次：核心区在晋西南豫西及关中东部，即仰韶文化东庄类型—庙底沟类型分布区和泉护类型东部，最具代表性的花瓣纹彩陶线条流畅，设色典雅。向外是主体区即黄河中游地区，也就是除核心区之外的整个仰韶文化分布区，花瓣纹彩陶造型因地略异，线条稚嫩迟滞，其中偏东部彩陶多色搭配，活泼有余而沉稳不足。再向外是边缘区，即黄河下游、长江中下游和东北等仰韶文化的邻境地区，时见正宗或变体花瓣纹彩陶，但主体器类仍为当地传统[16]。

可以看出，这个三层次结构共同体的核心区和主体区基本就是此前的黄河流域、华北和淮河上中游文化区，换句话说它主要是在瓶（壶）—钵（盆）—罐—鼎文化系统的基础上发展而来，其边缘区则包括了新整合而成的长江中下游—黄河下游地区的鼎—豆—壶—杯文化系统，以及东北南部和西部的筒形罐—彩陶罐—钵文化系统。在这个三层次结构的共同体之外，还有华南的釜—圈足盘—豆文化系统、东北的筒形罐文化系统，这些文化系统都和上述三层次结构共同体互有联系。如果站在现代中国的角度，那实际上已经是第四层次了。

庙底沟时代的这个三层次的文化共同体，与商代政治地理的三层次结构竟有惊人的相似之处[17]。该共同体无论在地理还是文化上，都为夏商乃至于秦汉以后的中国奠定了基础，因此可称为最早的"早期中国文化圈"，标志着文化上的"早期中国"或"早期中国"的正式形成。此时两大农业体系走向成熟，陶器、玉器、漆器和丝织品等"中国"特色器物繁荣发达，彩陶盛行。

庙底沟时代中原核心区仰韶文化出现大型"宫殿式"房屋，社会地位分化显著而贫富分化、社会分工有限；东部诸文化——大汶口文化、崧泽文化、北阴阳营文化等，出现随葬大量玉器和陶器的大墓，社会地位分化、贫富分化、社会分工都很明显；而北方地区仰韶文化则不但看不出贫富分化、社会分工，就是社会地位分化也很不明显。当时已具家族凸现、男权军权凸现等一般趋势，又初步形成社会发展的三种不同模式，开启了早期中国文明起源的先河。我们可将这三种不同模式分别称为"中原模式""东方模式"和"北方模式"[18]。这种社会发展的一般趋势和不同模式，是早期中国文化有中心的多元一体特点的又一种表现方式。

人们不禁会问：在公元前4000年前的庙底沟时代，如何会形成范围如此广大的早期中国？强势的核心区是用什么样的方式使其文化因素渗透到周围地区，使其认知成为周围广大地区的主体认知？或许战争在其中起到重要作用，但此后这种认同趋势得以长期延续，显然与中原核心区令人仰慕的文化特质和足以服人的文化策略有关。"中原模式"稳定内敛、重贵轻富、井然有礼、朴实执中，决定了其社会政治的本质特点在于协调稳定内部秩序，被认为中国文化一大特征的礼制应当在此时才真正出现；决定了其社会管理基于血缘关系，由近及远，按照不同层次实行不同的管理方式，尊重各地区不同文化，形成一种有着相当稳定结构的文化共同体，最初期的"朝贡体系"或许已经萌芽；决定了其主张"王权"而非"霸权"，主要依靠优秀文化的辐射影响而非军事、经济干预。

六

约公元前3500—公元前1800年为文化上早期中国的古国时代。

大约公元前3500年进入铜石并用时代早期即仰韶后期，中原核心区实力减弱，难以对周围文化产生强力影响和辐射，周围文化就各自沿着不同方向发展。对当时的中原文化来说，正好有机会吸收更多周围文化因素，不过其对传统的维持也比其他任何一个地区都要顽强。对于周围文化来说，终于有更多机会变革和创新，但总归基于原有基础。总体上此前形成的文化上的早期中国得到继续发展，并未因为中原核心区的衰弱而解体；不仅如此，由于周围文化向更外缘的大幅度扩展，早期中国的范围也得到更大扩展。这是文化上中国和政治上中国很不同的地方。

仰韶后期粟作农业扩展至河西走廊东部和青藏高原东部地区，稻作农业扩展至广东北部，甘青等地则出现源自西方的家羊的养殖。大汶口文化和良渚文化的磨光黑陶、马家窑文化的彩陶，以及红山文化、薛家岗文化、良渚文化的玉器，都精美绝伦，冠绝一时。尤其玉器异常发达，成为早期中国东部地区最有代表性的物质文化遗存。值得关注的是此时彩陶在大部地区衰落而文字符号兴起，这或当与社会普遍复杂化的背景相关。"中原模式""东方模式"和"北方模式"的特征更加凸显，同时普遍存在社会分化、家族凸显、男权军权凸显等一般趋势。东方模式如良渚文化、屈家岭文化、大汶口文化等在公元前3000年左右应当已经出现初始国家组织，能够对较大地域实行一定程度的控制和管理，已进入初始文明社会阶段；中原模式和北方模式贫富分化虽然不很明显，但也未尝不能对较大地域实行一定程度的控制和管理，社会发展阶段与东方模式大体一致。

当时的中国出现很多地区中心和强势文化，如以良渚遗址群为核心的良渚文化、以石家河遗址群为核心的屈家岭文化、以大汶口墓地和丹土城址为代表的大汶口文化、以牛河梁遗址群为核心的红山文化、以西坡大墓为代表的仰韶文化西王类型、以大地湾遗址为代表的马家窑文化石岭下类型等。苏秉琦曾提出"古国—方国—帝国"的中国古代文明演进之路[19]，严文明调整为"古国—王国—帝国"[20]，王震中修正为"邦国—王国—帝国"[21]。我们可称此时这些互不统属的小国并存的时代为早期中国的古国时代或邦国时代。

另外，此时早期中西文化交流的趋势已经比较明显。主要通道有青藏高原南北侧的"彩陶之路"南道和北道，如马家窑文化就通过南道影响到南亚的克什米尔，西方的羊等因素则传播到甘青地区[22]。中西交流为早期中国文化注入了新鲜血液。

七

约公元前 2500 年进入铜石并用时代晚期，在新兴的海岱龙山文化的带动下，黄河长江流域大部地区明显加强了重新整合的趋势，龙山时代到来[23]；以公元前 2200 年左右为界，还可以将其分成前期和后期两个阶段[24]。龙山时代诸文化实际是新时期文化上早期中国的主体文化，而西部的马家窑文化等则已经变成早期中国的边缘文化。

龙山时代中原北方地区广见源于西方的小麦、绵羊等，多元化经济趋势进一步加强，为其文化崛起埋下了伏笔。此时形成以鲁东为核心的不同层次的灰黑陶文化圈，鼎、鬹、盉、鬲、甗、斝等典型"中国"式三足器的大范围扩展，说明"中国"式烹饪饮食方式走向成熟并逐渐普世化。长江流域及以北地区普遍发现铜器，特别是中原地区铜容器的发现，表明其已经拥有泥质复合范铸造技术，已形成中国特色的铜器铸造传统。文字明确出现，而且还不止一个系统。社会变革趋势进一步加剧，三种模式得以延续并互有交融。

龙山时代大江南北形成多个以大型城垣等中心聚落为核心的地区中心,很多已经进入初始国家或文明社会。每个考古学文化至少有一两个这样的中心,中心之间虽互有影响,但总体并非统属关系,呈现出群雄并起、各领风骚的时代风貌,因此仍属于"古国时代"。此时长江中下游地区趋于衰落,曾经辉煌一时的良渚文化风光不再,石家河文化也开始走下坡路,中原核心区则再度崛起,其对外影响逐渐加强:龙山前期陶寺文化的发展程度难有其匹,其文化影响至少及于中原龙山文化大部地区,颇有核心文化的样子,或许已经进入雏形王国阶段[25];龙山后期王湾三期文化向周边大幅度扩张和强烈影响,造成石家河文化的衰亡以及中原文化范围的空前扩大。总体来说文化上的早期中国得到进一步发展,而且又大致形成以中原为核心的不同层次的文化圈。

八

约公元前1800—公元前1300年为文化上早期中国的王国时代。

二里头文化和二里冈文化从中原核心区向外强势影响,使得文化格局发生重大调整,中国大部地区文化再次交融联系成更大范围的文化共同体,其空间结构自内而外至少可以分为四个层次:第一个层次是郑洛核心区,有二里头、郑州商城、偃师商城等超大型中心聚落和成组大型宫殿,拥有较多体大精致的青铜礼器和玉礼器。第二个层次主要是黄河中游和淮河流域,偏晚还延伸到黄河上游和长江中游,也就是核心区之外的二里头文化和二里冈文化分布区,有东下冯、垣曲商城、台西、盘龙城等大型中心聚落和若干区域性中心，青铜礼器、玉礼器体小量少且不如核心区精致。第三个层次是周围的黄河下游、长江下游、长江上游、北方地区和东北地区，包括岳石文化、马桥文化、吴城文化、三星堆文化、朱开沟文化、夏家店下层文化等，有城子崖、吴城、三星堆、石峁等超大型或大型中心聚落，形成若干地方中心，有少量青铜礼器和玉礼器。第四个层次是再外围的华南地区、西北甘青宁地区、东北北部地区，包括黄瓜山文化、齐家文化、四坝文化、哈密天山北路文化等，缺乏高级别聚落和礼器。此时中原腹地伟大复兴，达到四海之内唯我独尊的真正的王国阶段，周围各层次文化则程度不同地受到中原腹地的制约和影响。中国大地上再度形成以中原为核心的不同层次的文化圈，文化上的早期中国在空间范围和统一性方面得到显著发展。这个时代可称"二里头—二里冈时代"。

此时西北地区畜牧经济和青铜文化迅猛发展，这使得原先文化低迷的广大北方地区迎来了人类发展的高潮，并刺激和推动了中东部地区青铜文化的产生和发展。这是自从"新石器时代革命"以后中国文化格局上前所未有的重大变化，堪称一次"青铜时代革命"[26]。当时中国青铜器大致可分为两大传统，一是以工具、武器、装饰品为主的西方或北方传统，二是以容器、武器为主的中原传统。另外，甲骨文系统——古汉语文字系统于此时正式形成。

二里头—二里冈时代社会发生重大变革，以中原和西方两种社会发展模式最具代表性。中国中东部广大地区——早期中国主体区的社会发展以二里头文化和二里冈文化为代表。中原核心地区出现超大型中心聚落，周围各地区涌现出不少超大型或大型中心聚落，形成若干地区中心。出现专门的宫城和成组宫殿，反映已经初步形成宫室制度。青铜器、玉石器、陶瓷器、漆器、骨器等制作技术高超且更加专业化，社会分工显著发展。总体看中国中东部社会出现显著的社会变革，已经进入成熟文明社会阶段；在宫室、墓葬、器物等方面都表现出相当的世俗性、层级性和秩序性，当为礼制日渐成熟的反映；以前社会发展三大模式逐渐融合，形成新形势下的"中原模式"，且范围几乎可以囊括中东部各地。而西部边缘新疆地区则是另一番景象。诸文化一般都有大规模公共墓地，墓葬在大小和随葬品数量方面都没有明显差异，总体显示出较为平等的氏族社会的景象。这些文化还流行偶像崇拜，工具、武器发达而缺乏礼器的现象也与中原全然不同。总体上代表一种新的社会发展模式的出现，或可称之为"西方模式"。

九

总体来看，商代晚期以前文化上的早期中国根植于旧石器时代，萌芽于公元前 6000 年左右的新石器时代中期，形成于公元前 4000 年左右的庙底沟时代，经历了古国时代、王国时代等发展阶段。早期中国存在以农为本、稳定内敛、整体思维、祖先崇拜等区别于世界上其他文明的特质，具有有主体有中心的多元一体文化结构，经历了有起伏有分合的连续发展进程。文化上早期中国特征特质的形成，与中国相对独立、广大多样、以两大河流域为主体、以中原地区为中心的地理环境有莫大关系；而其起源、形成和早期发展过程，也都与自然环境的变迁息息相关。这当中很值得注意的是，公元前4000年左右的气候暖湿引起中原文化的蓬勃发展和早期中国的形成，公元前3500年左右的气候转冷造成初始文明社会的全面兴起，而公元前2000年左右的冷期则引发中国的"青铜时代革命"和成熟文明的出现。究其原因，无论是气候转暖或趋冷，相对于地理环境广大多样的早期中国来说，并非整体趋于适宜或恶化；气候变迁本身并不能引起整个早期中国文化的兴盛或衰落，只是为文化变迁提供契机。

注释

1. 韩建业：《论早期中国文化周期性的"分""合"现象》，《史林》2005年增刊。
2. 张光直：《中国相互作用圈与文明的形成》，《庆祝苏秉琦考古五十五年论文集》，文物出版社，1989年，第6页。
3. 严文明：《中国史前文化的统一性与多样性》，《文物》1987年第3期。
4. 苏秉琦：《中国文明起源新探》，生活·读书·新知三联书店，1999年，第161页。
5. 吴汝康：《古人类学》，文物出版社，1989年；严文明：《中国史前文化的统一性与多样性》，《文物》1987年第3期；吴新智：《从中国晚期智人颅牙特征看中国现代人起源》，《人类学学报》1998年第4期；王幼平：《中国远古人类文化的源流》，科学出版社，2005年，第313~316页。

6 苏秉琦：《关于重建中国史前史的思考》，《华人·龙的传人·中国人——考古寻根记》，辽宁大学出版社，1994年，第116页。

7 韩建业：《中国新石器时代早中期文化的区系研究》，《考古学研究（九）：庆祝严文明先生八十寿辰论文集》，文物出版社，2012年，第24～36页。

8 张弛：《中国南方的早期陶器》，《古代文明》（第5卷），文物出版社，2006年，第16页。

9 韩建业：《裴李岗文化的迁徙影响与早期中国文化圈的雏形》，《中原文物》2009年第2期。

10 韩建业：《试论跨湖桥文化的来源和对外影响——兼论新石器时代中期长江中下游地区间的文化交流》，《东南文化》2010年第6期。

11 严文明：《中国古代文化三系统说——兼论赤峰地区在中国古代文化发展中的地位》，《中国北方古代文化国际学术研讨会论文集》，中国文史出版社，1995年，第17～18页。

12 赵辉：《以中原为中心的历史趋势的形成》，《文物》2000年第1期；韩建业：《论新石器时代中原文化的历史地位》，《江汉考古》2004年第1期。

13 韩建业：《双墩文化的北上与北辛文化的形成——从济宁张山"北辛文化遗存"论起》，《江汉考古》2012年第2期。

14 韩建业：《初期仰韶文化研究》，《古代文明》（第8卷），文物出版社，2010年，第16～35页。

15 巩启明、严文明：《从姜寨早期村落布局探讨其居民的社会组织结构》，《考古与文物》1981年第1期。

16 韩建业：《庙底沟时代与"早期中国"》，《考古》2012年第3期。

17 宋新潮：《殷商文化区域研究》，陕西人民出版社，1991年。

18 韩建业：《略论中国铜石并用时代社会发展的一般趋势和不同模式》，《古代文明》（第2卷），文物出版社，2003年，第84～96页。

19 苏秉琦：《迎接中国考古学的新世纪》，《华人·龙的传人·中国人——考古寻根记》，辽宁大学出版社，1994年，第236～251页。

20 严文明：《黄河流域文明的发祥与发展》，《华夏考古》1997年第1期。

21 王震中:《邦国、王国与帝国:先秦国家形态的演进》,《河南大学学报(社会科学版)》2003年第4期。
22 韩建业:《"彩陶之路"与早期中西文化交流》,《考古与文物》2013年第1期。
23 严文明:《龙山文化和龙山时代》,《文物》1981年第6期。
24 韩建业、杨新改:《王湾三期文化研究》,《考古学报》1997年第1期;韩建业:《晋西南豫西西部庙底沟二期—龙山时代文化的分期与谱系》,《考古学报》2006年第2期。
25 韩建业:《良渚、陶寺与二里头——早期中国文明的演进之路》,《考古》2010年第11期。
26 韩建业:《略论中国的"青铜时代革命"》,《西域研究》2012年第3期。

最早中国：多元一体早期中国的形成

一、关于最早中国的研究

最早的中国诞生于何时何地？是个什么样子？这或许是现在很多人想知道的问题。关于这个问题的讨论，虽然在近几年才成为热点，但开始的时间却至少要早到 20 世纪 80 年代。1986 年，严文明提出史前时期就已经有了现代中国的基础，已形成有中心多元一体的"重瓣花朵式"史前中国格局[1]。1987 年，张光直提出约公元前 4000 年后形成"中国相互作用圈"[2]。前者揭示了最早中国的圈层结构，后者指明其形成时间，各有侧重。

20 世纪末期，苏秉琦指出先秦时期存在一个"共识的中国"[3]。赵辉提出以中原为中心的中国文化的多重空间结构和历史趋势"肇始于公元前 3000—前 2500 年之间"[4]。2004 年—2005 年，我提出"早期中国""早期中国文化圈"的概念[5]，2009 年进一步指出文化意义上的"早期中国"或"早期中国文化圈"萌芽于公元前 6000 年左右的裴李岗文化时期，正式形成于公元前 4000 年前后的庙底沟类型时期[6]。2011 年，为推进国家社会科学基金项目"早期中国文化圈的形成和发展研究"，我组织召开了"文化上'早期中国'

的形成和发展学术研讨会"。会议上李新伟提出中国的史前基础可称之为"最初的中国"[7]，何驽提出最初的"中国"应该是陶寺文化[8]。

以上诸观点，都是认为最早的中国在史前时期已有雏形或者已经形成，但具体仍有差异。比如严文明、赵辉和我都认为史前的中国是以中原为中心的，苏秉琦、张光直和李新伟则更强调各区域的"平等"地位。再比如何驽所说最初的"中国"局限在晋南，实际上只是先秦时期"地中"或"中土"的含义，而其他学者所说的中国，更接近于先秦时期的所谓"天下"[9]，或者现代意义上的"中国"概念。

还有一些学者认为最早的中国应该是国家产生以后的事情，至少应该出现于夏商周三代。2005年李零指出，西周时期出现的"禹迹"传说，"是借助传说对外表达的中国最早的'中国'概念"，暗示最早的中国出现于西周[10]。2009年，许宏提出二里头时代随着二里头文化的大幅度扩张而形成最早的中国[11]。

西周或者二里头时代当然已经形成早期中国，但不见得是最早的中国。我认为最早的中国，只是文化意义上最早的中国，就是和现代中国传统上绵长接续、地理上大体吻合的一个超级文化共同体或文化圈，她不同于政治意义上的最早中国，不见得非要进入国家阶段或晚到夏商周时期。

二、最早中国的形成

中国幅员辽阔,能够在中国大部地区看到一个颇具共性的超级文化圈,那是在中国这个相对独立的地理单元中,各区域文化经过了较长时间交流融合的结果,而这个交融过程从 200 万年以来的旧石器时代即已开端。

在漫长的旧石器时代,尽管在中国内部存在文化差异,也不时和西方发生基因和文化上的交流,但总体上铲形门齿等后世蒙古人种的特征普遍存在,砾石—石片工业传统贯穿始终,表现出人类进化和文化发展上显著的连续性和统一性特征。正是在这个意义上,苏秉琦说,"中国文化是有近 200 万年传统的土著文化"[12]。

约距今 2 万年前进入新石器时代,文化的交融加速进行。约公元前 9000 年以后的新石器时代早期晚段,在中国中东部地区形成五大文化系统,彼此之间已经存在一些联系,而且不排除这些文化陶器的产生都受到华南地区最早制陶技术启发的可能性[13](图一)。约公元前 6000 年进入新石器时代中期中段后,各文化区交流显著加速,中国大部地区文化交融整合成四个文化系统,中原裴李岗文化的强势地位凸显并对外产生积极影响,从而有了早期中国文化圈或文化意义上早期中国的雏形(图二)。约公元前 5000 年进入新石器时代晚期以后,进一步整合形成黄河流域、长江流域—华南、东北三大文化区或文化系统,雏形的早期中国文化圈的范围大幅扩张(图三)。

文化上的早期中国

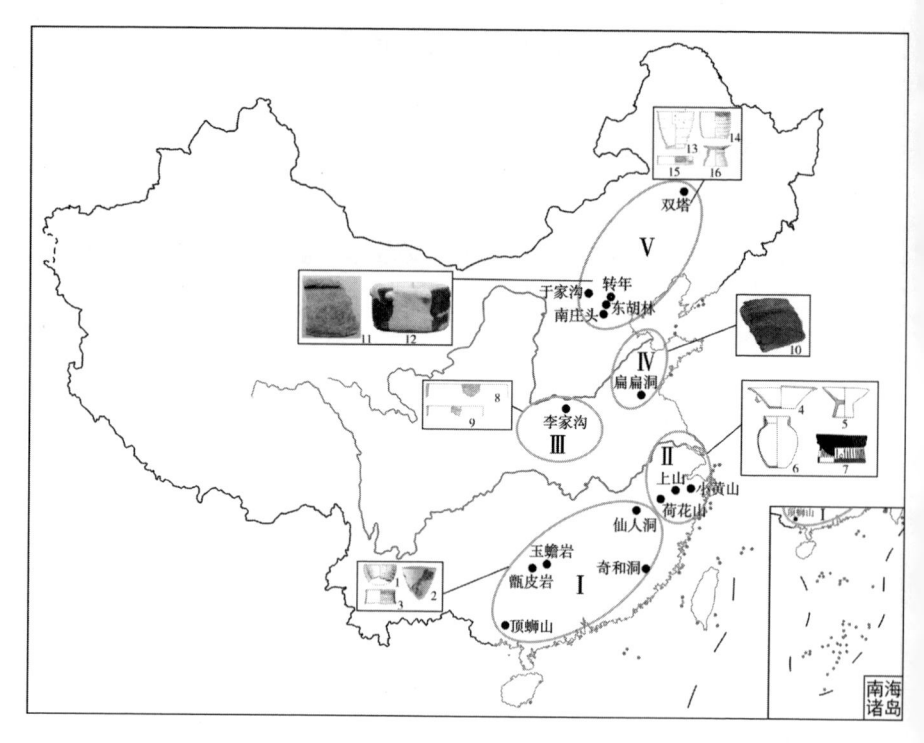

图一 中国新石器时代早期文化区系（公元前18000—公元前7000年）
Ⅰ.绳纹圜底釜文化系统 Ⅱ.平底盆—圈足盘—双耳罐文化系统 Ⅲ.深腹罐文化系统 Ⅳ.素面圜底釜文化系统 Ⅴ.筒形罐文化系统
1~3.釜（甑皮岩DT6㉘：072、玉蟾岩95DMT9：26、顶蛳山T2206④：1）
4.盆（上山H301：1） 5、16.豆（上山H193：1、双塔ⅡT130②：2）
6.双耳罐（上山H226：5） 7.圈足盘（小黄山M2：2） 8、9.深腹罐（李家沟09XLL：612、738） 10.素面釜（扁扁洞） 11~15.筒形罐（东胡林T9⑤：20，转年，双塔ⅡT406②：4、ⅡC2：1、ⅡT117②：11）（均为陶器）

新石器时代之末的公元前4000年前后是个关键点。中原核心区的仰韶文化东庄—庙底沟类型从晋南—豫西—关中东部核心区向外强力扩张影响，由此造成仰韶文化的"庙底沟化"和黄河上

最早中国：多元一体早期中国的形成

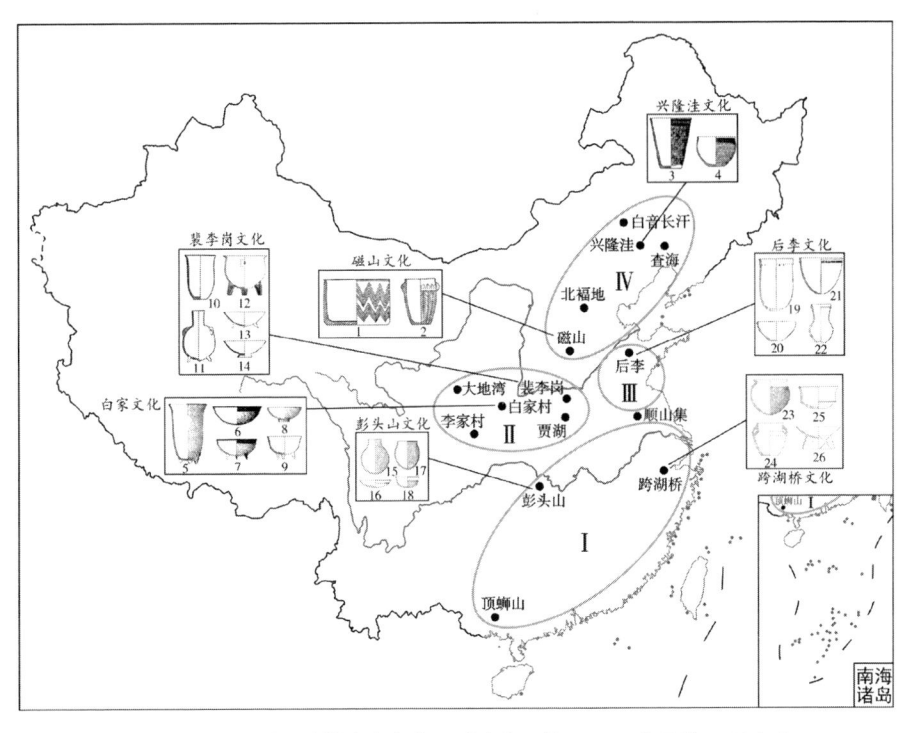

图二　中国新石器时代中期中段文化区系（公元前6200—公元前5500年）
Ⅰ.釜—圈足盘—豆文化系统　Ⅱ.深腹罐—双耳壶—钵文化系统　Ⅲ.素面圜底釜文化系统　Ⅳ.筒形罐文化系统
1～4.筒形罐（盂）（磁山T96②：38、25，兴隆洼F171④：10、F180④：8）　5、10.深腹罐（白家T309③：4，裴李岗M37：3）　6～9、13、14、16、18、20、25.钵（白家T204H25：1，T116H4：2，T117③：4、T121③：8，裴李岗M38：11，M56：4，彭头山T5⑤：4、F2：1，后李H1546：1，跨湖桥T0410湖Ⅲ：17）　11、22.壶（裴李岗M100：10、后李H1677：1）　12.鼎（贾湖H104：6）　15、17、19、21、23.釜（罐）（彭头山H2：47、H1：6，后李H3827：1、H3832：1，跨湖桥T0411⑧A：132）　24.双耳罐（跨湖桥T0411⑧A：24）　26.圈足盘（跨湖桥T0513⑨C：2）（均为陶器）

文化上的早期中国

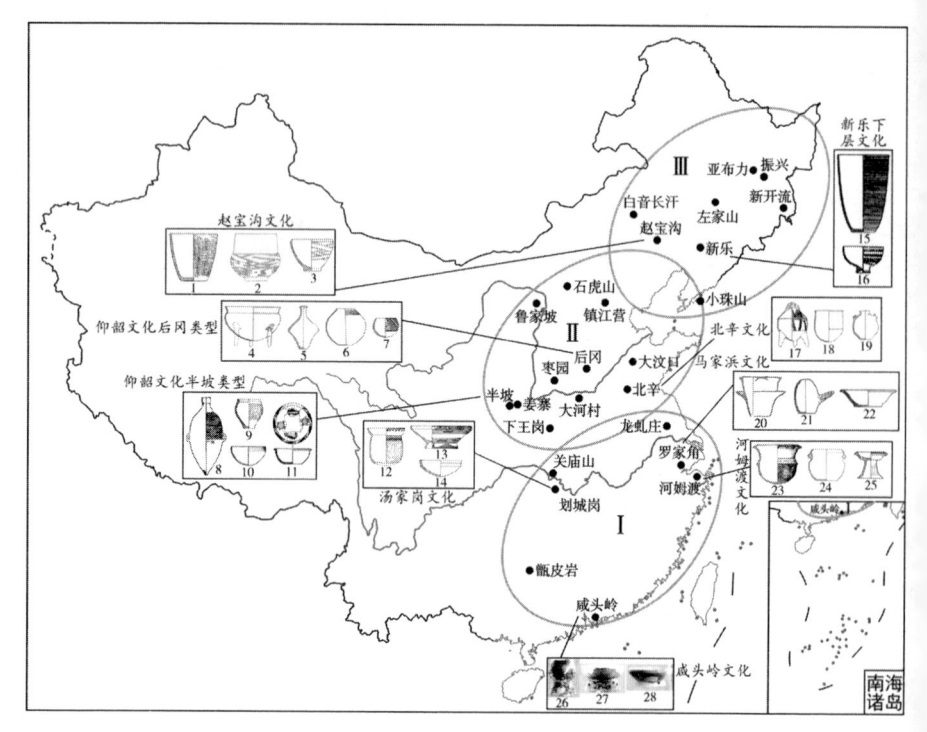

图三　中国新石器时代晚期文化区系（公元前 5000—公元前 4200 年）
Ⅰ.釜—圈足盘—豆文化系统　Ⅱ.瓶（壶）—钵（盆）—罐—鼎文化系统
Ⅲ.筒形罐文化系统

1、15.筒形罐（赵宝沟 F105②：28、新乐）　2.尊（赵宝沟 F7②：15）　3、16.圈足钵（赵宝沟 F105②：11、新乐）　4、17.鼎（后冈 H5：6、北辛 H706：7）　5、8、19.瓶（壶）（后冈、姜寨 T181F46：11、北辛 H1002：12）　6、9、24.罐（后冈 H2：2、姜寨 T276M159：4、河姆渡 T33（4）：109）　7、10、14.钵（后冈 H2：1、姜寨 T276W222：1、划城岗 T28⑥：1）　11、22.盆（姜寨 T16W63：1、罗家角 T129④：3）　12、18、20、23.釜（划城岗 T13⑦B：5、北辛 M702：1、罗家角 T128③：20、河姆渡 T26（4）：34）　13、27、28.圈足盘（划城岗 M156：1、咸头岭 T9⑤：1、T1⑧：2）　21.盉（罗家角 T107①：2）　25.豆（河姆渡 T211（4B）：447）　26.杯（咸头岭 T1⑤：2）（均为陶器）

中游文化的空前趋同局势，庙底沟式的花瓣纹彩陶遍及大江南北，以前的三大文化区或文化系统的格局大为改观，中国大部地区文化交融联系成一个超级文化共同体或文化圈（图四）。这个超级文化共同体，无论在地理还是文化意义上，都为夏商周乃至于秦汉以后的中国奠定了基础，标志着"早期中国文化圈"或者文化意义上"早期中国"的正式形成[14]，堪称最早的中国！之后从公元前3500年进入铜石并用时代，经龙山时代，到夏商周"王国"时代，都只是在庙底沟时代形成的最早中国基础上的延续和发展。

庙底沟时代恰好也是社会开始走向分化的时代，开启了早期中国文明起源的先河[15]。中原核心区河南灵宝西坡、陕西白水下河、陕西华县泉护村遗址已经出现200—500平方米的大型"宫殿式"房屋，或许是公共"殿堂"兼首领人物的居所，意味着中原已经率先开始了社会复杂化进程。而首领人物地位的凸显，极可能就与领导战争有关。专门武器穿孔石钺或许已经具有军权象征意义，如汝州阎村"鹳鱼钺图"所昭示的那样[16]。庙底沟时代中原文化大幅度扩张其影响，带动周围的大汶口文化、红山文化、崧泽文化等渐次开始了文明化进程，可能既与其令人仰慕的"文明"成就有关，也当离不开战争的直接促进作用。

我们曾经推测东庄—庙底沟类型对陕甘地区的强烈影响，可能对应黄帝战败炎帝的"阪泉之战"，"鹳鱼钺图"或许就是传说中黄帝打败炎帝的"纪念碑"；而庙底沟时代河北平原后冈类型的衰亡，可能对应黄帝战败蚩尤的"涿鹿之战"[17]。《史记·五帝本纪》记载："天下有不顺者，黄帝从而征之，平者去之，披山通道，未尝宁居。"

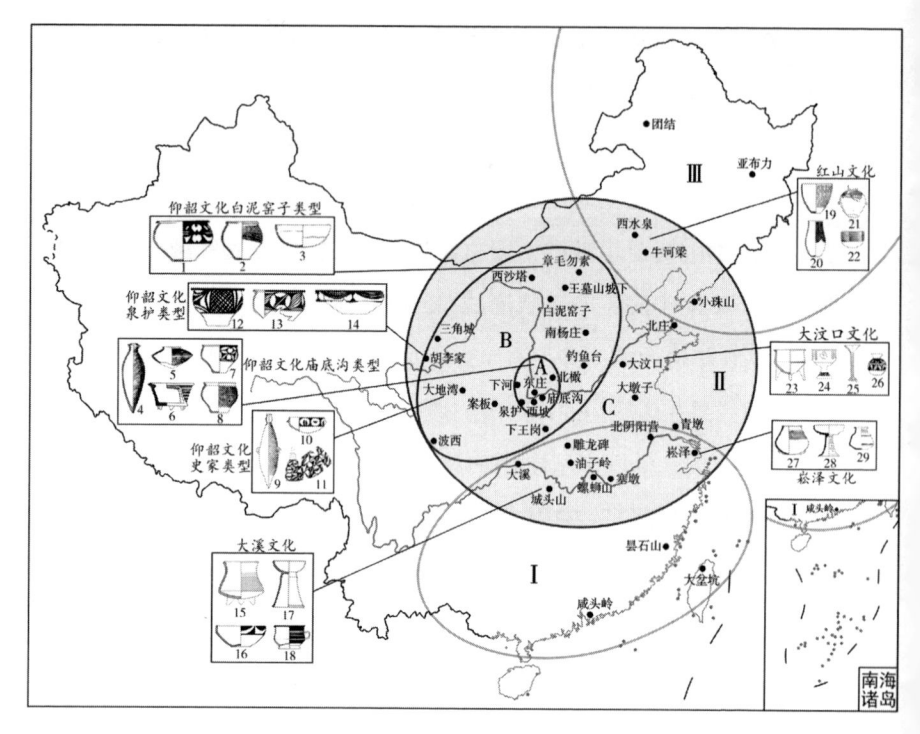

图四 庙底沟时代文化上的最早中国（公元前 4200—公元前 3500 年）
Ⅰ.釜—圈足盘—豆文化系统　Ⅱ.早期中国文化圈　Ⅲ.筒形罐文化系统
A.核心区　B.主体区　C.边缘区

1、7、12、13.盆（章毛勿素 F1：4，庙底沟 H11：75，胡李家 T1②：1、H14：2）　2、8、20.罐（章毛勿素 F1：2，庙底沟 H322：66，蜘蛛山 T1③：47）　3、10、14、16、22.钵（章毛勿素 F1：6、大地湾 T1③：1、胡李家 T1004②B：3、城头山 H210：3、西水泉 H4：2）　4、9、11.瓶（庙底沟 T203：43，大地湾 F2：14、QD0：19）　5.釜（庙底沟 H12：112）　6.灶（庙底沟 H47：34）　15、23、27.鼎（城头山 M665：2、大汶口 M1013：5、崧泽 M10：3）　17、24、28.豆（城头山 M678：4、大汶口 M2005：49、崧泽 M30：4）　18、25.杯（城头山 M679：3、大汶口 M2002：8）　19.筒形罐（西水泉 F13：31）　21、26、29.壶（西水泉 H2：21、大汶口 M1013：2、崧泽 M30：3）（均为陶器）

或许反映了一定的历史事实。

三、最早中国的范围和结构

庙底沟时代形成的最早的中国文化圈,东达海岱,西至甘青,南达江湘,北逾燕山,涵盖了现代中国的大部地区。如果将全新世的亚欧大陆划分为三大文化圈[18],那么最早中国这个稍小的文化圈,实际上是早期东方文化圈的主体部分,在西、北两个方向则与早期西方文化圈和早期北方文化圈有所交错。

就内部来说,最早的中国文化圈具备有中心、有主体的三层次的多元一体结构。

晋西南、豫西及关中东部为中心区,即仰韶文化东庄类型—庙底沟类型分布区,最具代表性的花瓣纹彩陶线条流畅,设色典雅;双唇口小口尖底瓶、折腹釜形鼎等典型器造型规整大气。向外是主体区,即黄河中游地区(南侧还包括汉水上中游、淮河上游等),也就是除核心区之外的整个仰韶文化分布区,花瓣纹彩陶造型因地略异,线条稚嫩迟滞,其中偏东部彩陶多色搭配,活泼有余而沉稳不足。再向外是边缘区即黄河下游、长江中下游和东北等仰韶文化的邻境地区,包含诸多考古学文化,时见花瓣纹彩陶,但主体器类仍为当地传统,常见在当地器物上装饰庙底沟类型式花纹,土洋结合。庙底沟时代三层次的早期中国结构长期延续,至商周时期甚至发展为四层结构,与文献记载商周王朝的内外服制度吻合,成为秦汉直至现代中国多民族国家、多元一统政治文化的基础。

据《史记·五帝本纪》记载，黄帝曾经"东至于海，登丸山，及岱宗。西至于空桐，登鸡头。南至于江，登熊、湘。北逐荤粥，合符釜山，而邑于涿鹿之阿"。这与考古学上最早中国的范围何其相似！在《史记·五帝本纪》以及《大戴礼记》的《五帝德》和《帝系》所记载的古史体系中，五帝一脉且以黄帝为宗，传说中甚至连北狄也属于黄帝族系，正与东庄—庙底沟类型的深远影响吻合[19]。不管早期中国各区域文化后来发生怎样的变化，但庙底沟类型的文化"基因"长期传承，黄帝作为人文共祖的思想深入人心，成为持久的民族记忆。换一句话说，中华民族各区域关于黄帝的记忆，可能很大程度上是真实历史背景的投影，而非如某些人所言只是后世编造、想象或者攀附的结果。

四、最早中国的文化特质

最早中国之所以成为一个相对独立的文化圈，就是因为她有独特的物质文化特征和文明特质。我曾论述过早期中国的特质有以农为本、稳定内敛、礼器礼制、整体思维、世俗观念、祖先崇拜等几项[20]，这当中最基本的特质是以农为本，最核心的观念是祖先崇拜。

早期中国处于气候适中的中纬度地区，拥有黄河、长江两大河流，占据适合耕种的广袤黄土地带，一万多年前即发明稻作农业和粟作农业，形成互为补充的两大农业体系，至最早中国形成的庙底沟时代农业已成生业经济主体,以农为本的观念根深蒂固。发展农业需要长远规划和稳定的社会秩序,具有规范节制功能的礼制应时而生。比如中原核心区庙底沟类型和西王类型之交的灵宝西坡大墓,墓室阔大且有二层台,随葬精美玉钺及成对大口缸、簋形器等陶器,彰显出墓主人具有崇高地位;但随葬品最多一墓不过十余件,且多为粗陋明器,显示出生死有度、重贵轻富、井然有礼、朴实执中的特质[21]。一般庙底沟类型的墓葬则基本不见随葬品,也当并非都是"贫困"所致,更应与其朴实节制的观念相关。这样的以农为本和礼制观念,经夏商周三代放大,一直传承到近世,很大程度上决定了中国的基本发展道路,塑造了中国的基本社会格局。

早期中国罕见埃及、西亚那样的大型神庙、神祠、偶像等神祇崇拜遗存,尤其中原核心地区更是如此。其原始宗教信仰主要蕴含在以农业为基础的日常生产生活当中,祖先崇拜应当是这个信仰体系的核心。早期中国墓葬基本都是土葬,讲究让先人"入土为安",实质或许是为活着的人提供继承祖先土地长期农耕的合理性。中原等地自裴李岗文化以来,墓地就分区分组,排列有序,其空间秩序应当主要依据血缘辈分,体现对祖先的敬重和长久历史记忆,也应当是现实中重视氏族社会秩序的反映。参照文献传说,早期中国不像西方有那么丰富的创世神话,有的只是祖先们一代代传承奋斗的传说,考古与传说基本可相互印证。发展农业需要较为精确的天文、地理知识和相应的宗教观念,考古上也确有可能与早期天文有关的遗存发现[22],但在传说中这些天文知识的拥有者基本都还是先祖。

这样的"聚族而葬"习俗和祖先崇拜观念,可能对应现实中"聚族而居"的社会模式,至西周以后形成强大的宗法制度和孝道观念,并延续至今。

注释

1　论文首次在1986年美国弗吉尼亚州艾尔莱召开的"中国古代史与社会科学一般法则"国际学术会议上宣读。严文明:《中国史前文化的统一性与多样性》,《文物》1987年第3期。

2　张光直:《中国相互作用圈与文明的形成》,《庆祝苏秉琦考古五十五年论文集》,文物出版社,1989年,第6页。翻译自Kwang-chih Chang: *The Archaeology of Ancient China*, Fourth Edition, Revised and Enlarged, Yale University Press, 1987。

3　苏秉琦:《中国文明起源新探》,生活·读书·新知三联书店,1999年,第161～162页。

4　赵辉:《以中原为中心的历史趋势的形成》,《文物》2000年第1期。

5　韩建业:《论新石器时代中原文化的历史地位》,《江汉考古》2004年第1期;韩建业:《论早期中国文化周期性的"分""合"现象》,《史林》2005年增刊。

6　韩建业:《裴李岗文化的迁徙影响与早期中国文化圈的雏形》,《中原文物》2009年第2期。

7　李新伟:《重建中国的史前基础》,《早期中国研究》(第1辑),文物出版社,2013年,第1～18页。

8　何驽:《最初"中国"的考古学探索简析》,《早期中国研究》(第1辑),文物出版社,2013年,第36～43页。

9 "溥（普）天之下，莫非王土"（《诗经·小雅·谷风之什·北山》）一句所表述的周王名义上所拥有的"天下"，既包括周王直接控制的王畿区或狭义的"中国"，也包括各诸侯国区域或"四方"。

10 李零：《禹步探原——从"大禹治水"想起的》，《书城》2005 年第 3 期。

11 许宏：《最早的中国》，科学出版社，2009 年，第 226 ~ 229 页。

12 苏秉琦：《关于重建中国史前史的思考》，《华人·龙的传人·中国人——考古寻根记》，辽宁大学出版社，1994 年，第 114 ~ 123 页。

13 张弛：《中国南方的早期陶器》，《古代文明》（第 5 卷），文物出版社，2006 年，第 16 页；韩建业：《中国新石器时代早中期文化的区系研究》，《考古学研究（九）：庆祝严文明先生八十寿辰论文集》，文物出版社，2012 年，第 24 ~ 36 页。

14 韩建业：《庙底沟时代与"早期中国"》，《考古》2012 年第 3 期。

15 苏秉琦早就指出，距今 6000 年是"从氏族向国家发展的转折点"。苏秉琦：《迎接中国考古学的新世纪》，《华人·龙的传人·中国人——考古寻根记》，辽宁大学出版社，1994 年，第 238 页。

16 严文明认为所谓"鹳鱼石斧图"，是纪念白鹳氏族打败鲢鱼氏族的"具有历史意义的图画"。只是图画中的"斧"穿孔并有装饰考究的柄，其实就是钺，且不明是石还是玉，故称"鹳鱼钺图"可能更贴切。参见严文明：《〈鹳鱼石斧图〉跋》，《文物》1981 年第 12 期。

17 韩建业：《涿鹿之战探索》，《中原文物》2002 年第 4 期。

18 我 2015 年提出的所谓亚欧大陆的三大文化圈，即以中国黄河和长江"大两河流域"为中心的"早期东方文化圈"，以底格里斯河和幼发拉底河"小两河流域"为中心的"早期西方文化圈"，以及东、西两大文化圈以北的"早期北方文化圈"。

19 最近发表在《自然》杂志的一项语言谱系研究，认为原始汉藏语分化成现代语言的最早年代在距今约 5900 年前，地点可能在中国北方。这与庙底沟类型的扩张和庙底沟时代早期中国的形成在时空上都正相吻合。Menghan Zhang, Shi Yan, Wuyun Pan & Li Jin. "Phylogenetic evidence for Sino-Tibetan origin in northern China in the Late Neolithic",

Nature，2019，569（7754）.

20 韩建业：《早期中国——中国文化圈的形成和发展》，上海古籍出版社，2015年，第269~271页。

21 中国社会科学院考古研究所、河南省文物考古研究所：《灵宝西坡墓地》，文物出版社，2010年；韩建业：《西坡墓葬与"中原模式"》，《仰韶和她的时代——纪念仰韶文化发现90周年国际学术研讨会论文集》，文物出版社，2014年，第153~164页。

22 冯时：《文明以止：上古的天文、思想与制度》，中国社会科学出版社，2018年。

文化上和政治上早期中国的起源与形成

要理清中国的起源这个重要问题，首先得弄清"中国"一词的内涵。大多数时候所谓"中国"是中华人民共和国的简称，是政治意义上的中国。有时候所谓"中国"是"中国（中华）文明""中国（中华）民族"等语境里的中国，是文化意义上的中国。政治上的中国指囊括现在中国全部或大部疆域在内的统一国家，文化上的中国则是由中国全部或大部地域内相似文化组成的共同体，也可称之为"中国文化圈"。虽然文化上和政治上的中国内部单元的划分并不完全一样，但总体都具有统一性特征，其地理空间也基本一致。从历史上来看，政治上的中国分分合合，而文化上的中国却始终只有一个且持续稳定发展。可以说文化上的中国是政治上的中国分裂时向往统一、统一时维护和强化统一的重要基础。

文化上和政治上的中国，都至少可以前溯至秦汉时期。但再向前溯源对这一问题就有了不同认识。20世纪八九十年代，严文明提出的"重瓣花朵式"史前中国文化格局[1]，张光直提出的"中国相互作用圈"或"最初的中国"[2]，苏秉琦提出的"共识的中国"[3]，都明确将文化上的中国追溯到史前时期。21世纪之后笔者及研究团队进行了接续性的研究，提出了文化上的早期中国或早期中国文化圈的概念[4]，还就相关问题展开了热烈的讨论[5]。政治上的最早中国，学者提出了起源于西周[6]、夏代晚期的二里头[7]、早于夏代的陶寺[8]等各种不同观点，还有学者甚至提出最早中国须从轩辕黄帝算起[9]。现在看来，无论是文化上还是政治上的早期中国，其起源形成过程、空间范围结构、表现特征等，仍有进一步探讨的必要。

一、文化上早期中国的起源

文化上的早期中国指秦汉以前中国大部地区文化彼此交融联系而形成的相对的文化共同体，也可称为早期中国文化圈。从对考古材料的分析来看，其起源可以追溯到距今 8000 多年前的新石器时代中期。

中国各区域文化的交流融合在旧石器时代即已开端。距今约 1 万多年前进入新石器时代后，各区域间文化的交流更加明显，在中国中东部地区形成五大文化系统，彼此之间已经存在一些联系。距今 8000 多年后各区域间的文化交流加速，中国大部地区整合成四个文化系统，且各文化系统之间开始接触融合：可能受到长江下游上山文化的陶壶等泥质陶器的影响，裴李岗文化出现泥质陶，裴李岗文化人群的西进催生了渭水和汉水上游地区白家文化的诞生，裴李岗文化向北对华北的磁山文化、向南对长江中游的彭头山文化都有影响[10]。正是由于中原地区裴李岗文化发挥了纽带作用，四个文化系统初步联结为一个相对的文化共同体，从而有了早期中国文化圈或文化上早期中国的起源。

令人称奇的是，在裴李岗时代初现雏形的文化上早期中国范围内，已经出现了共有的"一元"宇宙观、伦理观、历史观，诞生了"敬天法祖"信仰，孕育了整体思维、天人合一、追求秩序、稳定内敛等文化基因。中华先民的"一元"宇宙观，即"天圆地方"观和敬天观，体现在八角形纹[11]、龙凤纹[12]及其祀天仪式[13]，含石子龟甲[14]、八卦符号[15]及其数卜龟占行为中，还体现在骨"规矩"、骨律管及其观象授时行为[16]等方面。共有的"一元"伦理观和历史观，是指重视亲情、崇拜祖先、牢记历史的观念，集中体现在"入土为安"的"族葬"习俗中[17]。这些中华文明原创思想的集中涌现，表明距今 8000 多年前中华文明起源已经迈开了第一步[18]。

古史传说里中华民族最早的先祖是"三皇"中的伏羲、女娲，事迹见诸东周两汉及以后的文献中，如伏羲作八卦[19]、观象授时[20]和女娲补天[21]等。距今 8000 多年前长江、黄河流域八卦符号、骨规形器等的发现，在一定程度上表明有关伏羲、女娲的传说可能并非子虚乌有。

二、文化上早期中国的形成

距今约 7000 年进入新石器时代晚期，即仰韶文化时期后，区域之间的文化交流融合趋势显著加快，进一步整合形成黄河流域、长江流域—华南、东北三大文化区或文化系统。距今约 6000 年前后，中原核心区的仰韶文化东庄—庙底沟类型从晋南—豫西—关中东部核心区向外强力扩张其影响，由此造成黄河上中游地区仰韶文化面貌空前一致的现象，而庙底沟式的花瓣纹彩陶则流播至中国大部地区：西至甘青和四川西北部，北至内蒙古中南部，东北至西辽河流域，东达海岱、江淮，南达江湘。此前的三大文化区或文化系统的格局因此大为改观，中国大部地区文化交融联系形成一个以中原为中心的三层次的超级文化圈。与此同时，长江中下游地区的陶圈足盘和玉石钺等器类也流播至黄河中下游、珠江三角洲地区，甚至已经越过台湾海峡到达台湾岛。此外，先前已有的宇宙观、伦理观、历史观和知识系统在庙底沟时代得到继承发展。

由于这个超级文化圈的空间范围涵盖后世中国的主体区域，因而三层次空间结构和夏商周时期的畿服类圈层政治结构有相近之处，"敬天法祖"等宇宙观、伦理观和历史观一直延续到后世中国，因此可以说庙底沟时代文化上的早期中国或"早期中国文化圈"正式形成[22]。

庙底沟时代恰好也是社会复杂化程度加剧的时期。此时晋、陕、豫中原核心地区聚落数量激增，出现面积达数十万甚至超百万平方米的中心聚落，聚落中还出现了面积达数百平方米的宫殿式建筑[23]。在庙底沟类型的影响刺激下，黄河下游、长江中下游和西辽河流域都普遍出现了社会变革。江淮地区凌家滩遗址中仅一座墓葬的随葬玉器就达200件之多[24]，西辽河流域的红山文化出现规模宏大的牛河梁大型祭祀中心[25]。这些大型聚落、大型祭祀中心、大型建筑、大型墓葬的出现，表明当时已经迈开了中华文明起源的第二步[26]。

三、政治上早期中国的起源

政治上的早期中国,指秦汉以前囊括中国大部地区的统一国家,其起源自然就与中国早期国家的形成相关。恩格斯提出的国家的标志[27],一是"按地区来划分它的国民",就是主要根据地缘关系而非血缘关系来组织社会;二是"公共权力的设立",集中体现在凌驾于社会之上的"王权"方面。以此衡量,距今5100年左右,至少在黄河中游和长江下游地区已经出现区域王权和地缘关系,达到了早期国家标准,其他区域社会也迈进了或者即将迈进国家社会的门槛,而社会剧烈分化的过程至少要从大约距今5300年前开始。

大约距今5300年以后,黄河中游地区至少出现了3个区域中心。一是晋、陕、豫交界地带,主要体现为在灵宝西坡遗址有了高级别的贵族墓地[28]。二是郑洛地区出现有宫殿式建筑的巩义双槐树中心聚落[29],其占地面积超过100万平方米。三是在陇山西侧出现占地面积约100多万平方米的甘肃秦安大地湾中心聚落,该聚落出现面积约420多平方米的宫殿式建筑[30]。距今5100年左右进入铜石并用时代以后,在陇山以东出现了面积至少600万平方米的庆阳南佐都邑聚落[31]。该聚落中部是由9座大型夯土台及其内外环壕围成的面积30多万平方米的核心区,核心区中央有面积达上万平方米的带有夯土围墙和护城河的宫城区,宫城中心是建筑面积700多平方米的坐北朝南的主殿。整体建设工程可能需要数千人工作至少两三年时间才能建设完成,建设过程中需要组织周围广大地区的大量人力物力,一定程度上凸显了区域王权和地缘关系,也意味着早期国家的出现。南佐的白陶、黑陶等特殊物品罕见且精美,应当是高水平专业工匠的产品,白陶、朱砂陶、绿松石饰品等的原料和大量水稻可能来自国家控制下的远距离贸易。

距今5300年左右在长江下游兴起良渚文化,约距今5100年良渚聚落初具规模,并形成以良渚聚落为中心的早期国家或者"古国"。良渚聚落有近300万平方米的内城、630万平方米的外城,还有水坝、长提、沟壕等大规模水利设施。内城中部有人工堆筑的面积达30万平方米的"台城",上有大型宫殿式建筑[32]。城内有级别很高的反山墓地,发现了随葬600多件玉器的豪华墓葬[33]。在良渚古城周围约50平方公里的区域内,分布着300多处祭坛、墓地、居址、作坊等,可以分成三四个明显的级别[34]。良渚诸多大规模工程的建造、玉器等物品的制造、大量粮食的生产储备,都需调动大量人力物力,神徽、鸟纹、龙首形纹的普遍发现可能意味着整个太湖周围良渚文化区已出现统一的权力[35]和高度一致的原始宗教信仰体系,并且存在一种对整个社会的控制网络[36]。此外,距今5000年左右海岱地区大汶口文化墓葬棺椁成套、分化程度更甚,长江中游的屈家岭文化古城林立,其中规模最大的石家河城面积达两三百万平方米[37]。

距今4700多年进入庙底沟二期或者广义的龙山时代以后,黄土高原尤其是陕北地区遗址急剧增多,北方长城沿线突然涌现出许多军事性质突出的石城,同时在黄土高原文化的强烈影响下,内蒙古中南部、河北大部和河南中部等地的文化格局发生突变。这一系列现象应当是以黄土高原人群为胜利方的大规模战争事件的结果,很可能与文献记载中轩辕黄帝击杀蚩尤的涿鹿之战有关[38]。

我们看到，距今5100年左右形成的早期国家还局限在黄土高原和太湖周围这样的局部地区，当时的国家形式只是拥有区域王权的"古国"或"邦国"[39]。而萌芽状态的"天下王权"，应当出现于"涿鹿之战"之后。按照《史记·五帝本纪》等文献的记载，轩辕黄帝征途所至，东至海岱、西至陇东、南达江湘、北到华北，当时已设官监国，有诸侯来朝，俨然是"大一统"的气象。这些说法可能有夸张的一面，但从考古发现看，距今4700多年黄土高原的对外扩张影响十分显著，至少在黄河流域可能一度已经实现以黄土高原为重心的原初的"一统"，长江流域很可能也受其节制，说明文献记载有真实历史背景。因此，政治上中国的起源应当在距今4700多年的庙底沟二期之初或者传说中的轩辕黄帝之时。

此时已经形成的文化上的早期中国继续发展壮大，最重要的表现是马家窑文化向西向南的扩展。马家窑文化本身是仰韶文化拓展到甘青地区后与当地文化融合的产物，马家窑文化的人群在距今5000年左右向西南拓展至青海中部甚至进入青藏高原东南部，与当地文化融合形成具有特色的卡若文化等，还为青藏高原带去了黍、粟作物种植；向西则已经延伸到河西走廊中西部。

四、政治上早期中国的形成

政治上早期中国的形成，当以距今4100年以后初步"大一统"国家夏的最早出现为标志。而这种一统的整合趋势在距今4500年左右进入狭义龙山时代后明显加快了节奏。

约距今 4500 年，在晋南地区出现了占地面积近 300 万平方米的襄汾陶寺都邑聚落，其中包含宫城、大墓和"观象台"等[40]。同时或略晚在陕北出现有宫殿建筑的延安芦山峁遗址[41]，约距今 4300 年在陕北出现规模达 400 万平方米的神木石峁石城[42]。在河南的王湾三期文化、造律台文化和海岱地区的龙山文化当中，也发现多个面积达数万到数十万平方米的古城。陶寺都邑的玉器、美陶等很多与礼仪相关的文化因素来自海岱地区的大汶口文化晚期和良渚文化晚期，玉器又通过陶寺流播到芦山峁、石峁，甚至甘青和宁夏南部地区的菜园文化、早中期齐家文化，这些玉器的流播范围有可能受政治因素的影响，当时可能存在一个以陶寺为都邑的早期国家，统治范围至少及于黄河流域。与此同时，长江中游地区屈家岭文化修建的多个古城仍然存在，上游地区的宝墩文化也发现多个古城，下游地区的良渚文化则进入没落阶段。长江流域文化总体上和黄河流域文化差别比较明显，尤其长江中游地区与祭祀相关的陶套缸遗迹、数以十万计的红陶杯和红陶塑等，有着浓厚的地方特色，由此推测其与黄河流域属于不同的政治实体。

距今约 4100 年进入龙山时代后期，中原龙山文化大规模南下豫南和江汉两湖地区，很可能对应古史上的"禹征三苗"事件[43]，随即夏王朝诞生。通过"禹征三苗"，夏朝至少已将长江中游纳入版图，因此，《尚书·禹贡》等记载的夏禹划分的"九州"很可能有真实历史背景[44]。从这个意义上来说，夏朝初年夏王已经初步具有"王天下"的"大一统"政治王权[45]。文献记载中，夏朝统治集团除夏后氏外还有许多其他族氏，亲缘与地缘（政治）关系得以紧密结合[46]，夏朝"九州"疆域更是统一天下的结果，政治上的早期中国自此正式形成。此后的商、周王朝时期政治上早期中国得到进一步发展。

夏朝建立的时候，通过进一步的文化交融，文化上早期中国的范围西到新疆，西南到西藏、云南，南至两广地区，东南至包括台湾岛在内的沿海地区，东达山东半岛，东北达黑龙江地区，北部涵盖整个内蒙古中南部甚至更远的地区，其覆盖范围远大于秦汉以来大部分政治王朝的疆域，和清代鸦片战争前的疆域或现在的中国疆域比较接近。不仅如此，由于各区域文化要素的互相交融，源自中原的炊器鼎，源自东方的饮食器豆、圈足盘和酒器鬶、盉，源自华北的炊器斝、鬲，以及源自西方兴于中原的青铜器技术等，已经遍见于中国大部地区，形成我中有你、你中有我的局面。

五、结语

文化上的早期中国起源和形成的两个关键节点，分别是距今8000多年前和距今6000年左右。政治上的早期中国则起源于距今4700多年，可能对应传说中的轩辕黄帝时期，形成于距今4000年左右夏朝的建立。无论是文化上还是政治上的早期中国，都涵盖了中国大部地区，彼此具有很大的相关性。

再进一步而言，文化上的早期中国具有"一元"的宇宙观、伦理观和历史观，形成了有中心的"多支一体"的圈层结构，政治上的早期中国则具有"大一统"特征。"一元"宇宙观和相对独立的地理格局[47]，很大程度上决定了文化上中国的趋于"一体"和政治上中国的趋于"一统"，地理环境的广大多样性特征和文化上的"多支"又包含多种发展变化的可能性，既长期延续主流传统又开放包容，是一种超稳定文化结构，早期中华文明因此可称为"天下文明"模式，以区别于两河流域的"城邦文明"模式和尼罗河流域的"埃及文明"模式。"天下文明"模式，以及敬天法祖、诚信仁爱、和合大同等文化基因，是中华文明跌宕起伏而仍能连续发展的根本原因。

注释

1　严文明：《中国史前文化的统一性与多样性》，《文物》1987年第3期。

2　张光直：《中国相互作用圈与文明的形成》，《庆祝苏秉琦考古五十五年论文集》，文物出版社，1989年，第6页。

3　苏秉琦：《中国文明起源新探》，生活·读书·新知三联书店，1999年，第161～162页。

4　韩建业：《中国北方地区新石器时代文化研究》，文物出版社，2003年，第268页；韩建业：《早期中国——中国文化圈的形成和发展》，上海古籍出版社，2015年。

5　张致政、程鹏飞、褚旭等：《文化上"早期中国"的形成和发展学术研讨会纪要》，《南方文物》2011年第4期；李新伟：《"最初的中国"之考古学认定》，《考古》2016年第3期；徐良高、周广明：《当代民族国家史的构建与"最早的中国"之说》，《南方文物》2016年第4期；张国硕：《也谈"最早的中国"》，《中原文物》2019年第5期。

6　李零：《禹步探原——从"大禹治水"想起的》，《书城》2005 年第 3 期。

7　许宏：《最早的中国》，科学出版社，2009 年，第 226～229 页；杜金鹏：《"最早中国"之我见》，《南方文物》2019 年第 6 期。

8　何驽：《最初"中国"的考古学探索简析》，《早期中国研究（第 1 辑）》，文物出版社，2013 年，第 36～43 页。

9　孙庆伟：《"最早的中国"新解》，《中原文物》2019 年第 5 期。

10　韩建业：《裴李岗文化的迁徙影响与早期中国文化圈的雏形》，《中原文物》2009 年第 2 期。

11　湖南洪江高庙遗址白陶祭器上面的八角形纹可能表达"天圆地方"观。参见贺刚：《湘西史前遗存与中国古史传说》，岳麓书社，2013 年，第 342～345 页；湖南省文物考古研究所：《洪江高庙》，科学出版社，2022 年，第 1284 页。

12　高庙遗址白陶上的大口獠牙双翼飞龙纹、双翼飞凤纹、"天梯"纹应当与"通天"观念有关，遗址中大型祭坛上的"排架式梯状建筑"或者"通天神庙"遗迹，瘗埋有焚烧过的动物骨骼的祭祀坑等，是当时存在祀天仪式和敬天信仰的表现。类似高庙文化的龙形象，还见于同时期西辽河流域的兴隆洼文化，比如辽宁阜新塔尺营子遗址的大口獠牙龙纹石牌，阜新查海遗址的堆塑石龙。参见刘勇：《辽宁阜新查海遗址发现七千五百年前石雕神人面像》，《光明日报》2019 年 9 月 29 日，第 11 版；辽宁省文物考古研究所：《查海——新石器时代聚落遗址发掘报告》，文物出版社，2012 年。

13　韩建业：《中国新石器时代的祀天遗存和敬天观念——以高庙、牛河梁、凌家滩遗址为中心》，《江汉考古》2021 年第 6 期。

14　贾湖墓葬中随葬有内含石子的龟甲，有的龟甲上还刻有可能表示占卜结果的字符，应当是八卦类龟占数卜工具。参见河南省文物考古研究所：《舞阳贾湖》，科学出版社，1999 年；宋会群、张居中：《龟象与数卜：从贾湖遗址的"龟腹石子"论象数思维的源流》，《大易集述：第三届海峡两岸周易学术研讨会论文集》，巴蜀书社，1998 年，第 11～18 页。

15　在长江下游浙江义乌桥头遗址上山文化陶器上，发现了六画一组的八卦类卦画符号；在萧山跨湖桥遗址跨湖桥文化的角器、木器上，发现了六画一组的八卦类数字卦象符号，这些与同时期贾湖的数卜当属一个传统。参见《浙江义乌桥头新石器时代遗址》，《2019中国重要考古发现》，文物出版社，2020年；王长丰、张居中、蒋乐平：《浙江跨湖桥遗址所出刻划符号试析》，《东南文化》2008年第1期。

16　贾湖遗址中经常与龟甲一起出土的骨"规矩"，可能是规划天地、观象授时的工具，骨笛被认为是天文学仪器"律管"。参见王楠、胡安华：《印证神话传说：贾湖遗址发现骨制"规矩"》，《中国城市报》2019年7月22日，第13版；冯时：《中国天文考古学》，社会科学文献出版社，2001年，第195~197页。

17　韩建业：《裴李岗时代的"族葬"与祖先崇拜》，《华夏考古》2021年第2期。

18　韩建业：《裴李岗时代与中国文明起源》，《江汉考古》2021年第1期。

19　《周易·系辞下》："古者包羲氏之王天下也，仰则观象于天，俯则观法于地，观鸟兽之文，与地之宜。近取诸身，远取诸物。于是始作八卦，以通神明之德，以类万物之情。"

20　《周髀算经》："古者包牺立周天历度"。

21　《天问》："女娲有体，孰制匠之？"《列子·汤问》："天地亦物也。物有不足，故昔者女娲氏炼五色石以补其阙。"

22　韩建业：《庙底沟时代与"早期中国"》，《考古》2012年第3期。

23　河南省文物考古研究所、中国社会科学院考古研究所河南一队等：《河南灵宝西坡遗址105号仰韶文化房址》，《文物》2003年第8期；中国社会科学院考古研究所河南一队、河南省文物考古研究所等：《河南灵宝市西坡遗址发现一座仰韶文化中期特大房址》，《考古》2005年第3期。

24　安徽省文物考古研究所：《安徽含山县凌家滩遗址第五次发掘的新发现》，《考古》2008年第3期。

25　辽宁省文物考古研究所：《牛河梁——红山文化遗址发掘报告（1983—2003年度）》，文物出版社，2012年，第469~479页。

26　苏秉琦：《迎接中国考古学的新世纪》，《华人·龙的传人·中国人——考古寻根记》，辽宁大学出版社，1994年，第238页；韩建业：《中华文明的起源和形成》，《中华民族共同体研究》2022年第4期。

27 [德]弗里德里希·恩格斯:《家庭、私有制和国家的起源》,《马克思恩格斯全集(第2版)》第21卷,人民出版社,2021年,第194~195页。

28 中国社会科学院考古研究所、河南省文物考古研究所:《灵宝西坡墓地》,文物出版社,2010年。

29 郑州市文物考古研究院:《河南巩义市双槐树新石器时代遗址》,《考古》2021年第7期。

30 甘肃省文物考古研究所:《秦安大地湾——新石器时代遗址发掘报告》,文物出版社,2006年。

31 韩建业、李小龙、张小宁等:《甘肃庆阳市南佐遗址》,《考古中国重大项目成果(2021)》,文物出版社,2022年,第136~141页;韩建业:《南佐"古国":黄土高原上最早的国家》,《光明日报》2023年1月8日,第12版。

32 浙江省文物考古研究所:《良渚古城综合研究报告》,文物出版社,2019年。

33 浙江省文物考古研究所:《反山》,文物出版社,2003年。

34 张忠培:《良渚文化墓地与其表述的文明社会》,《考古学报》2012年第4期。

35 张弛:《良渚文化大墓试析》,《考古学研究(三)》,科学出版社,1997年,第57~67页。

36 赵辉:《良渚文化的若干特殊性——论一处中国史前文明的衰落原因》,《良渚文化研究——纪念良渚文化发现60周年国际学术讨论会文集》,科学出版社,1999年,第109~117页。

37 湖北省文物考古研究院、北京大学考古文博学院等:《天门石家河城址及水利系统的考古收获》,《江汉考古》2023年第1期。

38 韩建业:《中国北方早期石城兴起的历史背景——涿鹿之战再探索》,《考古与文物》2022年第2期。

39 苏秉琦:《迎接中国考古学的新世纪》,《华人·龙的传人·中国人——考古寻根记》,辽宁大学出版社,1994年,第236~251页;严文明:《黄河流域文明的发祥与发展》,《华夏考古》1997年第1期;王震中:《邦国、王国与帝国:先秦国家形态的演进》,《河南大学学报(社会科学版)》

2003年第4期。

40 中国社会科学院考古研究所、山西省临汾市文物局:《襄汾陶寺——1978～1985年发掘报告》,文物出版社,2015年;何驽:《山西襄汾县陶寺中期城址大型建筑ⅡFJT1基址2004～2005年发掘简报》,《考古》2007年第4期;中国社会科学院考古研究所山西队、山西省考古研究所等:《山西襄汾县陶寺城址发现陶寺文化中期大型夯土建筑基址》,《考古》2008年第3期。

41 陕西省考古研究院、西北大学文化遗产学院等:《陕西延安市芦山峁新石器时代遗址》,《考古》2019年第7期。

42 陕西省考古研究院、榆林市文物考古勘探工作队等:《陕西神木县石峁遗址》,《考古》2013年第7期;陕西省考古研究院、榆林市文物考古勘探工作队等:《发现石峁古城》,文物出版社,2016年;陕西省考古研究院、榆林市文物考古勘探工作队等:《陕西神木县石峁遗址皇城台地点》,《考古》2017年第7期;陕西省考古研究院、榆林市文物考古勘探工作队等:《石峁遗址皇城台地点2016～2019年度考古新发现》,《考古与文物》2020年第4期。

43 杨新改、韩建业:《禹征三苗探索》,《中原文物》1995年第2期。

44 韩建业:《龙山时代的文化巨变和传说时代的部族战争》,《社会科学》2020年第1期;韩建业:《从考古发现看夏朝初年的疆域》,《中华读书报》2021年6月30日,第13版。

45 王震中所说夏商周时期的"复合制王朝国家",实质就是"大一统"政治中国的早期阶段。参见王震中:《夏代"复合型"国家形态简论》,《文史哲》2010年第1期;王震中:《中国王权的诞生——兼论王权与夏商西周复合制国家结构之关系》,《中国社会科学》2016年第6期。

46 张光直:《从商周青铜器谈文明与国家的起源》,《中国青铜时代》,生活·读书·新知三联书店,1999年,第471页;沈长云:《夏朝的建立与其早期国家形态》,《齐鲁学刊》2022年第1期。

47 严文明:《中国史前文化的统一性与多样性》,《文物》1987年第3期。

从史前遗存中寻找文化上的早期中国

　　文化上的"早期中国",换一个词可以称为"早期中国文化圈",就是史前时期中国大部分地区的文化因为彼此交融联系形成的一个超大规模的文化共同体或者文化圈。我把它简称为"早期中国",含义和张光直先生提出的"中国相互作用圈"接近。严文明先生则将史前的文化中国比喻为一朵重瓣的花朵,"花心"就是中原这个核心,"重瓣"就是周围地区文化。需要强调的是,"早期中国"这一概念是文化意义上而非政治意义上的早期中国。

　　从历史上来看,政治上的中国和文化上的中国既有密切联系,又有明显差别。比如说在汉代,文化上的中国范围很大,包括了长城内外,因为单从文化角度宏观审视,不管是汉人还是匈奴,他们的文化实际是接近的,但从政治上来说,汉匈长时间处于敌对关系。再比如,魏晋南北朝时期政权繁多,但文化上的中国却只有一个,而且相当稳定。所以我认为,在历史时期,文化上的中国是政治上的中国分裂的时候向往统一、统一的时候维护统一的重要基础。我们中国文明为什么会几千年连续不断地发展,为什么中国人那么向往统一、向往社会稳定,这跟文化中国的存在很有关系。

一、早期中国的萌芽和文明起源的第一步

早期中国形成之前的中国是什么样子？我们最早要从旧石器时代说起。从考古发现来看，在旧石器时代约 200 万年的漫长时光里，中国这块地方的石器始终具有自身特征，发现的人类化石早晚也有继承性，来自非洲的"现代人"和中国土著人群有过血缘上的交流，所以苏秉琦先生才会说，"中国文化是有近 200 万年传统的土著文化"。到了新石器时代，距今 1 万多年的时候，已经出现谷物农业，南方种水稻，北方种小米，在中国的中东部地区形成了五个小文化区，分别是华南、长江下游、中原、黄河下游，以及东北和河北。之所以划出这五个文化区，主要是因为出土的陶器等彼此不太一样。但因为华南有着世界上最早的两万年前的陶器，所以其他几个区域陶器的出现也有受到华南启发的可能。

大约距今 9000 年以后，文化发展的重心就落到了黄河、长江和西辽河流域，有的文化发展水平超前。举个例子，在浙江义乌的桥头遗址，就发现有世界上最早的彩陶，有些非常漂亮的瓶、罐等器物可能不一定是实用器，或许与祭祀有关，有些陶器上彩绘有类似于《周易》的阴阳爻卦画，有的又类似数字卦象符号，结合长江下游此后的类似发现，推测当时可能已经有八卦一类数卜的产生。

到了大约公元前 6200 年，中国文化发展到裴李岗时代，以河南的裴李岗文化为代表。在裴李岗文化的舞阳贾湖遗址，考古学家发现一些成年男性的墓葬中随葬有龟甲，最常见的是一座墓葬随葬 8 个龟甲，有的握在墓主人的手里，龟甲里面还有石子，少则几个，

多则二三十个，发掘者张居中等认为可能与八卦类数卜有关。有的龟甲上还有类似文字的符号，可能是对卦象或者占卜结果的记录，跟商代的甲骨卜辞很像。较大墓葬的随葬品中还有精美的骨规形器和骨板，有人提出可能就是观象授时用的最早的"规矩"，而观象授时对于农业生产至关重要，贾湖就有稻作农业。还有，乌龟的背甲较圆圜，腹甲较方平，用龟甲占卜，可能与"天圆地方"的宇宙观的出现有一定关系。裴李岗文化很出名的骨笛，冯时认为其实是律管，是一种天文学仪器，说明8000多年前中国的天文学已经产生了。此外，裴李岗文化陶器比较发达，有各种陶壶，经过对里面残留物的分析，发现装过酒，可能与宗教祭祀有关。

裴李岗文化有专门墓地，墓葬土葬深埋，装殓齐整，随葬物品，实行墓祭，体现出对死者特别的关爱和敬重，说明已有显著的祖先崇拜观念。墓葬排列整齐，或许是为了区别亲疏辈分，表明裴李岗文化已出现最早的族葬或"族坟墓"习俗。祖先崇拜和族葬，当为现实社会中重视亲情人伦、强调社会秩序的反映。有的同一墓地能够延续一二百年甚至数百年之久，说明族人对远祖的栖息地有着长久的记忆和坚守。这从世界范围来说，在当时都是独一无二的。

裴李岗文化的聚落有的已经有30多万平方米，多数仅几千平方米，有的大墓随葬60多件随葬品，包括骨笛、骨规形器等特殊器物，而且大墓以成年男性最多，可见当时的社会存在一定程度的分化，男性地位已经相对较高。尽管这种分化可能是发生在宗教中心和普通村落之间、宗教领袖和普通人之间，并未形成真正的阶级分化。

裴李岗时代在渭河流域和汉水上游地区有白家文化，应该是裴李岗文化来到陕西、甘肃后，和当地文化融合形成的。白家文化的典型遗址有陕西临潼白家、甘肃秦安大地湾等，也有"族葬"习俗，在精美陶钵的内壁还有一些彩绘符号。在安徽蚌埠的双墩遗址，许多陶器的底部有刻划符号。冯时认为其中的"十""井""亞"等字形的符号，表示四方五位、八方九宫等"天地定位"的思想。长江下游跨湖桥文化的鹿角器和木算筹上面，则刻划有数字卦象符号，和之前桥头遗址彩陶上的符号一脉相承。

考古学家在湖南洪江高庙遗址，发现了距今7500年左右的面积达1000多平方米的大型祭祀场，里面有4个一米见方的大柱洞，这是原来应该有非常高的建筑物，发掘者推测可能是与宗教祭祀有关的通天的"天梯"。因为在这个遗址出土的精美白陶器上，就有这类"天梯"的图像，此外还有太阳纹、八角星纹、凤鸟纹、獠牙兽面飞龙纹等，其中八角星纹可能与天圆地方的宇宙观有关。这里面的兽面纹、八角星纹后来影响到全国，商周时期青铜器上饕餮纹或兽面纹的源头就在这里。

在属于兴隆洼文化的辽宁阜新查海遗址，发现有一条长近20米的用石头堆成的龙，位于一个中央广场上，周围围绕着许多房子。后来又在附近的塔尺营子遗址发现了一块有獠牙兽面纹的石牌，和湖南高庙的兽面飞龙纹很相似。湖南和辽宁相距遥远，它们之间如何发生联系，仍是一个未解之谜。还在内蒙古敖汉旗兴隆洼、兴隆沟和林西白音长汗遗址，发现外面有壕沟的聚落，里面的房子排列整齐，大房子在最中央，社会很有秩序。兴隆洼文化的有些墓葬随葬有非常漂亮的玉器，后来传播到中国东部沿海地区。

裴李岗时代黄河、长江和西辽河流域在天文、象数、字符、宗教等方面的考古发现,显示中国当时已经拥有较为复杂先进的思想观念和知识体系,形成了比较一致的宇宙观,社会也有了初步分化,将中国文明起源提前到距今8000年以前,可算迈开了中国文明起源的第一步。而恰好此时,处于中原地区的裴李岗文化对外强烈扩张影响,使得黄河、淮河流域文化彼此接近起来,也可能通过社会上层在宗教祭祀、宇宙观等方面的交流,使得长江中下游、西辽河流域也和黄河、淮河流域有了不少共性,从而有了"早期中国文化圈"或者文化上"早期中国"的萌芽。

大约距今7000年进入仰韶文化时期,文化和社会进一步发展。陕西西安半坡、临潼姜寨等半坡类型的聚落,周围有环壕,几乎所有房子的门道都朝向中央广场,看得出当时的社会向心凝聚、秩序井然。河南濮阳西水坡的蚌塑"龙虎"墓,冯时认为与青龙、白虎、北斗组成的星象有关,将中国二十八宿体系的出现和盖天学说的产生提前到距今6000多年以前。在南方,河姆渡文化出土有玉器、漆器、象牙器等,最著名的艺术品是象牙雕的双凤朝阳,陶器上的很多符号,可能已经有特定的含义,并且流传到后世。

二、早期中国的形成和文明起源的第二步

距今6000年左右,气候暖湿适宜,是中国史前农业大发展、文化格局大调整的时期。这时候,在河南、陕西和山西交界之处,形成了仰韶文化庙底沟类型,它最典型的特征,除了作为酒器的小

口尖底瓶,就是陶器上的花瓣纹彩陶了,这些彩陶灵动变幻、神采飞扬,与庙底沟类型的空前强大和扩张态势正相吻合。庙底沟类型还流行鹰鸟类题材,比如国家博物馆收藏的陶鹰鼎就是代表,那只鹰塑造得神骏异常。国家博物馆还收藏有一件出土于河南汝州阎村的陶缸,上面彩绘有"鹳鱼钺图",就是一只大眼睛的鹳鸟叼着一条死鱼,旁边还画有一把漂亮的象征军权的斧钺。严文明先生把它解释成鹳鸟氏族战胜青鱼氏族的纪念碑性质的图画。因为庙底沟类型有很多鸟的形象,而半坡类型流行鱼的形象,这幅图就很可能反映了仰韶文化庙底沟类型人群战胜半坡类型人群的史实。

庙底沟类型人群战胜半坡类型人群在考古上的反映,表现为陕西、甘肃大部分地方的文化面貌,变得和庙底沟类型很近似,最西边甚至延伸到了青海东部,西南方向到了四川西北部。类似庙底沟类型的文化,往北占据了内蒙古中南部,最北甚至到达锡林浩特地区;向东向南占据河北、河南大部地区和湖北北部。也就是说跨越现代八九个省的庞大的仰韶文化区,在庙底沟时代都变得和庙底沟类型面貌差不多,我把这种现象称为仰韶文化的"庙底沟化"。除仰韶文化之外,庙底沟类型在东北方向一直影响到西辽河流域,使得红山文化当中开始出现黑彩和类似花瓣的彩陶图案;向东影响到山东和东南沿海地区,使得那里的大汶口文化和崧泽文化也都出现花瓣纹彩陶;花瓣纹彩陶还向南渗透到湖北、湖南和重庆三峡地区的大溪文化。

这就是说,到了距今6000年前后,由于仰韶文化庙底沟类型从中原核心区向外强力扩张其影响,促使中国大部地区文化交融联系成一个相对的文化共同体,"早期中国文化圈"或者文化上的"早期中国"就正式形成了。这个最早的"早期中国",具有核心区、主体区和边缘区这样一个三层次的结构,成为商周王朝畿服制度、秦汉直至现代中国多支一体文化、统一的多民族国家的史前基础。

庙底沟类型的强力扩张,或许与战争有关,或许与其令人仰慕的文化特质和足以服人的文化策略有关,但无论如何,背后都必须有强大的实力。事实正是如此。在中原核心地区,这个时候出现了多处上百万平方米的大型聚落,其中在河南灵宝西坡、陕西白水下河等遗址,考古学家发现了多座200平方米以上的大房子,有的甚至有500多平方米,墙壁和地面装修考究,墙上还绘彩,很可能是宗庙、宫殿类建筑。灵宝西坡还发现面积近20平方米的大型墓葬,随葬精美玉钺,彰显出墓主人的崇高地位,但随葬品很少,显示出生死有度、重贵轻富、井然有礼、朴实执中的"中原模式"或者"北方模式"特点。李伯谦先生认为这代表了文明演进的"王权"模式,以与红山文化等的"神权"模式区别开来。

在庙底沟类型的带动下,周围的大汶口文化、崧泽文化、红山文化等也都加快了文明化进程的步伐。大汶口墓地这个时候的大墓,有的已经有100多件随葬品,属于崧泽文化的江苏张家港东山村墓地,有的大墓随葬彩绘石钺、玉璜等60多件随葬品。这两个东部沿海文化贫富分化比较严重,富贵并重,和中原不同,我认为代表文明化进程的"东方模式"。所以,从距今6000年左右开始,社会变得越来越复杂,有了初步的阶级分化,迈开了中国文明起源的第二步。

三、早期中国的古国时代和早期中国文明的形成

距今5000年左右，气候趋于干冷，战争频繁，文化发展迅猛，社会变革加剧，"万国林立"，中国很多地方已经站在了文明社会的门槛，或者已经进入早期国家和初级文明社会阶段。苏秉琦先生把这个阶段称为"古国"时代。

这个时期黄河中游或者中原地区的文化重心有两个地方，一个是甘陕黄土高原，一个是河南中部，都属于仰韶文化晚期的范围。距今5300年以后，在甘肃中部的秦安大地湾遗址出现了100多万平方米的大型聚落，有420多平方米的宫殿式建筑，已初步形成前堂后室、东西两厢、左中右三门这些中国古典建筑的基本格局特征。而河南中部的巩义双槐树聚落遗址也有100多万平方米，发现三重大型环壕、大型夯土基址，这里发现的长排宫殿式建筑与大地湾前堂后室式的宫殿式建筑有一定差别，分别成为夏商周时期两类宫殿建筑的源头。大地湾和双槐树聚落，可能分别是仰韶文化晚期甘陕和豫中地区两大"古国"的中心聚落，都已站在了文明社会的门槛或者初具文明社会的基本特征，只是缺乏东沿海地区的奢华玉器和厚葬习俗等，仍具有"中原模式"或"北方模式"特征。距今4800年以后，双槐树代表的"河洛古国"衰落，但在陇东、陕北地区仍有较多大型聚落，其中庆阳南佐遗址发现的前厅后堂式宫殿建筑，面积达630平方米，宫殿前面两侧还有多处直径各约40米的夯土台，所显示的社会发展程度比大地湾更高。

距今4500年进入龙山时代以后，黄河中游地区，尤其是陇东

和陕北的中心地位继续加强，出现面积达 600 万平方米的灵台桥村遗址和核心区面积就有 200 万平方米的延安芦山峁遗址。在两个遗址都发现较多板瓦、筒瓦，可能用于宗庙宫殿建筑，还出现了玉器，在芦山峁遗址已经揭露出 1 万多平方米的夯土台基，上面有中轴对称、主次分明的建筑群，和大地湾的建筑格局相似，只是更为宏大复杂。这时还在山西南部兴起面积 280 万平方米的陶寺古城，里面有大型宫城、大型夯土建筑基址、大型宫殿，还有半圆形的"观象台"，以及随葬大量玉器、漆器、龙盘等的豪华大墓。陶寺晚期还发现用朱砂写在陶器上的比较成熟的文字，以及小件铜器。这些中心聚落及其宫殿式建筑等的发现，表明黄河中游地区不但早已进入国家阶段或者文明社会，而且社会发展程度已经超越同时期的长江流域。

距今 4000 多年以后，在陕北出现面积 400 多万平方米的石峁石城，雄伟高大的皇城台，宏大复杂的城门，精美的玉器，神面、兽面石雕，以及铜器等，都尽显早期国家和文明社会气象。而在河南中西部也有了登封王城岗古城、禹州瓦店中心聚落、新密古城寨和新砦古城。如果说以石峁古城为中心的老虎山文化南下对陶寺古城的摧毁，还可以看作是黄河中游人们集团内部的斗争，那么王城岗、瓦店等所代表的王湾三期文化对江汉地区石家河文化的大规模替代，则无疑是中原集团战胜江汉集团的铁证，对应历史记载中的"禹征三苗"事件，为夏王朝的建立奠定了基础。

黄河下游也是文明发祥地之一。距今 5000 多年的大汶口文化中晚期，既有五莲丹土等古城，也有山东泰安大汶口、莒县陵阳河、章丘焦家等高规格墓地，有些大型墓葬有棺有椁，随葬较多玉器、黑陶器、象牙器、鼍鼓等珍贵器物，也有象征军权的玉石钺，有些陶缸上有原始文字。到了4000多年前的龙山文化，出现章丘城子崖、临淄桐林、日照尧王城和两城镇等十多处古城遗址或中心聚落，还有更为高级的墓葬。临朐西朱封的大墓一椁一棺甚至二椁一棺，随葬大量精美玉器、精致陶器等，显然是富贵并重的"东方模式"特征。龙山文化的精美黑陶，最薄的地方仅有0.2—0.3毫米，令人叹为观止。特别值得一提的是，邹平丁公一块陶片上刻有11个字符，可能是书写了一段文本。大汶口文化晚期或龙山文化时期，应当也已进入初级文明社会阶段。

长江下游最引人瞩目的非凌家滩文化和良渚文化莫属。在距今5500年左右的安徽含山凌家滩遗址，发现了大型祭祀遗迹和高等级墓地，有的大墓随葬品达330件，其中仅玉器就有200多件，层层堆满墓室内外，富奢程度令人惊叹，这些玉器包括核心为八角星纹的"洛书玉版"、中心有八角星纹的玉鹰、玉龟形器，以及类似红山文化的玉人、玉龙等，显示的宇宙观和裴李岗文化、高庙文化、红山文化等遥相传承。大约距今5100年以后，良渚文化进入兴盛期，在浙江余杭良渚遗址区发现内城和外城，规模宏大的水利设施，以及大型祭坛、豪华墓葬等，有的"王墓"随葬玉器600多件，玉器、漆器、陶器等精美异常，玉琮、璧等可能是与祭祀天地相关的礼器，神人兽面纹可能是良渚人崇拜的宗神。良渚陶器上刻划的类似文字的符号不少，有的可能就是当时的文字。良渚文化完全具备早期文明的基本特征，属于中华大地上最早进入文明社会的区域文明之一。但良渚文化在距今4200年以后突然衰落，玉器等文明要素流播到各地。

　　长江中游在距今5000年至4100年之间先后是屈家岭文化和石家河文化，已发现20座古城，最大的石家河古城约120万平方米，分为"宫殿"区、祭祀区、墓葬区等，可能与祭祀有关的数以万计的红陶杯，红陶小动物、小人等，营造出浓厚而又特别的原始宗教气氛，有的陶缸上有类似大汶口文化的单个字符，应当也已迈入文明社会的门槛。距今4100年前后，石家河文化被来自中原的王湾三期文化所摧毁，同时在江汉地区出现了以前没有见过的神人头、虎头、凤、鹰等造型极为精美的玉器，源头可能在黄河中下游地区。

　　西辽河流域于距今5000多年进入红山文化晚期，以辽宁牛河梁遗址大规模的宗教祭祀遗迹为世人所瞩目，这里有"女神庙"，有祭天的"圜丘"，还有可能属于宗教首领人物的大型石冢，高等级墓葬随葬精美玉器。红山文化应该已经站在了文明社会的门槛，但距今5000年以后突然陨落，只有一些文明要素流传下来。

　　总体来看，文化上早期中国的萌芽和中国文明开始起源，可以追溯到距今8000多年以前。距今6000年左右由于中原核心区强烈扩张影响，文化上的早期中国正式形成。距今5000年左右，不少地区已经站在或者迈入了文明社会的门槛，进入早期中国的"古国"时代。距今4000年左右的黄河流域，尤其是黄河中游地区实力大增，长江中下游地区全面步入低潮。距今3800年以后以中原为中心，兼容并蓄、海纳百川，形成二里头广幅王权国家，或者夏代晚期国家，中国文明走向成熟。

　　如果我们依照考古发现，把欧亚大陆划成东方、西方和北方三大早期文化圈,那么早期中国就是早期东方文化圈的核心。在长达数千年的起源和形成过程当中,文化上的早期中国或者早期中国文明,逐渐沉淀和锻炼出有别于世界上其他文明的特征,我认为至少可以归纳成以下四个方面:一是以农为本,稳定内敛;二是敬天法祖、整体性思维;三是有主体、有中心的多支一体文化结构;四是跌宕起伏的文化连续发展进程。文化上的早期中国,连同这些文化特征,对此后文化上的中国或者中国文明连续不断地发展,产生了极为深远的影响。

论早期中国文化周期性的"分""合"现象

这里所谓"早期中国文化",指新石器时代至秦统一之前主要存在于现今中国境内的、以黄河长江流域为分布和认知中心的、相互间存在密切联系的考古学文化的共同体。其内涵与张光直先生提出的"中国相互作用圈"近似,但涉及时间更长[1]。"分合"主要就文化的统一性和区域性而言,"合"是核心区势力强大、对周围辐射作用增强、文化统一性明显的时期;反之,"分"则是核心区势力弱小、对周围辐射作用减弱、文化区域性明显的时期。早期中国文化是否也如《三国演义》开篇所说那样,存在着周期性的"分久必合、合久必分"的趋势,这应当是中国文化史上的重要问题。本文以新石器时代为重点,主要依据考古学资料,结合文献记载,对这一问题略作讨论。

一

一般认为,欧亚大陆新石器时代从公元前 10000 年左右进入全新世开始。但从新的发现来看,各地进入新石器时代的时间并不一致,表现形式也有所不同。华南地区的江西万年仙人洞、广西桂林庙岩等遗址发现的陶器和磨制石器,湖南道县玉蟾岩遗址发现的栽培水稻和陶器,年代都在公元前13000年左右,说明华南地区进入新石器时代的时间在全新世之前[2]。长江下游新近发现的浙江浦江上山遗址,水稻、陶器、磨制石器俱全,年代在公元前9000—公元前7000年[3]。华北的徐水南庄头、阳原于家沟、北京转年等遗址,也都发现陶器和磨制石器,不排除已产生农业的可能,年代也都在公元前8000年上下。长江流域和华北地区进入新石器时代或许是在全新世之后。这些新石器时代早期遗存虽然发现尚少、资料单薄,但已能看出存在一定的共性:一是所谓新石器时代的"三大要素"几乎同时出现,这与西亚之有农业的"前陶新石器时代"、日本和西伯利亚之无农业的有陶"新石器时代"明显不同;二是中国最早陶器的制作多采用泥片贴筑法,且磨制石器中常见石锛等木工工具。这些许共性,既可能是各区域彼此间存在一定交流的结果,也可能源于旧石器时代晚期就存在的某些共同传统。无论如何,它为中国大部地区此后的文化发展提供了一个具有统一性趋势的基础。同时应当看到,华南的夹砂绳纹圜底陶釜与屈肢葬、长江下游的夹炭素面平底陶盆、华北的夹砂平底陶罐与直肢葬等特征,又都表现出明显的区域性差异。由于差异性明显大于共性,且缺乏明确的文化核心区,此时自然可归入"分"的范畴,不过这是具有原初性质的"分"。

二

新石器时代中期文化的分布范围比早期大为扩展,绝对年代大致在公元前 7000 年至公元前 5000 年之间[4]。以公元前 6000 年左右为界，还可将其分为早、晚两期。

早期阶段的遗存，在西辽河流域为兴隆洼文化，河南地区为裴李岗文化，河北中南部为磁山文化，黄河下游为后李文化，长江中游为彭头山文化。这些文化主要在各自的区域内独立发展，彼此间一致性较少，相互联系大概不会比新石器时代早期多多少。即使后李文化和彭头山文化都流行陶釜，但前者素面直腹夹砂，后者绳纹圆腹夹炭，二者间也存在明显差别。不过值得注意的是，裴李岗文化毕竟在地理上居于各文化区中心位置，而且发展水平明显高于周围文化；其陶器形制规整、火候均匀，制作技术先进；同一种器类就存在好几种器型，功能细化；工具以磨制精整的石器为主，生产力水平较高；聚落已小有分化，特殊者如贾湖遗址发现大量精巧的骨质工具、骨笛、绿松石饰品，还有带刻符的龟甲[5]。

至晚期阶段，文化间联系大为增强。长江下游新出现的跨湖桥文化[6]，有可能为长江中游的晚期彭头山文化部分东移，并结合当地因素而形成。而渭河流域和汉水上游新出现的白家文化的陶器[7]，多可在裴李岗文化中找到原型，可见其形成与后者的西进存在联系。裴李岗文化的对外影响还不止于此，冀中南地区的磁山文化的年代虽与裴李岗文化相仿，但前后期间却发生了较大变化，表现为后期出现大量泥质的壶、钵类器物[8]，这是裴李岗文化北向影响的明证。在裴李岗文化之末，其陶壶等因素还先后传播到江淮、海岱地区，因此促成了后李文化向北辛文化的转变[9]，甚至在更后的早期大汶口文化中也还遗留有裴李岗文化使用龟甲、獐牙等随葬的古老习俗。

此外，长江中游的彭头山文化中也有少量裴李岗文化特色的素面双耳罐类陶器。还需提及的是，这时中原与东北地区的联系也有所加强，属于兴隆洼文化系统的"之"字纹等因素也流播到磁山文化甚至裴李岗文化当中。

可以看出，正是由于强势的裴李岗文化的作用，才使黄河上中游地区文化紧密联结在一起，从而于公元前第六千纪初形成新石器时代的"中原文化区"；才使黄河下游、淮河下游甚至长江中游地区文化也与中原文化区发生较多联系，从而形成雏形的早期中国文化圈；才使黄河长江流域，尤其是中原地区文化此后的发展有了一个颇具共性的基础——这个基础暗含对中原腹地的一定程度的认同、彼此间的相互默契，以及易于交流等多种契机。可见，新石器时代中期的中原文化的确具有一定的核心地位，且其势力较为强大，对周围有一定的辐射作用，大范围的文化统一性也始露端倪，从这些意义上可将公元前第六千纪划归为初"合"的时期。

三

公元前5000年以后，早期中国文化进入一个短暂的调整期，很多新的文化成分得以产生。至公元前4800年左右，最终完成新石器时代中期向晚期的过渡，文化的分布范围更加广大。这时，西辽河流域的兴隆洼文化（其后期一般被称作赵宝沟文化）吸纳仰韶文化因素而形成红山文化，黄河下游的北辛文化与来自江淮地区的龙虬庄早期类遗存结合而形成大汶口文化，长江中游由城背溪文化发展为大溪文化；长江下游为马家浜文化和河姆渡文化，跨湖桥文化的主体并未得到继承；台湾地区则为大坌坑文化[10]。更为重要的是，在中原地区形成范围广大的仰韶文化[11]，并可区分成不同的地方类型：在泾渭、汉水流域为半坡类型，在太行山东麓为后冈类型，在鄂尔多斯、陕北和晋中地区为鲁家坡类型，在豫中西、豫南、晋南地区为下王岗类型。之所以能够将上述诸多类型一同纳入仰韶文化范畴，主要是由于它们都是在一个颇具共性的基础上演化而来，且在发展的过程中存在较多交流，从而在总体上表现出较大的一致性的缘故。不过比较而言，下王岗类型的确不如半坡类型和后冈类型活跃，这或许是因为中原腹地承载着更多的古老传统，不太容易发生变革所致。从更大范围来看，这时各地区文化也都正处于自我积淀、平行发展的时期，涉及整个黄河、长江流域的大幅度的交流相对减少。中原地区核心地位的降低可能就是造成这种现象的原因之一。这可以算作是一个相对"分"的时期。

至公元前 4200 年左右，在仰韶文化半坡、后冈、下王岗三大类型碰撞和融合的基础上，在晋南、豫西地区形成独具特色的东庄类型。该类型一经形成，就以其强劲的势头迅速外扩，首先向文化相对薄弱、空白地带多的晋中、内蒙古中南部挺进，形成与东庄类型相似的白泥窑子类型，大大扩充了东庄类型的实力[12]。然后再向周围强烈施加影响：向西使原半坡类型的发展方向发生变化，使其进入晚期阶段[13]；向东南使豫中、豫西南地区遗存也带上了浓厚的东庄类型色彩；向东北使原属后冈类型的冀西北和晋北区文化演变为地方特色浓厚的马家小村类型[14]；只有向东影响最小，显然与后冈类型的顽强抵制有关。虽然东庄类型的影响主要还局限在仰韶文化内部，但通过它的积极作用，原先仰韶文化内部各势力间的平衡局面基本被打破，统一性增强已是大势所趋，中原腹地的重要地位再一次凸显出来。

公元前4000年左右东庄类型发展成庙底沟类型之后，其实力进一步增强，在河南灵宝"铸鼎塬"一带甚至发现面积近百万平方米的大型聚落[15]，表明庙底沟类型已迈开走向文明社会的步伐。腹心地晋南、豫西区对仰韶文化其他区域的影响也明显加大，就连太行山东麓原后冈类型分布区也纳入庙底沟类型的势力范围，这或许就是"涿鹿之战"的历史背景[16]。这时的仰韶文化实际上近似于一种"泛庙底沟类型"式的状态，虽然也可分若干类型，但彼此间的共性不是其他时期可以比拟的。不仅如此，空前统一、异常强大的庙底沟期仰韶文化还将其范围西扩至青海东部，其典型因素圆点、勾叶、三角纹等遍见于红山文化、大汶口文化、崧泽文化、大溪文化等当中，其影响北逾燕山，东达海岱，东南至江淮，南达江湘[17]，与《史记》所载黄帝的活动范围何其相似！此外，这时其他区域内文化的移动、交流和碰撞也异常频繁，例如辽东半岛和山东半岛通过海路进行交流，前者的筒形罐，后者的豆、鬹、杯等因素互相传播；大溪文化也向南影响到华南地区。

庙底沟类型的重要作用，在于创造了一次使信息在中国大部地区内得以迅速而充分交流的机会，这会使有效能量和先进因素有可能向腹心地区集聚，经酝酿提高后再反馈到周围地区。这不但使中原文化，尤其是中原腹地文化达到一个新的发展水平，同时也带动了周围地区文化的发展，使周围地区此后也逐渐向文明社会发展。这个过程还从客观上再一次在一个更高层次上加强了中原乃至中国大部地区的文化统一性，极大地增进了中国大部地区的文化认同感，促成了更广大范围的早期中国文化圈的最终形成，奠定了以"黄帝"作为其共同认知核心的"早期中国"的文化基础。庙底沟期中原文化的核心地位毋庸置疑。这显然属于"合"的时期。

四

公元前 3500 年进入铜石并用时代早期以后，形势逆转，早期中国文化至少出现以下四个方面的重要变化：其一，各地文化的地方性特征大为增强，分化趋势显著。就连仰韶文化各类型的地域性也明显增强。这时，甘青地区和冀中北地区已分别独立出马家窑文化与雪山一期文化，豫中地区秦王寨类型、豫北冀南地区大司空类型、内蒙古中南部海生不浪类型、晋中义井类型等的地方特点十分显著；继承当地传统最多的晋南豫西地区的西王类型与关中的半坡晚期类型的联系虽然稍多，但共性也不及先前。其二，仰韶文化所代表的中原文化的势力减弱，而偏东北的雪山一期文化，东方的大汶口文化，东南的崧泽文化、昙石山文化，南方的大溪文化，却无不显示出蓬勃旺盛的发展势头。其三，仰韶文化接受周围地区，尤其是偏东部地区文化影响的程度明显加大。雪山一期文化对海生不浪类型、大司空类型，大溪文化和崧泽文化对秦王寨类型，大汶口文化对仰韶文化偏东各类型的影响都广泛而深入。其四，中原以外区域间的文化联系显著增强。例如，分布在广东的石峡文化[18]，就极可能是江浙的良渚文化与江西的樊城堆文化共同南下所缔造，这就极大地增加了长江流域和华南地区的联系。分布在西藏东部的卡若文化[19]，与甘青地区的马家窑文化存在若干相似点；而在四川西部茂县一带发现的马家窑文化遗存[20]，更是西部地区南北向大范围交流的明证。

究其原因，恐怕与中原腹地核心文化地位的逐渐丧失有直接关系：在西王类型的身上，再也看不到庙底沟类型那种澎湃的活力和开拓精神，不再具备向周围广大地区不断施加影响的充沛能量；仰韶文化各类型，尤其是处于边缘的类型间就失去了彼此紧密联系的基础，降低了对外来文化影响的自御能力，只能朝不同的方向发展，中原文化的统一性因此也就受到明显削弱。与东部地区相比，中原核心地区的发展速度也显得有些迟缓。即使将眼光放大一些，考虑到秦安大地湾的殿堂式建筑、郑州西山的古城等，也不能掩盖大汶口文化的大墓、红山文化的"庙、坛、冢"、崧泽文化的礼玉所迸发出的耀眼光芒[21]。从这个意义上，可以说中原文化逐渐进入了一个相对低谷的时期。

对中原地区当时的人们来说，外来文化因素的大量涌入自然意味着更多的被动与痛苦，但经过磨难与奋争之后，日益增强的外来影响反而逐渐转化为新的能量源泉。从大约公元前3000年进入庙底沟二期阶段开始，晋南、豫西地区先后出现和开始流行盆形鼎、釜形斝等新型炊器，还及时传播到关中地区，中原腹地文化又逐渐活跃起来。釜形斝可能为受大汶口文化陶鬶的启发而产生[22]，而大汶口文化的鼎、壶、杯，以及屈家岭文化的斜腹彩陶杯、盂形杯等陶器，更是直接成为中原文化的重要组成成分。釜形斝的出现意味着中原文化已不是被动地接受影响，而是开始走上了富于选择和创新的道路。但中原文化内部日益分化的基本特点并未大变，中原文化总体上的被动局面也还依旧。这也是将这时的中原文化仍纳入仰韶文化范畴的主要原因之一。而在中原文化逐渐获得新生的同时，原被红山文化—雪山一期文化所占据的西辽河流域出现文化"空白"。虽然末期大汶口文化、由崧泽文化发展而来的良渚文化、继承部分大溪文化因素发展起来的屈家岭文化等沿江海文化发展势头很猛，中原以外各地区间的联系明显加强，但由于中原地区核心地位不明显，因此中国大部总体上的统一性仍较弱。这时大致属于"分"的时期。

五

公元前2600年左右进入铜石并用时代晚期以后，一方面一些古老传统的分化继续进行，另一方面石灰、水井、夯土技术、石镰以及陶器的轮制技术与灰黑化等不少较新因素开始逐步流行——这些因素绝大部分都在铜石并用时代早期已经少量、局部地出现，但至此时才逐渐由小溪汇成时代的潮流。在分化与统一并存的矛盾过程中，中原文化开始重新整合，早期中国文化格局也发生了较大的调整。这种新面貌、新格局标志着一个新时代——龙山时代的到来[23]；以公元前2200年左右为界，还可以将其分成前期和后期两大阶段[24]。由于经重新整合后的中原各区域遗存已不是一般意义上的一个"考古学文化"所能容纳，具有特点的各区域遗存大小悬殊，彼此间关系也比以前复杂得多，因此就被划成了一些不同的"文化"或"类型"；但中原文化的古老基础仍然存在，内部区域彼此间的交流仍相对密切，因此还可以用"中原龙山文化"这个概念将它们囊括在一起。

在龙山前期新格局的形成过程中，临汾盆地的陶寺类型起到关键性的作用。该类型本身实际上是东方势力西渐并与当地传统融合的产物，除斝、釜灶等当地土著器物外，高领折肩壶、折肩罐、折腹盆、大口缸、陶鼓、鼍鼓、钺、厨刀、琮等器类，以及陶、木器上的彩绘，大小墓的严重分化等多种表现"礼制"相关的因素，和当地的庙底沟二期类型风格迥异，而与以大汶口文化晚期以至于良渚文化为代表的东方地区的文化面貌相当吻合[25]。我们曾以"唐伐西夏"来解释这次文化变革[26]。可能正是在陶寺类型的强大压力下，部分运城—垣曲盆地的庙底沟二期类型居民（不排除包括部分原临汾盆地的土著）向洛阳盆地移动，形成登封阳城[27]等遗址所见的具有强烈庙底沟二期类型特点的谷水河类型遗存，使庙底沟二期类型传统和分布在豫中地区的前期王湾三期文化得以直接碰撞和交融。此外，关中地区以长颈单耳斝式鬲为代表的客省庄二期文化、北方地区以翻缘双鋬或单耳斝式鬲为代表的老虎山文化[28]、太行山东麓以翻缘甗为代表的后冈二期文化势力也都逐渐形成。

陶寺类型以其随葬龙纹陶盘、鼍鼓、漆器、玉器等的华丽大墓和面积达 200 万平方米的大城而为世人瞩目[29]，表明已进入早期文明阶段。单就其社会发展水平而言，不但在中原难有其匹，而且似乎还超过周围其他地区，颇有文化核心的样子。但其范围始终局限在临汾盆地，至少从物质文化方面对周围的影响十分有限，与以前庙底沟类型兴盛时的情况完全不同。这或许是因为和当地土著在文化传统上长期存在隔阂，以及采取了不同的发展战略的缘故。中原其他文化或类型也都各有千秋，难分伯仲。从中原与周围文化的关系而言，则无论是陶寺类型的形成，还是晚期庙底沟二期类型中罐形鼎的出现，抑或后冈二期文化前期和王湾三期文化前期中较多轮制陶杯、壶、豆、圈足盘等的流行，均与海岱的大汶口—龙山文化的影响直接相关。与屈家岭文化一脉相承的石家河文化的红陶斜腹杯等器物也仍然见于垣曲盆地及豫中西地区，豫南地区依然被石家河文化所占据。在四川地区也出现了与长江流域文化有一定联系的较为发达的宝墩文化。表明中原文化虽已开始走上坡路，但在与周围文化的互动关系中仍未占据上风。

约公元前2200年进入龙山后期开始，伴随着双鋬鬲等老虎山文化因素的大量南下，根基不稳的陶寺类型就被陶寺晚期类型所代替，这正与文献记载的"稷放丹朱"事件相吻合[30]。与此同时或稍晚些时候，融合了较多庙底沟二期类型因素在内的王湾三期文化大举南侵，造成石家河文化的覆灭，以及中原文化范围的空前扩大，这也就是著名的"禹征三苗"事件在物质文化方面的具体反映，这一事件同时还标志着夏王朝的诞生[31]。王湾三期文化还对周围的晋南、关中、豫北、豫东地区施加了显著的影响。中原文化，尤其是中原腹地文化终于又迎来了扬眉吐气的时刻。王湾三期文化是重新整合后焕发着新活力的中原龙山文化的代表,其中既有中原腹地的深沉底蕴,又有中原其他地区的特殊贡献;既包含了中原文化的古老传统,又融合了周围文化的优秀内涵;实际上是中国大部地区文化长久发展的结晶,为各地区先民所共同缔造。以王湾三期文化所占据的中原腹地为核心所重新组织的早期中国文化圈,实际上就是真正的具有历史意义的"早期中国"。这时较大范围的文化交流频繁出现,例如海岱龙山文化因素跨越渤海传播至大连,再次将山东半岛和辽东半岛联系在一起;石家河文化向南影响到华南地区;长江上中游加强了联系,标志着文化统一性的进一步加强。这无疑属于"合"的时期。

六

约从公元前 1900 年开始,随着轮制陶器的衰落和青铜器的普遍出现,进入中国早期青铜时代。早期中国文化的总体格局虽基本稳定,但社会状况却发生了显著变化,社会文化的发展方向出现重大调整。最突出的表现,一是长城沿线诸文化中畜牧业成分自西而东、自早至晚地渐次增加。这些文化包括甘肃地区继承齐家文化和马厂类型发展而来的四坝文化、卡约文化、辛店文化等[32],内蒙古中南部、陕北、晋中北一带老虎山文化的后继者朱开沟文化[33],以及西辽河流域主要由中原文化北上拓展而形成的夏家店下层文化[34]。就连新疆地区也正是从这时开始才有较为发达的古墓沟文化、天山北路文化等半农半牧的考古学文化[35]。青铜刀、镜、泡等北方式青铜器普遍出现，羊的大范围放养，小麦的东传，以及新疆地区欧洲人种的大量涌现，无不显示出来自西部阿凡纳谢沃文化—安德罗诺沃文化系统的影响[36]。但此时或稍后彩陶等在新疆大部地区盛行，又属甘青文化向西强烈影响的明证。二是早期中国社会，尤其是中原地区社会复杂化程度的显著增加。除上述长城沿线的社会明显比之前进步外，黄河下游的岳石文化、长江下游的马桥文化也都更加复杂化，而中原的二里头文化更以其先进的青铜器、宏大的宫殿等，昭示着一个成熟的国家阶段的来临[37]。而这一重大变化也可能与西部文化的刺激和间接影响有关。但不管怎样，西部文化的影响和部分因素的进入，并未改变中国文化的大局和基本特征。

同样值得重视的，是具有核心地位的二里头文化，即晚期夏文化对周围地区的显著影响：它不但对河北的先商文化及关中地区文化产生了直接影响，而且其具有礼器性质的爵、斝、盉等还传播至朱开沟文化、夏家店下层文化、马桥文化以至长江上、中游地区。表明晚期夏王朝的直接控制范围虽主要限于中原腹地，但文化上的影响则及于黄河长江流域大部地区。正是由于强势的二里头文化的存在，以及文化的辐射性影响，才使中国大部地区文化有机地联系在一起，所谓"早期中国"才得以延续发展。从此以后，至少在文化上而非政治意义上，统一性即"合"开始成为主流。商、西周时期也主要是延续了夏朝以来的文化格局和发展方向，即在中原地区有一个文化核心，并对周围产生文化上的强烈辐射和政治上的一定控制，只不过这种辐射和控制的程度越来越深、范围越来越广，至西周时期达于极盛。即使是晚商时期沿江海地区较为强盛的、颇具地方特点的一系列文化，如四川的三星堆文化、江西的吴城文化、湘南的青铜时代文化等，也依然深受商文化的影响，或者说总体上属于中原文化大系统。夏、商、西周显然总体上属于"合"的时期。春秋、战国时期虽然政治上"分"的趋势明显，但文化上中原仍保持一定的核心地位。至秦统一中国，则首次迎来前所未见的文化和政治双重意义上的"合"。此后中国的"分"与"合"趋势依然延续，但更多具有政治上的含义。

七

综观从新石器时代至秦统一前的上万年历史，早期中国文化的发展可谓跌宕起伏、一波三折。约公元前第六千纪初期的裴李岗文化后期、公元前第四千纪初期的庙底沟类型早期和公元前第二千纪初期的王湾三期文化后期，是中原文化发展的高峰时期，其间则为酝酿、过渡或稍处低谷的时期。王湾三期文化后期以后中原文化的核心地位则得以长久保持，至秦则达到顶点。在高峰时期，中原腹地一般成为强势中心；在其强力作用下，中原文化内部的统一性明显增强，对外影响也显著增大。在酝酿或低谷时期，中原腹地的强势作用基本消失，中原文化内部的统一性受到明显削弱，外来影响则显著增大。高峰期中原文化的重要作用当然无可置疑，但过渡或低谷期的中原文化得以有机会博采众长、酝酿提高，其意义也不可小视。其实这两个阶段显然是相辅相成、互为因果的，正是在这种有吸有呼、有张有弛、有分有合的辩证过程中，中原文化得以呈螺旋式发展壮大，"中国相互作用圈"或"早期中国文化"圈的范围由小到大、内部联系日趋密切、认同感日益加强，具有历史意义的"早期中国"从酝酿至雏形到最终形成。

还应当注意到，早期中国文化存在大约 2000 年的高峰准周期（从夏朝建立到秦帝国的建立也大约是 2000 年时间）。表面上看这只是文化自身发展的韵律，深层次原因可能为受气候环境周期性影响的结果。据研究，鄂尔多斯地区全新世以来的相对冷干与暖湿变化存在大致 2000 年的准周期：公元前 7000 年、前 5000 年、前 3000 年、前 1000 年前后为相对冷干时期，其间的公元前 6000 年、前 4000 年等时期则为相对暖湿时期[38]。参考其他诸多研究成果，这一结论也大致适合于中国大部地区。气候干冷时，迫于生存压力的北方文化大规模南下，挣脱沼泽水患之苦的东、南方文化迅速膨胀；中原文化农耕条件不如前优越，内部矛盾增多且外部压力加大，实力必然遭受损失。气候暖湿时，北方文化安于故地甚至北移，东、南方文化由于沼泽水患而影响发展；中原文化的农耕条件明显改善，内部矛盾减少甚至对外开拓，实力自会明显增强。

注释

1 "中国相互作用圈"指公元前第四千纪中国大部地区文化彼此发生连锁关系的现象。见张光直:《中国相互作用圈与文明的形成》,《庆祝苏秉琦考古五十五年论文集》,文物出版社,1989年,第1~23页。

2 严文明:《稻作、陶器和都市的起源》,《稻作 陶器和都市的起源》,文物出版社,2000年,第3~6页。

3 浙江省文物考古研究所、萧山博物馆:《跨湖桥》,文物出版社,2004年,第331页。

4 关于新石器时代文化的分期,本文基本采用严文明先生的划分方案。见严文明:《中国新石器时代聚落形态的考察》,《庆祝苏秉琦考古五十五年论文集》,文物出版社,1989年,第24~37页。

5 河南省文物考古研究所:《舞阳贾湖》,科学出版社,1999年。

6 跨湖桥文化的绝对年代约为公元前6000—公元前5000年,见浙江省文物考古研究所、萧山博物馆:《跨湖桥》,文物出版社,2004年,第222~228页。

7 据已发表的出自秦安大地湾、临潼白家村、西乡李家村、渭南北刘遗址的测年数据,白家文化的绝对年代在公元前5800—公元前5000年之间,其上限比裴李岗文化的上限晚1000多年。数据均采用1988年国际^{14}C会议确认的高精度树轮校正表校正,出自中国社会科学院考古研究所编:《中国考古学中碳十四年代数据集(1965—1991)》,文物出版社,1992年。

8 河北省文物管理处、邯郸市文物保管所:《河北武安磁山遗址》,《考古学报》1981年第3期。

9 栾丰实:《北辛文化研究》,《考古学报》1998年第3期。

10 白寿彝总主编,苏秉琦主编:《中国通史·第二卷·远古时代》,上海人民出版社,1994年,第85~210页。

11 仰韶文化可分为两大阶段四期,见严文明:《略论仰韶文化的起源和发展阶段》,《仰韶文化研究》,文物出版社,1989年,第122~165页。

12 韩建业:《中国北方地区新石器时代文化研究》,文物出版社,2003年,第 88 ~ 98 页。

13 即所谓"史家类型"阶段。见西安半坡博物馆、渭南县文化馆：《陕西渭南史家新石器时代遗址》，《考古》1978 年第 1 期；王小庆：《论仰韶文化史家类型》，《考古学报》1993 年第 4 期。

14 山西省考古研究所、大同市博物馆：《山西大同马家小村新石器时代遗址》，《文物季刊》1992 年第 3 期。

15 河南省文物考古研究所、中国社科院考古研究所河南一队等：《河南灵宝铸鼎塬及其周围考古调查报告》，《华夏考古》1999 年第 3 期；中国社会科学院考古研究所河南第一工作队、河南省文物考古研究所等：《河南灵宝市北阳平遗址调查》，《考古》1999 年第 12 期。

16 韩建业：《涿鹿之战探索》，《中原文物》2002 年第 4 期。

17 张忠培：《仰韶时代——史前社会的繁荣与向文明时代的转变》，《文物季刊》1997 年第 1 期。

18 苏秉琦：《石峡文化初论》，《文物》1978 年第 7 期。

19 西藏自治区文物管理委员会、四川大学历史系：《昌都卡若》，文物出版社，1985 年。

20 《四川茂县营盘山新石器时代遗址》，《中国重要考古发现（2003）》，文物出版社，2004 年，第 23 ~ 26 页。

21 苏秉琦：《中华文明的新曙光》，《华人·龙的传人·中国人——考古寻根记》，辽宁大学出版社，1994 年，第 80 ~ 87 页。

22 张忠培：《黄河流域空三足器的兴起》，《华夏考古》1997 年第 1 期。

23 严文明：《龙山文化和龙山时代》，《文物》1981 年第 6 期。

24 韩建业、杨新改：《王湾三期文化研究》，《考古学报》1997 年第 1 期。

25 中国社会科学院考古研究所山西工作队、临汾地区文化局：《山西襄汾县陶寺遗址发掘简报》，《考古》1980 年第 1 期；中国社会科学院考古研究所山西工作队、临汾地区文化局：《1978 ~ 1980 年山西襄汾陶寺墓地发掘简报》，《考古》1983 年第 1 期。

26 韩建业：《唐伐西夏与稷放丹朱》，《北京大学学报（哲学社会科学版）》2001 年第 4 期。

27 河南省文物研究所、中国历史博物馆考古部：《登封王城岗与阳城》，文物出版社，1992年，第208、209页。

28 内蒙古文物考古研究所：《岱海考古（一）——老虎山文化遗址发掘报告集》，科学出版社，2000年。

29 《山西襄汾陶寺文化城址》，《2001中国重要考古发现》，文物出版社，2002年，第24～26页。

30 韩建业：《唐伐西夏与稷放丹朱》，《北京大学学报（哲学社会科学版）》2001年第4期。

31 杨新改、韩建业：《禹征三苗探索》，《中原文物》1995年第2期；韩建业：《夏文化的起源与发展阶段》，《北京大学学报（哲学社会科学版）》1997年第4期。

32 水涛：《甘青地区青铜时代的文化结构和经济形态研究》，《中国西北地区青铜时代考古论集》，科学出版社，2001年，第193～327页。

33 田广金、韩建业：《朱开沟文化研究》，《考古学研究（五）：庆祝邹衡先生七十五寿辰 暨从事考古研究五十年论文集》，文物出版社，2003年，第227～259页。

34 李伯谦：《论夏家店下层文化》，《纪念北京大学考古专业三十周年论文集（1952—1982）》，文物出版社，1990年，第150～170页。

35 陈戈：《新疆远古文化初论》，《中亚学刊》第四辑，北京大学出版社1995年，第5～72页。

36 水涛：《新疆青铜时代诸文化的比较研究——附论早期中西文化交流的历史进程》，《国学研究》第一卷，北京大学出版社，1993年，第447～490页；李水城：《从考古发现看公元前二千年东西文化的碰撞和交流》，《新疆文物》1999年第1期。

37 中国社会科学院考古研究所：《偃师二里头 1959年～1978年考古发掘报告》，中国大百科全书出版社，1999年。

38 史培军：《地理环境演变研究的理论与实践——鄂尔多斯地区晚第四纪以来地理环境演变研究》，科学出版社，1991年；张兰生、史培军、方修琦：《中国北方农牧交错带（鄂尔多斯地区）全新世环境演变及未来百年预测》,《中国北方农牧交错带全新世环境演变及预测》, 地质出版社, 1992 年, 第 1~15 页。需要说明的是, 在有的研究成果中, 公元前 2000 年前后曾被称为"小冰期", 但实际上其干冷程度远不及公元前 3000 年和公元前 1000 年的干冷期; 且稍前的公元前 2500 年和稍后的公元前 1800 年左右均为比较暖湿的时期。

论早期中国的"一元多支一体"格局

这里所说"早期中国"是指秦汉时期以前的中国。早期中国是"一元"还是"多元",是否存在"一体",是一个宏大话题。"元"本义为人首[1],引申为肇始本原[2];"体"本义为肢体[3],引申为一般事物之体[4]。因此,"一元"抑或"多元",实际是早期中国有一个根本还是多个根本的问题;是否存在"一体",是早期中国是否为一个文化实体的问题。

古史传说中的中华先民,远以伏羲女娲为祖,近以轩辕黄帝为宗,基本属于"一元""一体""一统"。近代疑古运动兴起,古史体系几乎被摧毁,顾颉刚提出的疑古纲领就包括"打破民族出于一元的观念"和"打破地域向来一统的观念"[5]。相信古史传说有真实历史背景的学者也多放弃了"一元""一统"说,如傅斯年的"夷夏东西说"[6],蒙文通和徐旭生的"三大民族"或"三大集团"说[7]。从考古学角度来看,20世纪前期有仰韶、龙山西东"二元"说[8],五六十年代有比较绝对的"中原中心"说,实质上是以黄河流域作为中华民族摇篮的"一元"说[9]。20世纪80年代前后苏秉琦针对"中原中心"说提出"区系类型"说,将中国新石器时代文化划分为六大区,认为各区之间在文化内涵、发展道路和源流方面都存在差异[10]，和他后来提倡的文明起源的"满天星斗"说互有联系。1989年费孝通明确提出中华民族"多元一体"格局说，影响巨大。他还曾尝试在史前时期找寻中华民族的起源，以旧石器时代多地发现古人类遗存、新石器时代有多个文化区为由，认定中华民族在源头上就是"多元"的；以新石器时代的文化交流，说明中华民族在源头上有着"一体"格局[11]。

中华民族起源和形成阶段的"一体"格局比较容易理解。早在1986年，严文明就提出中国史前文化既有统一性又有多样性，形成了一个"重瓣花朵式"格局，成为统一的、多民族的现代中国的史前基础[12]。1987年张光直提出公元前4000年以后中国各地文化相互交流，从而形成了一个史前的"中国相互作用圈"[13]。"重瓣花朵式"格局和"中国相互作用圈"都是中华民族早期文化"一体"格局的形象表达。"多元"说则值得商榷。现在的中华民族共同体有多个民族单位，史前的考古学文化有多个样貌，都固然是事实，但中华民族或中华文化的根本却不见得是多个。1995年石兴邦就提出"中国文化是一元而非多元，是一元多支或一元多系"[14]。本文主要从考古学角度来论述早期中国的"一元多支一体"格局。

一、一元的宇宙观、伦理观和历史观

"元"既是根本，最根本的就应当是能够长久传承的核心思想观念以及文化基因，而非易变的物质文化。根据考古发现，我们能够比较清楚地看到，距今8000年左右，在中国大部地区已经有了共同的宇宙观、伦理观、历史观等核心思想观念,已形成共有的文化基因。

中华先民早期共有的宇宙观,就是"天圆地方"观。距今 8000 年左右,在长江中游的湖南洪江高庙遗址白陶祭器上面,压印有八角形复合纹饰:中央是弧边四角形,外接圆形,再外为八角星纹,最外面是多周圆形,被认为是已出现"天圆地方"宇宙观的证据[15]。这种八角星纹后来流传到长江下游、黄河下游、西辽河流域甚至甘青地区,尤以安徽含山凌家滩遗址距今 5000 多年前的八角星纹"洛书玉版"最具代表性[16]。这件玉版四周的穿孔上九下四、左右各五,发现的时候就夹在墓主人胸口位置一件玉龟的背甲和腹甲之间[17]。八角星纹及其周边穿孔数本身就蕴含"四方五位""八方九宫"的空间数理之意[18],而夹在龟甲之间,很可能就是要以较圆圜的背甲象天、以较方平的腹甲形地[19],寓意"天圆地方"。

高庙白陶上还有一些复杂的组合图案,核心是一种"见首不见尾"的大口獠牙带双翼的"飞龙"形象,"飞龙"或者太阳被巨大的凤鸟向上托举,且常位于梯状物之间。巧合的是,在高庙大型祭坛上有 4 个边长 1 米的巨大柱洞,发掘者推测原来有过"排架式梯状建筑",很可能和白陶上的梯状形象一样,都属于很高的"天梯"或"通天神庙"。祭坛上还有几十个埋有火烧过的动物骨骼或人骨的祭祀坑。龙、凤、日、"通天神庙",与举火燔柴有关的祭祀坑,都说明高庙遗址有过祀天仪式[20],也理应存在敬天信仰[21]。令人惊讶的是,类似高庙文化的大口獠牙的龙形象,还见于同时期西辽河流域兴隆洼文化的辽宁阜新塔尺营子[22]、内蒙古林西白音长汗等遗址[23]，而阜新查海遗址村落中央则有一条堆塑的长近 20 米的石龙[24]。高庙所在的湘西地区和西辽河流域相距数千公里，却都能有如此相似的神龙形象，暗示与其相关的敬天信仰或者"天圆地方"观念，可能普遍存在于 8000 年前的中国大部地区。此后这种观念代有传承，祀天遗迹也时有发现。最有代表性的是 5000 多年前红山文化的牛河梁大型祭祀遗址，这里发现了不少祀天的圆坛或"圜丘"[25]，其中一座圆形三圈大坛[26]，内、外圈直径比例和《周髀算经》里《七衡图》所示的外、内衡比值完全相同，被认为是"迄今所见史前时期最完整的盖天宇宙论图解"[27]。

上述 5000 多年前的凌家滩大墓还出有玉龟形器，有的内插玉签，被推测为数卜龟占用具[28]。而在距今 8000 多年前属于裴李岗文化的河南舞阳贾湖遗址墓葬中，则随葬有内含石子的真龟甲[29]，有的龟甲上还刻有可能表示占卜结果的字符[30]，应当是更早的八卦类龟占数卜工具[31]。以龟甲占卜可能和龟甲象征"天圆地方"有关，与龟甲经常一起出土的骨"规矩"，则可能是规划天地、观象授时的工具[32]。与贾湖类似的字符，在渭河流域甘肃秦安大地湾[33]和陕西临潼白家[34]等白家文化遗址中也有发现。特别值得注意的是，在长江下游浙江义乌桥头遗址上山文化陶器上[35]，发现了六画一组的八卦类卦画符号；在萧山跨湖桥遗址跨湖桥文化的角器、木器上[36]，发现了六画一组的八卦类数字卦象符号，这些与同时期贾湖的数卜当属一个传统。可见，龟占、数卜、规矩及其"天圆地方"观同样被黄河流域和长江下游地区所共享。

中华先民早期共有的伦理观、历史观，当指重视亲情、崇拜祖先、不忘历史的观念。这在史前时期的土葬"族葬"习俗中有集中体现。从距今1万多年前以来,中国大部地区发现的墓葬基本都是土坑竖穴墓,将祖先深埋于地下,"入土为安",并且装殓齐整,随葬物品,有的还实行墓祭,显示出对死者特别的关爱和敬重,是重视亲情人伦和强调祖先崇拜的反映。尤其是黄河流域裴李岗文化、白家文化、后李文化的墓葬,基本都位于居址附近,同一墓地墓葬的头向习俗大体相同,当属同一群人"聚族而居,聚族而葬"的结果,强调了可能有血亲关系的同族同宗之人生死相依的关系[37]。属于裴李岗文化的河南新郑裴李岗[38]、郏县水泉[39]、舞阳贾湖等墓地,墓葬或分区分群,或成排成列,有一定空间秩序,可能体现了现实中同一氏族(宗族)的人群在亲疏关系、辈分大小等方面的秩序。同一墓地延续一二百年甚至数百年之久,说明族人对远祖的栖息地有着长久的记忆和坚守,体现出他们对祖先的顽强历史记忆,可能也为后世子孙在这块地方长期耕种生活提供了正当理由和"合法性"[40]。

早期中国共有的宇宙观、伦理观、历史观,统合形成"一元"的"敬天法祖"信仰,又分解为整体思维、天人合一、诚信仁爱、和合大同等文化基因[41]。这类观念信仰或文化基因,使得中国人能将自身置于天地宇宙古往今来的适当位置,存诚敬之心,有家国情怀,着意于修积德慧,而非个人至上、物欲至上。

二、多支文化系统、多种文明起源子模式

早期中国的"多支",既表现在考古学文化的多个样貌或多个

支系，也体现在文明起源和形成过程的多种路径或多种子模式。

考古学文化是"能够在考古学遗存中观察到的，存在于一定时期和一定地域，并具有一定特征的共同体"[42]。考古学文化属于可观察到的物质文化范畴，比较容易随时空发生变化，且有一定的变化规律和发展谱系。由于考古学文化与族群存在一定程度的对应关系，因此对考古学文化演变谱系的梳理，一定程度上也是对中华民族发展谱系的探索。中国地域广大、环境多样，考古学文化面貌自然也是多种多样，现在已命名的考古学文化数以百计，对考古学文化大区或大系统的归纳有着多种方案。除苏秉琦的"六大区"说外，佟柱臣有七个文化系统中心说[43]，严文明先是提出稻作农业、旱作农业和狩猎采集三大经济文化区，甘青、中原、山东、燕辽、江浙、长江中游六大"民族文化区"和周边地区的六个小文化区[44]，后又提出华北鬲文化系统、东南鼎文化系统、东北罐文化系统的文化三系统说[45]。

但正如安志敏所指出的那样，考古学文化的"兴起、演变、消亡以及迁徙和交流等，都在考古学遗迹中呈现出复杂的迹象"[46]。对中国史前文化区系的整体划分，只是根据自然环境、生业状况和部分文化要素概括的结果，不表明每个文化区真能数千年一脉相承、连续发展。要划分出更加可信的文化区或文化系统，只有在分阶段的前提下才有可能做到。我们主要根据变化最为敏感的陶器的情况，将中国新石器时代早、中、晚期分别划分出若干支文化系统：距今1万多年至9000年的新石器时代早期晚段，有华南和长江中游南部的绳纹圜底釜文化系统、钱塘江流域的平底盆—圈足盘—双耳罐文化系统、中原地区的深腹罐文化系统、海岱地区的素面釜文化系统和华北—东北地区的筒形罐文化系统等五支文化系统。约距今 9000 年—7000 年的新石器时代中期,有黄河和淮河上中游的深腹罐—双耳壶—钵文化系统、长江中下游和华南的釜—圈足盘—豆文化系统、华北和东北地区的筒形罐文化系统、泰沂山以北地区的素面圜底釜文化系统等四支文化系统[47],约距今 7000 年—5000 年的新石器时代晚期,有黄河流域的瓶(壶)—钵(盆)—罐—鼎文化系统、长江中下游和华南的釜—圈足盘—豆文化系统、东北地区的筒形罐文化系统等三支文化系统[48]。可见随着时间的推移、聚落和人口的不断增加,文化交流融合趋势越来越明显,文化系统的数量逐渐减少。

　　文明起源和形成的道路或模式各地也有所不同。严文明就曾提出中国文明不但有多个起源中心,而且"各地方走向文明的道路或方式当然就有可能不大相同"[49]。具体来看,约距今 6000 年以后,中国大部地区加快文明起源的步伐,父系家庭和家族组织突现、战争频繁发生,但同时各地又表现出不同特点,我们将其归纳为"东方""中原"和"北方"三种模式[50]。"东方模式"指面向东南沿海的黄河下游、长江中下游地区,葬俗表现出视死如生、富贵并重、奢侈浪费的特点,物质文化很发达,社会分工明确,发展道路波澜起伏,约距今 4000 年后走向衰落。"北方模式"指面向西北内陆的黄河上中游大部地区,丧葬观念生死有度、重贵轻富、务实质朴,物质文化不很发达,社会分工有限,发展稳定持续。"中原模式"指豫中西、晋南、关中东部地区,总体和"北方模式"接近,但也表现出一定的"东方模式"特点。"北方模式"和"中原模式"所在的黄河中游地区最后长期成为政治上中国的中心所在。李伯谦认为，红山文化古国是以神权为主的神权国家，良渚文化古国是神权、军权、王权相结合的以神权为主的神权国家，仰韶文化古国是军权、王权相结合的王权国家，仰韶古国得以承续发展，原因就在于其"能自觉不自觉地把握社会可持续发展的方向，避免社会财富的浪费"[51]。这是对于中华文明起源不同模式的更加深刻的认识。

三、有中心、多层次的一体格局

严文明提出的"重瓣花朵式"格局、张光直提出的"中国相互作用圈"，都是在表达早期中国的"一体"格局。但两人的观点有一定区别：张光直"中国相互作用圈"中的各文化互相"平等"，中原或黄河中游并无特殊地位。而严文明的"重瓣花朵式"格局有主有次，"花心"就是中原，"重瓣"就是与中原分层联系的周围文化。因此，"一体"格局还涉及是否有中心的问题。根据对考古材料的梳理，我们会发现早期中国的"一体"格局实际上有过一个较长的起源、形成和发展的过程，而且在绝大多数时间段存在黄河中游或者中原地区这个中心。

距今8000年左右的新石器时代中期，虽然可分四个文化系统，但以中原地区的裴李岗文化实力最强、位置最特殊，最容易和周围地区发生全方位交流或对周围文化产生更大影响。裴李岗文化的西向影响，使得渭河—汉水上游地区出现农业和壶、钵、罐等陶器，促成了白家文化的诞生；北向影响使得冀南地区文化面貌大为改观，在本来属于筒形罐系统的磁山文化当中新见大量壶、钵等泥质陶器[52]；东向影响导致淮河中游地区双墩文化的产生[53]，南向也对彭头山文化有一定影响[54]。正是在裴李岗文化的相对主导作用下，中国大部地区文化初步交融形成"一体"格局，有了雏形的"早期中国文化圈"，或者文化上"早期中国"的萌芽[55]。此时在黄河中游和西辽河流域出现了秩序井然的社会和一定程度的社会分化，在中国大部地区产生了较为先进复杂的思想观念和知识系统，恰好进入中华文明起源的第一阶段。从这个意义上来说，黄河中游或者中原地区一定程度上是具有中心地位的。

距今6000年左右的新石器时代晚期后段，晋南、豫西和关中东部交界地带崛起了实力强大的仰韶文化东庄—庙底沟类型。和之前的半坡期相比，庙底沟类型的遗址数量激增三四倍，出现了明显的聚落分化，涌现出数十甚至超百万平方米的大型聚落，出现了数百平方米的殿堂式建筑[56]，率先迈开了进入中华文明起源第二阶段的步伐。庙底沟类型迅速向周围强力扩张影响，北到内蒙古中南部和蒙古国东南部[57]，东北达西辽河流域[58]，东至长江下游[59]，南至长江中游甚至洞庭湖地区[60]，西南到四川西北部[61]，西至陕甘甚至青海东部[62]。造成整个黄河中游地区仰韶文化面貌的空前统一[63]，导致外围地区文化格局发生重要调整，其影响的深度和广度前所未见。正是在这一过程中，中国大部地区文化正式交融形成以中原为核心的"一体"格局，意味着最早的"早期中国文化圈"或者"文化上的早期中国"正式形成[64]。

庙底沟时代形成的"文化上的早期中国"，还具有核心区、主体区和边缘区的三层次结构：核心区的晋西南豫西及关中东部，最具代表性的花瓣纹彩陶线条流畅，设色典雅；主体区的黄河中游地区（南侧还包括汉水上中游、淮河上游等），也就是除核心区之外的整个仰韶文化分布区，花瓣纹彩陶造型因地略异，线条稚嫩迟滞，其中偏东部彩陶多色搭配，活泼有余而沉稳不足；边缘区即黄河下游、长江中下游和东北等仰韶文化的邻境地区，时见正宗或变体花瓣纹彩陶，但主体器类都是当地传统，常见在当地器物上装饰庙底沟类型式花纹。这样的三层次结构清楚体现中原核心区主导下的文化整合过程，奠定了后世政治上中国畿服制分层次统治的基础。

距今 5000 年左右进入铜石并用时代，"文化上的早期中国"范围进一步扩大，黄河、长江和西辽河流域出现了多个区域中心，出现大型聚落、大型祭祀中心、大型墓葬等，贫富分化、阶级分化、社会分工都比较显著，表明中国大部地区社会已经普遍复杂化到了相当程度，进入邦国林立的"古国"阶段[65]，是中华文明形成的关键时期。但各地区之间并不平衡。浙江余杭良渚古城外城 600 多万平方米，高台"宫城" 30 万平方米，还有大型水利工程、大型宫殿、豪华墓葬[66]；甘肃庆阳南佐聚落面积 600 万平方米左右，九处夯土台围绕的核心区也有约 30 万平方米，还有中轴对称的大型宫殿、多重夯筑加固的大型环壕[67]。这两个遗址是当时中国最大、最复杂的超级中心聚落，是中华五千年文明的明确见证。自距今 4700 多年前开始，黄土高原地区遗址急剧增多，北方长城沿线突然涌现出许多军事性质突出的石城，同时在黄土高原文化的强烈影响下，内蒙古中南部、河北大部和河南中部等地的文化格局发生突变，从此以后黄土高原地区就初步成为早期中国大部地区的中心[68]。

距今4100年左右的青铜时代早期,黄河流域龙山文化大规模南下豫南和长江中游地区,使得范围广大的石家河文化区剧变为王湾三期文化和肖家屋脊文化,很可能对应古史上的"禹伐三苗"事件[69],随后夏王朝诞生。夏代初年的版图也就很可能不但涵盖黄河流域,还包括原"三苗"之地豫南和长江中游地区,甚至长江上游、下游和西辽河流域大部,也就基本对应《禹贡》"九州"之地[70]。这个时期中原不但是文化上"早期中国"的中心,也成为初步"大一统"的夏代"天下"之政治中心[71]。中华文明从此进入"王国"时代或者成熟文明社会阶段。约距今3800年以后,以偃师二里头为都城的晚期夏王朝阶段,以及商、周王朝时期,中原的中心地位更加稳固并长期延续。

四、"天下文明"模式

总结起来看,早期中国大部地区共有"一元"的宇宙观、伦理观、历史观等核心思想观念,也有共同的文化基因,存在"多支"文化系统和多种文明起源子模式,交融形成以黄河—长江—西辽河流域为主体的、以黄河中游(或中原地区)为中心的、多层次的"一体"文化格局。这样一个萌芽于8000年前、形成于6000年前的超稳定的"重瓣花朵式"文化格局,也就是"早期中国文化圈"或者"文化上的早期中国",后世则发展为"文化上的中国"。"文化上的中国"是"政治上的中国"分裂时向往统一、统一时维护统一的重要基础，一定程度上和"中华文明"具有对等性。

"文化上的中国"或"中华文明"有其独特性。西亚8000多年以来也有发达而颇具共性的文化，但宇宙观是"多元"的，各城邦各为其主、各有其神，缺乏稳定的中心，苏美尔的王权只是城邦王权或者小王权，可称"城邦文明"模式。埃及距今5000年前以后的文化高度统一，缺乏分支文化系统，法老对尼罗河广大地区拥有广幅王权或者大王权，可称"埃及文明"模式。[72]"城邦文明"模式从根源上讲不是一种可以自然趋于"一体"或"一统"的文明模式，只能通过军事征服建立"帝国文明"，但"帝国文明"由于缺乏深层的统一基础而很容易崩溃。"埃及文明"本质上就是"一体"或"一统"程度很高的文明模式，但因缺乏分支文化系统和社会子模式的多样性而少了许多变通而长存的可能性。只有"一元多支一体"格局的"文化上的中国"或者中华文明，本质上趋向"一体""一统"而又包含多种发展变化的可能性，既长期延续主流传统又开放包容，是一种超稳定的巨文化结构。这个"一元多支一体"格局和文献记载的夏商周时期圈层结构的畿服制"天下"格局吻合，[73]与此相适应的文明起源模式可称为"天下文明"模式。

早期中国的"一元多支一体"格局或"天下文明"模式，从根本上与中国相对独立又广大多样的地理环境有关。"相对独立"既决定了早期中国文化的独特性和"一体"性，也决定了其"开放性"，使其有机会不断吸收新鲜血液发展自身；"广大多样"既保证了一个伟大文明必须具备的足够大的地理空间，也使中国文化具有"多支"系统，拥有变革的多种可能性，决定了中华文明强大的可持续发展能力。中国还有世界上最广大、最深厚的黄土等土壤堆积区，大部地区尤其是黄河、长江流域位于适合种植谷物、发展农业的中纬度地区，所以8000年前就形成了具有互补性的"南稻北粟"农业体系，为中华文明奠定了坚实根基。黄河中游地区水热条件适中能长期持续发展农业，地理位置居中便于文化的吸纳与辐射，因此才有条件成为"文化上早期中国"的中心。早期中国早熟而强大的农业体系，必然需要精准的农时而催生出早熟的天文学和敬天观，也必然需要超稳定的社会结构而产生祖先崇拜，"天圆地方""天人合一"的宇宙观自然是"一元"而非"多元"。

注释

1 《尔雅·释诂下》："元、良，首也。"郭璞注，邢昺疏：《尔雅注疏》卷二，《十三经注疏》（标点本），北京大学出版社，1999年，第53页。

2 《周易·乾·彖》："大哉乾元！万物资始，乃统天。"王弼注，孔颖达疏：《周易正义》卷一，《十三经注疏》（标点本），北京大学出版社，1999年，第7页。《尔雅·释诂第一》："初、哉、首、基、肇、祖、元、胎、俶、落、权舆，始也。"郭璞注，邢昺疏：《尔雅注疏》卷一，《十三经注疏》（标点本），北京大学出版社，1999年，第8页。《说文·一部》："元，始也。"许慎撰，臧克和、王平校订：《说文解字新订》卷一，中华书局，2002年，第1页。

3 《诗经·鄘风·相鼠》："相鼠有体，人而无礼。"毛亨传，郑玄笺，孔颖达疏：《毛诗正义》卷三，《十三经注疏》（标点本），北京大学出版社，1999年，第206页。

4 《周易·系辞上》："故神无方，而易无体。"王弼注，孔颖达疏：《周易正义》卷七，《十三经注疏》（标点本），北京大学出版社，第268页。

5 顾颉刚：《答刘胡两先生书》，《古史辨》（一），上海古籍出版社，1982年，第99~101页。

6 傅斯年：《夷夏东西说》，《庆祝蔡元培先生六十五岁论文集》（下册），国立中央研究院，1935年，第1093~1134页。

7 蒙文通：《古史甄微》，巴蜀书社，1999年；徐旭生：《中国古史的传说时代》（增订本），文物出版社，1985年。

8 梁思永：《小屯龙山与仰韶》，《梁思永考古论文集》，科学出版社，1959年，第91~98页。

9 1959年安志敏就说"黄河流域是中国文明的摇篮"，黄河流域史前文化"推动和影响了邻近地区的古代文化"。安志敏：《试论黄河流域新石器时代文化》，《考古》1959年第10期。

10 苏秉琦、殷玮璋：《关于考古学文化的区系类型问题》，《文物》1981年第5期。

11 费孝通：《中华民族的多元一体格局》，《北京大学学报（哲学社会科学版）》1989年第4期。

12 1986年严文明在美国弗吉尼亚州艾尔莱召开的"中国古代史与社会科学一般法则"国际学术会议上提出了这个观点。严文明：《中国史前文化的统一性与多样性》，《文物》1987年第3期。

13 张光直：《中国相互作用圈与文明的形成》，《庆祝苏秉琦考古五十五年论文集》，文物出版社，1989年，第6页。Kwang-chih Chang: *The Archaeology of Ancient China*, Fourth Edition, Revised and Enlarged, Yale University Press, New Haven, 1987.

14 石兴邦：《炎黄文化研究及有关问题》，《炎帝与民族复兴》，陕西人民出版社，2006年，第1~6页。

15 贺刚：《湘西史前遗存与中国古史传说》，岳麓书社，2013年，第

342~345 页。

16　陈久金、张敬国：《含山出土玉片图形试考》，《文物》1989 年第 4 期。

17　安徽省文物考古研究所：《凌家滩——田野考古发掘报告之一》，文物出版社，2006 年，第 46~49 页。

18　冯时：《中国天文考古学》，社会科学文献出版社，2001 年，第 370~394 页。

19　在《列子·汤问》《淮南子·览冥训》等文献中，有女娲"断鳌足以立四极"的记载；在《雒书》中有灵龟"上隆法天，下平法地"的记载（《初学记》鳞介部龟第十一引）。参见李新伟：《中国史前玉器反映的宇宙观——兼论中国东部史前复杂社会的上层交流网》，《东南文化》2004 年第 3 期；徐峰：《中国古代的龟崇拜——以"龟负"的神话、图像与雕像为视角》，《中原文物》2013 年第 3 期。

20　《周礼·春官·大宗伯》："以禋祀祀昊天上帝，以实柴祀日、月、星、辰……"郑玄注，贾公彦疏：《周礼注疏》卷十八，《十三经注疏》（标点本），北京大学出版社，1999 年，第 451 页。《仪礼·觐礼》："祭天，燔柴。"郑玄注，贾公彦疏：《仪礼注疏》卷二十七，《十三经注疏》（标点本），北京大学出版社，1999 年，第 533 页。

21　韩建业：《中国新石器时代的祀天遗存和敬天观念——以高庙、牛河梁、凌家滩遗址为中心》，《江汉考古》2021 年第 6 期。

22　刘勇：《辽宁阜新查海遗址发现七千五百年前石雕神人面像》，《光明日报》2019 年 9 月 29 日，第 11 版。

23　内蒙古自治区文物考古研究所：《白音长汗——新石器时代遗址发掘报告》，科学出版社，2004 年，彩版 20。

24　辽宁省文物考古研究所：《查海——新石器时代聚落遗址发掘报告》，文物出版社，2012 年。

25　《周礼·春官·大司乐》："冬日至，于地上之圜丘奏之，若乐六变，则天神皆降，可得而礼矣。"郑玄注，贾公彦疏：《周礼注疏》卷二十二，《十三经注疏》（标点本），北京大学出版社，1999 年，第 586 页。

26　辽宁省文物考古研究所：《牛河梁——红山文化遗址发掘报告（1983~2003 年度）》，文物出版社，2012 年，附图一。

27 冯时：《红山文化三环石坛的天文学研究——兼论中国最早的圜丘与方丘》，《北方文物》1993 年第 1 期。

28 安徽省文物考古研究所：《安徽含山县凌家滩遗址第五次发掘的新发现》，《考古》2008 年第 3 期。

29 河南省文物考古研究所：《舞阳贾湖》，科学出版社，1999 年；河南省文物考古研究院、中国科学技术大学科技史与科技考古系：《舞阳贾湖》（二），科学出版社，2015 年；河南省文物考古研究院、中国科学技术大学科技史与科技考古系等：《河南舞阳县贾湖遗址 2013 年发掘简报》，《考古》2017 年第 12 期。

30 贾湖 M344 中的一例类似眼睛的符号，冯时认为对应古彝文的"吉"。冯时：《中国古文字学概论》，中国社会科学出版社，2016 年，第 24～25 页。

31 宋会群、张居中：《龟象与数卜：从贾湖遗址的"龟腹石子"论象数思维的源流》，《大易集述：第三届海峡两岸周易学术研讨会论文集》，巴蜀书社，1998 年，第 11～18 页。

32 王楠、胡安华：《印证神话传说：贾湖遗址发现骨制"规矩"》，《中国城市报》2019 年 7 月 22 日，第 13 版。

33 甘肃省文物考古研究所：《秦安大地湾——新石器时代遗址发掘报告》，文物出版社，2006 年。

34 中国社会科学院考古研究所：《临潼白家村》，巴蜀书社，1994 年。

35 《浙江义乌桥头新石器时代遗址》，《2019 中国重要考古发现》，文物出版社，2020 年，第 23～27 页。

36 王长丰、张居中、蒋乐平：《浙江跨湖桥遗址所出刻划符号试析》，《东南文化》2008 年第 1 期。

37 《周礼·地官·大司徒》郑玄注"族坟墓"一词，曰："族犹类也。同宗者，生相近，死相迫。"郑玄注，贾公彦疏：《周礼注疏》卷十，《十三经注疏》（标点本），北京大学出版社，1999 年，第 262 页。

38 中国社会科学院考古研究所河南一队：《1979 年裴李岗遗址发掘报告》，《考古学报》1984 年第 1 期。

39 中国社会科学院考古研究所河南一队：《河南郏县水泉裴李岗文化遗址》，

《考古学报》1995年第1期。

40　韩建业：《裴李岗时代的"族葬"与祖先崇拜》，《华夏考古》2021年第2期。

41　韩建业：《从考古发现看八千年以来早期中国的文化基因》，《光明日报》2020年11月4日，第11版。

42　严文明：《关于考古学文化的理论》，《考古学初阶》，文物出版社，2018年，第78页。

43　佟柱臣：《中国新石器时代文化的多中心发展论和发展不平衡论——论中国新石器时代文化发展的规律和中国文明的起源》，《文物》1986年第2期。

44　严文明：《中国史前文化的统一性与多样性》，《文物》1987年第3期。

45　严文明：《中国古代文化三系统说》，《丹霞集——考古学拾零》，文物出版社，2019年，第55~71页。

46　安志敏：《论环渤海的史前文化——兼评"区系"观点》，《考古》1993年第7期。

47　韩建业：《中国新石器时代早中期文化的区系研究》，《考古学研究（九）：庆祝严文明先生八十寿辰论文集》，文物出版社，2012年，第24~36页。

48　韩建业：《早期中国——中国文化圈的形成和发展》，上海古籍出版社，2015年，第71~72页。

49　严文明：《中国文明起源的探索》，《中原文物》1996年第1期。

50　韩建业：《略论中国铜石并用时代社会发展的一般趋势和不同模式》，《古代文明》（第2卷），文物出版社，2003年，第84~96页。

51　李伯谦：《中国古代文明演进的两种模式——红山、良渚、仰韶大墓随葬玉器观察随想》，《文物》2009年第3期。

52　河北省文物管理处、邯郸市文物保管所：《河北武安磁山遗址》，《考古学报》1981年第3期。

53　安徽省文物考古研究所、蚌埠市博物馆：《蚌埠双墩——新石器时代遗址发掘报告》，科学出版社，2008年；韩建业：《双墩文化的北上与北辛文化的形成——从济宁张山"北辛文化遗存"论起》，《江汉考古》2012年第2期。

54　峡江地区的枝城北类彭头山文化遗存的一些地方性因素，如双錾平底或圈足深腹罐、小口耸肩扁壶等，当为受到裴李岗文化影响而产生。参见湖北省文物考古研究所：《宜都城背溪》，文物出版社，2001年。

55 韩建业：《裴李岗文化的迁徙影响与早期中国文化圈的雏形》，《中原文物》2009年第2期。

56 河南省文物考古研究所、中国社会科学院考古研究所河南一队等：《河南灵宝西坡遗址105号仰韶文化房址》，《文物》2003年第8期；中国社会科学院考古研究所河南一队、河南省文物考古研究所等：《河南灵宝市西坡遗址发现一座仰韶文化中期特大房址》，《考古》2005年第3期。

57 类似庙底沟类型的彩陶器和粟作农业等，不但广泛见于内蒙古中南部的鄂尔多斯和岱海等地，还扩展到现在比较干旱的锡林郭勒地区，甚至蒙古国东南部地区。纳古善夫：《内蒙古苏尼特右旗吉日嘎郎图新石器时代遗存》，《考古》1982年第1期。Д. Содномжамц, Г. Анхсанаа. Дорнод Монголоос Олдсон Будмал Хээтэй Нэгэн Ваар. Нүүдэлчдийн өв судлал (TomusXXII-II, Fasciculus 1–22), Улаанбаатар, 2021 он.

58 类似庙底沟类型的黑彩花瓣纹彩陶钵等，见于辽宁喀左东山嘴等遗址的红山文化遗存当中。参见朱延平：《红山文化彩陶纹样探源》，《边疆考古研究》第6辑，科学出版社，2007年，第78～87页。

59 安徽潜山薛家岗和肥西古埂（安徽省文物考古研究所：《潜山薛家岗》，文物出版社，2004年，第304页；安徽省文物考古研究所：《安徽肥西县古埂新石器时代遗址》，《考古》1985年第7期）、江苏海安青墩（南京博物院：《江苏海安青墩遗址》，《考古学报》1983年第2期）、吴县草鞋山（南京博物院：《吴县草鞋山遗址》，《文物资料丛刊》3，文物出版社，1980年，第1～24页）、金坛三星村 [江苏省三星村联合考古队：《江苏金坛三星村新石器时代遗址》（图五三，5、10），《文物》2004年第2期]等遗址所见花瓣纹彩陶，以及龙虬庄二期M141的葫芦形瓶等（龙虬庄遗址考古队：《龙虬庄——江淮东部新石器时代遗址发掘报告》，科学出版社，1999年），都属于庙底沟类型因素。

60 中国社会科学院考古研究所：《枝江关庙山》，文物出版社，2017年；湖南省文物考古研究所：《澧县城头山——新石器时代遗址发掘报告》，文物出版社，2007 年。

61 成都文物考古研究所等：《四川茂县波西遗址 2002 年的试掘》，《成都考古发现（2004）》，科学出版社，2006 年，第 1～12 页。

62 青海省文物考古队：《青海民和阳洼坡遗址试掘简报》，《考古》1984 年第 1 期；中国社会科学院考古研究所甘青工作队、青海省文物考古研究所：《青海民和县胡李家遗址的发掘》，《考古》2001 年第 1 期。

63 严文明指出"庙底沟期是一个相当繁盛的时期，这一方面表现在它内部各地方类型融合和一体化的趋势加强，另一方面则表现在对外部文化影响的加强"（严文明：《略论仰韶文化的起源和发展阶段》，《仰韶文化研究》，文物出版社，1989 年，第 122～165 页）。张忠培认为此时是"相对统一的时期"（张忠培：《关于内蒙古东部地区考古的几个问题》，《内蒙古东部区考古学文化研究文集》，海洋出版社，1991 年，第 3～8 页）。王仁湘称庙底沟期的彩陶扩展是"史前中国的艺术浪潮"（王仁湘：《史前中国的艺术浪潮——庙底沟文化彩陶研究》，文物出版社，2011 年）。

64 韩建业：《庙底沟时代与"早期中国"》，《考古》2012 年第 3 期。

65 苏秉琦曾提出"古国—方国—帝国"的文明演进之路（苏秉琦：《迎接中国考古学的新世纪》，《华人·龙的传人·中国人——考古寻根记》，辽宁大学出版社，1994 年，第 236～251 页）。严文明称其为"古国—王国—帝国"（严文明：《黄河流域文明的发祥与发展》，《华夏考古》1997 年第 1 期）。王震中修正为"邦国—王国—帝国"（王震中：《邦国、王国与帝国：先秦国家形态的演进》，《河南大学学报（社会科学版）》2003 年第 4 期）。

66 浙江省文物考古研究所：《良渚古城综合研究报告》，文物出版社，2019 年。

67 李小龙、杨林旭、张小宁等：《甘肃南佐遗址发现仰韶大型环壕聚落》，《中国文物报》2022 年 2 月 11 日，第 8 版。

68 韩建业：《中国北方早期石城兴起的历史背景——涿鹿之战再探索》，《考古与文物》2022 年第 2 期。

69 杨新改、韩建业：《禹征三苗探索》，《中原文物》1995 年第 2 期。

70 朱渊清：《禹画九州论》，《古代文明》（第 5 卷），文物出版社，2006 年，第 55 ~ 69 页；韩建业：《龙山时代的文化巨变和传说时代的部族战争》，《社会科学》2020 年第 1 期；韩建业：《从考古发现看夏朝初年的疆域》，《中华读书报》2021 年 6 月 30 日，第 13 版。

71 王震中：《夏代"复合型"国家形态简论》，《文史哲》2010 年第 1 期。

72 布鲁斯·G. 崔格尔等将西亚、希腊等地的早期国家称为"城邦国家（city-states）"，将埃及这样的早期国家称为"领土国家（territorial states）"。[加]布鲁斯·G. 崔格尔著，徐坚译：《理解早期文明：比较研究》，北京大学出版社，2014 年，第 69 页。

73 《尚书·禹贡》载夏禹划分九州并实行甸、侯、绥、要、荒五服制；《尚书·酒诰》记载商代有内、外服制："越在外服，侯、甸、男、卫邦伯，越在内服，百僚庶尹惟亚惟服宗工……"孔安国传，孔颖达疏：《尚书正义》，《十三经注疏》（标点本），北京大学出版社，1999 年，第 378 页。《国语·周语上》记载周代也是五服制："邦内甸服，邦外侯服。侯、卫宾服，蛮夷要服，戎狄荒服。"徐元诰撰，王树民、沈长云点校：《国语集解》，中华书局，2002 年，第 6 ~ 7 页。

从考古发现看八千年以来早期中国的文化基因

近百年以来,在几代考古学家的艰苦努力下,中国考古学取得了巨大成就,其中一个重要贡献,就是让我们逐渐看清了早在史前时期,就已经形成了多支一体有中心的文化意义上的早期中国,成为夏商周王国以至于我们现代统一的多民族国家的基础。从距今8000多年文化上早期中国的萌芽,距今6000年左右文化上早期中国的形成,到距今5000多年早期中国文明的形成,距今4000年以后早期中国文明走向成熟,长达数千年的时间里,早期中国经历了跌宕起伏的连续发展过程,锤炼出了有别于世界上其他文明的特质,成为"中华民族生生不息、长盛不衰的文化基因"。

早期中国及其文化基因的形成,与地理环境和气候有很大关系。中国是世界上最广大的适合发展农业的地区。早在距今1万年左右,中国南方和北方就分别发展出了世界上最早的稻作和粟作农业,距今8000多年以后,以黄河、长江流域为主体的"南稻北粟"两大农业体系基本形成。因此,中国很早就形成了"以农为本"的基本观念,并在此基础上形成了独特的文化基因。

一、整体思维，天人合一

中国始终秉持一种整体性、连续性的宇宙观，这可能是因为庞大的中国农业社会对大自然的特别敬畏，或者是中国人因农时之需对天文历法的格外重视。这种整体性的宇宙观，本身就包含了整体思维、天人合一的文化基因。

距今8000年左右，在属于裴李岗文化的河南舞阳贾湖遗址，较大的成年男性墓葬中，就随葬骨规形器、骨律管（骨笛）等被认为可能用于观象授时的天文工具，中国天文学已初步产生。随葬装有石子的龟甲，龟甲上刻有字符，当与用龟占卜和八卦象数有关。龟背甲圆圜而腹甲方平，或许"天圆地方"的宇宙观已有雏形。在湖南洪江的高庙遗址，精美白陶上出现了最早的八角星纹图案，可能表达了八方九宫、"天圆地方"的空间观念；还有太阳纹、凤鸟纹、獠牙兽面飞龙纹及天梯纹等图案，结合遗址"排架式梯状建筑"的存在，展现出浓厚的通天、敬天的原始宗教气氛。在辽宁阜新查海及附近遗址，也发现了石头摆塑的长龙和獠牙兽面龙纹形象。大体同时期，在浙江义乌桥头、萧山跨湖桥遗址，发现了彩绘或者刻划在陶器、骨器等上面的六个一组的阴阳爻卦画、数字卦象符号，和周易、八卦符号很像，与贾湖的龟占数卜当有密切联系。距今7000年以后，八角星纹、獠牙兽面纹图案在中国大部地区流行开来，表明"天圆地方"的宇宙观及其敬天观念得以大范围扩展传承，比如5000多年前安徽含山凌家滩的"洛书玉版"和兽翅玉鹰，在它们的中央部位也都雕刻有八角星纹图案。另外，在河南濮阳西水坡遗址发现距今6000多年的蚌塑"龙虎"墓,被认为将中国二十八宿体系的滥觞期提前了数千年。在辽宁凌源和建平交界处的牛河梁遗址,发现距今5000多年的由三重石圈构成的祭天"圜丘"或"天坛",外圈直径恰好是内圈直径的两倍,和《周髀算经》里《七衡图》所示的外、内衡比值完全相同,被认为是"迄今所见史前时期最完整的盖天宇宙论图解"。

"天圆地方"的宇宙观,以及与此相关的观象授时、天文历法、象数龟占、阴阳八卦、通天敬天等,是一种将天地宇宙、人类万物统一起来的强调普遍联系的整体性宇宙观,是一种动态而非静止的宇宙观,是一种将原始宗教和数字理性结合起来的思维方式,在后世则被归纳为"天人合一"思想。在这种宇宙观的支配下,我们的祖先对天地自然始终抱有敬畏之心,发展出《周易》《道德经》所代表的尊重自然、顺应自然、适时而为的世界观,阴阳互补、对立统一、变动不居的辩证思维,渗透到每一个中国人的血脉当中,奠定了中国古典哲学的基石,引领了中国文明的发展方向,并产生了深远影响。

二、祖先崇拜,以人为本

农业生产需要一群人在一片土地上长期耕耘经营、繁衍生息,容易产生以共同祖先为纽带的延续性很强的血缘社会。早期中国作为世界上体量最大的农业文化区,形成祖先崇拜、以人为本的文化基因自然是在情理之中。

中国史前墓葬强调"入土为安",有专门墓地,土葬深埋,装殓齐整,随葬物品,体现出对死者特别的关爱和敬重,应该也是现实社会中十分重视亲情人伦的体现,最早在裴李岗文化中就有体现。在河南新郑裴李岗、郏县水泉、舞阳贾湖等许多裴李岗文化遗址,居住区附近都有公共墓地,应该是同一群人"聚族而居,聚族而葬"的结果,体现了可能有血缘关系的同族同宗之人生死相依的亲属关系,将《周礼》记载的"族葬""族坟墓"习俗提前到距今 8000 年前。同一墓地分区或者分群,排列整齐,应该是现实社会中存在家庭、家族、氏族等不同层级社会组织,以及长幼男女秩序的反映。随葬较多特殊物品的大墓多为成年男性,说明一些宗族领袖的地位已经比较突出。同一墓地能够延续一二百年甚至数百年之久,可见族人对远祖的栖息地有着长久的记忆和坚守,可能也为后世子孙在这块土地上长期耕种生活提供了正当理由和"合法性"。裴李岗文化等的土葬、族葬习俗,在同时期的世界范围具有唯一性,和西亚等地同时期常见居室葬、天葬、火葬,流行神祇偶像崇拜、追求灵魂净化的葬俗形成鲜明对照。

裴李岗时代形成的族葬、祖先崇拜和历史记忆传统,延续至新石器时代晚期,遍及大江南北,比如山东泰安的大汶口墓地,从距今 6000 多年到距今 4000 多年,延续长达 2000 年之久,始终是分区分群,排列有序。族葬习俗和祖先崇拜传承至夏商周三代以至于秦汉以后,就成为宗法制度、墓葬制度的源头,成为中国历史上宗族社会的根本。因此,祖先的谱系在文献记载和历史传说中占据核心位置。不管后来社会怎样重组,政权如何变化,这种基于祖先崇拜的"根文化"依然长久延续。

　　裴李岗时代的亲情人伦观念，发展到周代前后形成"仁""孝"观念以及"民本"思想。由爱自己的家人，到国人，到人类，是为大仁；由敬养父母，到传承发展祖宗基业道统，是为大孝。周人有强烈的天命观，武王伐纣的理由就被认为是纣王"自绝于天"，周人心中是否受天眷顾的前提，当为是否"修德"，是否得到民心或者遵从民意，所谓"民之所欲，天必从之"。

三、追求秩序，稳定执中

　　中国超大规模的农业生产，需要超长时间的定居，需要不断调节社会内部秩序以保持稳定，逐渐形成了追求秩序、稳定执中的文化基因。中国人追求稳定秩序的另一表现，就是在数千年漫长的发展历程中，主体活动范围一直变化不大，基本没有大规模对外扩张的现象。"不为也，非不能也"。

　　早期中国文化是世界上最为稳定、连续性最强的文化，在新石器时代1万多年的历史长河中，文化脉络连绵不断、民族主体前后相承，从未中断。陶器是一种简便实用而又容易破碎的器物，中国2万年前就发明了世界上最早的陶器，后来则成为世界上范围最大的陶器流行区，原因就在于早期中国的农业基础和稳定社会生活。距今5000多年以后的早期中西文化交流，只是将羊、牛、小麦等家畜和农作物传播到中国，并未改变早期中国以稻作和粟作农业为主体的基本生业格局，饲养的家畜也主要是依托于农业经济的猪。

距今 4000 多年欧亚草原以马拉战车为特征的畜牧文化的扩张，对西亚文明、埃及文明、印度河文明等都造成了巨大冲击，在其刺激下也在中国北方长城沿线逐渐形成一条畜牧文化带，但这条文化带的人群构成、文化因素也都主要源于中国本土，从未因此动摇中国文化的根基。早期中国文化的稳定性、连续性特征，一直延续到秦汉以后。

中国最早的斧、锛、凿等石器，主要是建造房屋所用的木工工具，聚族而定居是史前中国最主要的居住方式。在距今七八千年的内蒙古敖汉旗兴隆洼、兴隆沟和林西白音长汗等兴隆洼文化遗址，有外面围绕壕沟的村落，里面的房子排列整齐，中央一般有大房屋。这和同时期西亚等地的比较随意的聚落布局有明显不同。在距今 6000 多年的陕西西安半坡、临潼姜寨、宝鸡北首岭等仰韶文化遗址，也都发现环壕村落，比如姜寨环壕村落有五片房屋，每片房屋当中都有大、中、小之分，大房屋可能是举行祭祀等公共活动的场所，几乎所有房子的门道都朝向中央广场，周边还有公共的制陶场所、公共墓地，看得出当时的社会向心凝聚、秩序井然。距今 5000 年左右的巩义双槐树遗址，甚至有三重大型环壕，中央为大片高等级建筑区。中国目前所知最早的城址，是距今已有 6000 多年的湖南澧县的城头山城址，距今 5000 年以后则遍见于黄河、长江流域各地，这些古城的建造，不仅是为了御敌或者防水，还有区分内外、强调"中心"、维护社会内部秩序的功能。如数百万平方米的良渚、陶寺、石峁古城，都是以规模宏大的"宫城"为中心，小而规整的河南淮阳平粮台城址则有中轴大道的发现。中原地区的城址最为方正规矩，这既有平原地区地理特点的原因，也与其更加追求社会秩序有关。此外，从裴李岗文化以来，早期中国各地墓葬普遍排列整齐，在追求社会秩序方面和村落、城址的情况相通。

距今 8000 年左右兴隆洼文化的房屋，基本都是中央有火塘的方形或者长方形房屋，有的火塘后面还有石雕神像，在追求建筑空间规整对称的同时，同样存在"中心"观念，这种观念也贯穿整个仰韶文化、龙山文化时期。距今 5000 多年前河南灵宝西坡遗址数百平方米的宫殿式房屋，中部靠前有神圣大火塘，以四根对称的大柱子支撑。甘肃秦安大地湾遗址最大的建筑，则已初步形成前堂后室内外有别、东西两厢左右对称、左中右三门主次分明这些中国古典宗庙宫殿式建筑的基本特征。甘肃庆阳南佐遗址的前厅后堂式宗庙宫殿建筑，陕西延安芦山峁遗址占地 1 万多平方米的宗庙宫殿建筑群，布局也都是中轴对称、主次分明。夏商周时期河南偃师二里头、偃师商城和安阳殷墟等遗址的宗庙宫殿建筑，更是规整庄严、秩序井然，尤其陕西岐山凤雏的"四合院"式西周宗庙建筑，堪称中国古典宗庙宫殿式建筑走向成熟的标志，也是西周统治者崇尚秩序、稳定执中的集中体现。

早期中国维持社会秩序的制度性，主要体现为具有自律属性的"礼"，而非外力强加的"法"。"器以藏礼"，礼制的具体表现就是器用制度、宫室制度、墓葬制度等。礼制的特点是柔性自律、朴实节制和刚性规矩、等级差别的结合，是"执中"或"中庸"之道。从考古来看，距今 5000 多年的河南灵宝西坡墓地，大小墓葬等级分明，大墓规模宏大，随葬品很少且成对出现，既体现出墓主人的不同地位，又很节制，反映当时在中原地区已经出现了墓葬制度或者礼制的萌芽。黄河下游地区的大汶口文化、龙山文化等，大墓棺椁成套，随葬品有一定规制，已经有了初步的棺椁制度、器用制度，至西周时期则发展为成熟的棺椁制度和用鼎制度。鼎是早期中国的第一礼器，首先出现于中原的裴李岗文化，距今5000多年在中东部各地已经初步形成以陶鼎为核心的礼器组合，距今4000年以后的夏代晚期在二里头遗址出现铜鼎，在周代不同级别的贵族墓葬中，随葬鼎、簋等礼器的数量有明确规定。

四、有容乃大，和谐共存

以农为本的早期中国文化崇尚秩序、与人为善、爱好和平，"为而不争"。但早期中国地理空间广大，自然环境复杂，有着稻作和旱作两大农业体系，每个体系内部的文化多种多样。要维持大范围长时间的稳定，就必须互相交融、彼此包容，因此就容易形成有容乃大、和谐共存的文化基因。

距今1万年左右的新石器时代早期，根据陶器形态等的不同，中国文化可以划分为五大文化区，后来各文化区不断互动交融，至距今8000多年的时候已经减少到四大文化区，而且这些文化区以中原地区为核心，彼此有了较多联系和共性，有了文化上早期中国的萌芽。距今6000年以后中国大部地区交融联系成一个超级的文化圈，正式形成文化上的早期中国或者"最初的中国"。这个超级文化圈里面的诸文化各有特色，却又具有共性、合成一体，并且以黄河中游或者中原地区为中心，就像一朵由花心和多重花瓣组成的史前中国之花，一直盛开到夏商周乃至秦汉以后。早期中国的形成和发展过程，也是各地区人民密切交往、文化不断交融的过程。求同存异，和而不同，和谐共存，是多支系一体化的文化中国维持秩序、稳定发展、绵长延续的秘诀之一。

早期中国各地区文化在发展过程中，随着人口的增多和社会的复杂化，自然避免不了冲突和战争。新石器时代至少有三个时期有过较大规模的战争，表现在箭镞、石钺、石矛等武器的增多，城垣、瓮城、马面、壕沟等防御设施的改进，以及乱葬坑的增多等方面。其中距今5000年和4000年前后的战争，都与气候干冷事件有关，当时北方地区资源锐减，农业艰难，灾害频繁，总体的趋势是北方人群南下，引发战争连锁反应，可结果非但没有造成早期中国的崩溃，反而迅速强化了社会组织动员能力，刺激了中国大部地区先后进入原初文明和成熟文明社会。尤其在距今4000年前后的战争背景下，黄河中游先后出现陶寺、石峁、二里头等数百万平方米的大都邑，汇集了来自四面八方不同风格的玉器、青铜器、陶器等，经整合和"中国化"之后，再次反馈影响到周边地区。比如夏代晚期二里头文化的玉牙璋及爵、斝等礼器，一度北至西辽河流域，东、南到沿海，西达甘青和四川盆地。再比如欧亚草原主要用以打造兵器和工具的青铜，在夏代晚期的中原地区则被铸造成象征宗庙社稷和社会秩序的铜鼎，并在商周时期广见于各个地方中心。

距今3000年左右长城沿线出现的以青铜兵器和工具为特征的畜牧文化，和中原等地的农业文化形成既对立又交融的关系，进一步锻炼着早期中国坚忍不拔的品格，早期中国得以发展和成熟。中国人深知"兵者不祥之器也，不得已而用之"的道理，文武之道的根本，在于保卫家园、延续基业、传承文明。

五、勤劳坚毅，自强不息

农民是世界上最勤劳坚毅的人群，他们开垦、种植、管理田间、收割、打碾、加工粮食，饲养家畜家禽，做各种家庭手工业，除了节日祭祀、婚丧嫁娶，几乎没有空闲的时候，一直辛苦劳作。早期中国有着世界上最大的农业区、最多的农民，形成了勤劳坚毅和自强不息的文化基因。

中国的水稻栽培1万多年前出现于长江中下游地区，距今9000年以后扩展到淮河流域和黄河下游地区，距今6000年以后已经向华南、台湾甚至更远的地方扩散，距今4000多年以后扩展到四川盆地。中国的黍粟栽培1万多年前出现于华北地区，距今8000多年以后扩散到黄河中下游、西辽河流域大部地区，距今5000多年西进干旱的河西走廊、西南踏上高耸的青藏高原，距今4000多年已经到达新疆地区。史前农业在开拓发展过程中，需要不断适应各种不同的地理、气候和土壤环境，需要克服无数的艰难险阻。

长江流域和淮河流域水源丰沛，但地势低平，洪涝灾害频发，良渚文化、屈家岭文化的先民在长江中下游地区大规模建城筑坝，防水治水，劳动强度很大，更不用说精耕细作的稻作农业所需要的勤劳和耐心。黄土高原虽然土层深厚，但一年中大部分的时间比较干旱，降雨主要集中在夏季，而且自然灾害频繁，所以北方农民必须习惯于忍受干旱带来的生活艰辛，面朝黄土背朝天，抓住时机适时播种、及时收割。作为中华文明直根系的仰韶文化，就是黄土高原的产儿，仰韶文化跨越今天的八九个省份，前后延续2000多年，集中体现了史前华北先民坚忍不拔、持之以恒的精神。中国农业的发展史，就是中华民族勤劳坚毅、自强不息的奋斗史。

中华文明的起源和形成

中华文明以其伟大、古老和延续至今而著名于世。她起源、形成于何时何地，有何特征特质和长存之道？是值得永远追问的重大问题。

一、文明、文明社会、中华文明

"浚哲文明"（《尚书·舜典》），"其德刚健而文明"（《周易·大有·彖》），"见龙在田，天下文明"（《易·乾·文言》），周代文献中的"文明"，指"人类以修养文德而彰明，而社会则得有制度的建设和礼仪的完善而彰明"[1]。而现在中文使用的"文明"一词，多指对西文词汇"Civilization"等的意译，有广义和狭义之分[2]，广义上或将其理解为一整套长久传承下来的伟大文化传统[3]，或理解为人类"所创造的物质财富和精神财富的总合"[4]，狭义上一般将其解释为与"野蛮"相对的高级社会阶段或国家阶段。也有综合性的理解，认为文明是"在国家管理下创造出的物质财富、精神财富的总和"[5]。

有必要对"文明""文明社会""国家"几个概念加以区分。恩格斯说"国家是文明社会的概括"[6],是将"国家"基本对等于"文明社会"而非"文明"。中华文明、两河文明、埃及文明,都是延续3000年以上的原生文明,而非三个狭义的"国家"或者"文明社会"。严文明指出:"中国古代文明的内容非常丰富,包括物质文明、制度文明和精神文明等诸多方面。"[7]我们不妨将"文明"定义为高度发达、长期延续的物质、精神和制度创造的综合实体:人类的物质、精神和制度创造虽有长期的孕育和成长过程,但至国家阶段才够得上高度发达;高度发达的综合实体,理当拥有足够的文化传承和社会长治的智慧经验,更有可能长期延续。而中华文明,就是以华人为核心的中华民族所创造的文明,或者中华民族所拥有的高度发达、长期延续的物质、精神和制度创造的综合实体,一定程度上对应于进入国家阶段的"中国文化圈"或者"文化上的中国"[8]。

中华文明源自"三皇五帝",基于中华大地,这是中国古代的基本认识。但近几百年以来,情势大变,先是西方学者杜撰出"中国文化西来说",后有中国学者发起疑古运动,内外夹击,中国传统的古史体系一度摇摇欲坠。探索中华文明起源,或者复原实证中国古史的重任,就这样历史性地主要落在了中国近现代考古学的身上。从文化源头角度溯源中华文明的尝试,自1921年中国近现代考古学诞生之日就已开始[9],20世纪80年代以后,已能明确认识到中华文明是土生土长的文明[10],有着遥远坚实的史前基础[11]。从国家起源角度探索中华文明,则始于对殷墟的发掘,20世纪70年代末期以后形成了起源于4000年前[12]、5000年前[13]、5500年前[14]、

5800年前[15]、6000年前[16]、8000年前[17]等不同观点。甚至有学者认为"中国有着至少八千年未曾中断的文明史"[18]。

实际上不少人混淆了文明化进程中"起源"和"形成"这样两个阶段。从中华大地上最早出现早期国家实体开始，中华文明就正式形成，而之前还当有长期的起源过程。本文拟主要从考古学角度，简略梳理中华文明的起源、形成和早期发展过程，并论及中华文明的特征和模式问题。

二、中华文明起源的第一阶段

中华大地上最早的人类已有大约200万年的历史，后来不断演化并最终与西来的尼安德特人和早期现代人相融合，形成中华民族的先祖[19]。距今2万年左右末次盛冰期的极端干冷气候，造成严重的食物匮乏，促进了食物攫取的多样化趋势，禾本科植物的种子被人们采集食用，最早的作物栽培在此背景下逐渐登场，炊煮谷物等的陶器最早在中国应时而生。距今1万多年以后的新石器时代早期，稻作和粟作农业在南、北方分别起源，距今8000年前后的新石器时代中期"南稻北粟"二元农业体系初步形成，距今6000年前后的新石器时代晚期南、北方都已是典型的农业社会，农业在生业经济中开始占据主体[20]。中国有着广大的适合发展农业的地理空间和自然环境，加上其特有的二元农业体系，能够最大程度保障食物供给的稳定性，奠定了中华文明起源和形成的坚实基础。

距今8000多年前中国大部地区的考古学遗存，可根据陶器等物质文化的差异性分为四个文化系统，黄河、长江和西辽河流域的重要地位已经初次凸显出来。其中黄河中游地区属于"深腹罐—双耳壶—钵文化系统"的裴李岗文化，位置居中、实力强劲，和周围地区发生交流并对外施加影响，将四大文化系统初步联结为一个雏形的"早期中国文化圈"，从而有了文化上"早期中国"的萌芽[21]。

裴李岗时代在浙江义乌桥头和萧山跨湖桥、河南舞阳贾湖、陕西临潼白家、甘肃秦安大地湾等遗址，发现带有特殊符号的彩陶、龟甲、骨角木器，以及装有石子的龟甲，意味着"八卦"类数卜数理及原始字符的诞生。贾湖的骨制"规矩"，湖南洪江高庙遗址白陶上的八角星圆形复合纹，可能与观象授时和"天圆地方"宇宙观的形成有关[22]。高庙遗址的"天梯"或"通天神庙"遗迹，白陶上的"天梯"、飞龙、飞凤图案，显示当时已出现祀天行为和敬天观念。[23] 更为重要的是，在和高庙相距遥远的西辽河流域，同时出现了大口獠牙的"见首不见尾"的龙形象[24]，暗示早在七八千年前中国大江南北已出现"一元"信仰或宇宙观。

黄河流域的裴李岗文化、白家文化、后李文化等已出现"族葬"墓地，这在同时期的欧亚大陆其他地区罕见。这些墓葬土葬深埋、装殓齐整、随葬物品，存在墓祭，体现出对死者特别的关爱和敬重，已出现显著的祖先崇拜观念。同一墓地或分区分群，或成排成列，有一定空间秩序，可能体现同一氏族（宗族）的人群在亲疏关系、辈分大小等方面的秩序。同一墓地延续一二百年甚至数百年之久，说明族人对远祖的栖息地有着长久的记忆和坚守，可能也为后世子孙在这块地方长期耕种生活提供了正当理由和"合法性"。贾湖墓葬已有明显分化，大墓随葬骨"规矩"、龟甲、骨笛（骨律管）等"圣物"，而且墓主人基本都是成年男性，推测当时已出现祭祀首领和普通人之间的分化，可能已经进入到父系氏族社会[25]。

总之，8000年前在黄河中游和西辽河流域出现了秩序井然的社会和一定程度的社会分化，在中国大部地区产生了较为先进复杂的思想观念和知识系统，包括宇宙观、宗教观、伦理观、历史观，以及天文、数学、符号、音乐知识等。这些思想观念和知识系统传承至今，构成中华文明的核心内涵。因此，有理由将中华文明起源提前到距今8000年以前，将其作为中华文明起源的第一阶段。

三、中华文明起源的第二阶段

约距今7000年进入新石器时代晚期，中国大部地区整合为三大文化系统。此时出现的许多符号、图案、雕塑，包括仰韶文化半坡类型黑彩带钵上的刻划字符、后冈类型的蚌塑龙虎[26]，马家浜文化骨角器上的数字卦象符号[27]，河姆渡文化器物上的双凤托日、双凤托举神面形象[28]，表明已有的宇宙观和知识系统得到继承发展。从仰韶文化半坡类型等凝聚向心的环壕聚落来看，社会秩序更加严整[29]。约距今6200年以后，仰韶文化东庄—庙底沟类型在晋、陕、豫交界区迅猛崛起并对外强力影响，导致中国大部地区文化交融联系形成以中原为核心的三层次的文化共同体，"早期中国文化圈"或者"文化上的早期中国"正式形成[30]。

庙底沟类型的对外影响基于其社会变革所迸发的强大实力。

约距今 6000 年以后，作为核心区的晋南、豫西和关中东部，聚落遗址数量激增三四倍，出现了明显的聚落分化，涌现出数十甚至超百万平方米的大型聚落。房屋建筑也有显著分化，有一种"五边形"的礼仪性建筑，在核心区的灵宝西坡等地面积达 200—500 平方米[31]，已属殿堂式建筑，在周围地区则渐次缩小，体现出明显的等级差异。约距今 5300 年以后，在西坡出现随葬玉钺的大墓[32]，钺当为军权的象征。在汝州阎村出现"鹳鱼钺图"，可能是一幅鹳（凤）部族战胜鱼（龙）部族的纪念碑性图画[33]，很可能对应庙底沟类型西向扩展而对陕甘地区半坡类型产生深刻影响的事件。同时在中原和黄土高原地区还分别出现 100 多万平方米的巩义双槐树[34]和秦安大地湾中心聚落[35]，两者都有三门带前厅的殿堂式建筑。

庙底沟时代其他地区也加快了社会变革的步伐。长江下游的凌家滩文化出现 100 多万平方米的凌家滩中心聚落，有大规模的祭祀遗存和高等级墓葬，最高级别的墓葬有随葬品 330 件，仅玉器就达 200 件[36]，富奢程度在同时期无与伦比。随葬品中的"洛书玉版"[37]，被认为蕴含天圆地方、四方五位、八方九宫的宇宙观[38]，和高庙八角星纹一脉相承，加上托举八角星纹和龙的玉鹰（玉凤）、玉龙、玉石璧，显示凌家滩也应当存在祀天行为。同时或更早时期，在崧泽文化早期、大汶口文化早期都出现大墓，长江中游的油子岭文化则出现多座古城。此外，凌家滩文化、崧泽文化、大汶口文化等的精美玉石器，油子岭文化和大汶口文化的精美轮制黑陶，都需要专业工匠才能制作完成。

西辽河流域的红山文化，出现了 800 多万平方米的超大型祭祀中心——牛河梁遗址，有着规模宏大的"庙、坛、冢"，其中最大的一座圆形三层大坛（圜丘），外层（圈）直径22米，内层（圈）直径11米[39]，和《周髀算经》里《七衡图》所示的外、内衡比值完全相同，被认为是"迄今所见史前时期最完整的盖天宇宙论图解"[40]。牛河梁的大石冢一般都只随葬数件到20余件祭祀色彩浓厚的玉器，璧、龙、凤、勾云形器等都应该与祀天仪式有关，这些大墓可能是主持祭祀的大巫觋之墓。红山文化精美玉器的制作也当存在专业化。

我们看到，庙底沟时代的黄河、长江和西辽河流域，出现大型聚落、大型祭祀中心，有了大墓、城垣、宫殿式建筑，以及大量美玉、美陶等，其建造或者制造需要较为强大的社会组织能力，需要较高的技术水准，显示已出现掌握一定公共权力的首领和贵族，社会开始了加速复杂化的进程，先前已有的天圆地方、敬天法祖等观念得以延续发展，进入了中华文明起源的第二个阶段。

四、中华文明的形成

如何才算进入文明时代、文明社会或者国家阶段，有着怎样的标准或者标志？历来争论不已。学术界曾流行过将文字、青铜器、城市等作为文明社会起源的"三要素"或者几要素的认识，但这些物质层面的特征因时因地而异，难以普遍适用。恩格斯则提出国家有两个标志，一是"按地区来划分它的国民"，二是凌驾于所有居民之上的"公共权力的设立"。这样的"软性"标志可通过对各地考古材料的深入分析加以判断，可能更具有普适性。以地区划分国民，就是以地缘关系代替血缘关系；凌驾于社会之上的公共权力，也就是"王权"，建立在阶级分化的基础之上。以上述两个标志来衡量，在距今5100年左右的铜石并用时代之初，长江下游和黄河中游地区至少已经达到了早期国家或文明社会的标准。

长江下游的良渚文化以余杭良渚遗址为中心。良渚遗址有近300万平方米的内城、630万平方米的外城，有水坝、长堤、沟壕等大规模水利设施。内城中部有30万平方米的人工堆筑的"台城"，上有大型宫殿式建筑[41]。城内有级别很高的反山墓地，发现了随葬600多件玉器的豪华无比的大墓[42]。在良渚古城周围约50平方公里的区域内，分布着300多处祭坛、墓地、居址、作坊等，可以分成三四个明显的级别[43]。良渚诸多超大规模工程的建造、大量玉器等高规格物品的制造、大量粮食的生产储备，都需调动广大空间范围内的大量人力物力，神徽、鸟纹、龙首形纹的普遍发现可能意味着整个太湖周围良渚文化区已出现统一的权力[44]和高度一致的原始宗教信仰体系，存在一种对整个社会的控制网络[45]。良渚古国无疑存在区域性的"王权"。

黄河中游地区的仰韶文化有不止一个中心，其中黄土高原地区以庆阳南佐遗址为中心。南佐遗址面积至少600万平方米，遗址中部是由两重内环壕和九座夯土台围成的面积30多万平方米的核心区，再中间为有围墙的"宫城"区，中央的夯土墙主殿建筑面积700多平方米、室内面积580平方米，其规模在同时期无出其右。长方形的夯土"九台"每个底面都有上千平方米，外侧还有宽大峻深且夯筑底壁的环壕。宫城附近出土了和祭祀相关的精美白陶、黑陶、彩陶，以及大量水稻。南佐环壕、宫殿式建筑、"九台"的建造工程浩大，白陶等高规格物品的生产存在专业化分工[46]。调查显示，在南佐遗址周围还存在多个出土白陶等高规格物品的较大聚落，当时在黄土高原可能存在一个以南佐为核心的、拥有区域王权的"陇山古国"。此外，上述双槐树中心聚落依然发达，在郑州地区可能存在一个"河洛古国"。

良渚遗址群所在区域之前仅有少量小型的崧泽文化遗址，南佐遗址区之前也仅发现个别小型的庙底沟期遗址，距今5100年左右两地突然涌现出超大型聚落，显然都不是在原有聚落（社会）的基础上自然发展而来。这样大规模的聚落营建，可能需要调动较大空间范围的人力物力，已经打破了原有各氏族社会的局限，一定程度上凸显了地缘关系，意味着早期国家的出现。不过这个时期的地缘关系组织或者早期国家，还主要限制在太湖周围或者黄土高原这样的局部地区，当时的国家形式因此可称为"古国"或"邦国"[47]。当然，地缘关系的出现并非意味着血缘关系或族群的消失，实际上各族群只是经历了一番"成建制"的整合，血缘和宗族关系一直是中国社会的基础。

距今5000年左右，除西辽河流域的红山文化在达到发展顶峰之后突然衰落外，黄河中、下游和长江中游地区社会也都有进一步的发展，已经初步进入文明社会或者站在了文明社会的门槛。海岱地区大汶口文化墓葬规模更大、分化程度更甚[48]。长江中游的屈家岭文化涌现出大约20座古城，其中最大的石家河城面积至少有120万平方米[49]，中心位置为宫殿式建筑区，其他还有专门的祭祀区、墓葬区、陶器作坊区等,石家河古城有可能是整个江汉古国的中心。

五、中华文明的早期发展

中华文明的早期发展有大约距今 4700 年和距今 4100 年两个关键节点。

距今 4700 多年进入庙底沟二期或者广义的龙山时代以后,黄土高原尤其是陕北地区遗址急剧增多,北方长城沿线突然涌现出许多军事性质突出的石城,同时在黄土高原文化的强烈影响下,内蒙古中南部、河北大部和河南中部等地的文化格局发生突变。这一系列现象应当是以黄土高原人群为胜利方的大规模战争事件的结果,很可能与文献记载中轩辕黄帝击杀蚩尤的涿鹿之战有关[50]。

约距今 4500 年,在晋南地区出现面积约 280 万平方米的襄汾陶寺古城,拥有宫城、宫殿建筑[51]、高等级墓地、"天文台"或祭天遗迹[52],以及仓储区、手工业区等。大墓随葬玉钺、玉琮、玉璧、鼍鼓、石磬、彩绘蟠龙纹陶盘等成套礼乐器,存在一定的礼制[53],墓主人当兼有军权和神权。与陶寺古城大体同时的陕北延安芦山峁遗址,仅核心区面积就达 200 万平方米,发现多处大型夯土台基,上面有中轴对称的多进四合院式宫殿建筑[54]。约距今 4300 年,在陕北出现面积约 400 万平方米的神木石峁石城,其核心的皇城台雄伟高大,外有壮观的石砌护坡,内有宫庙区及精美石雕,外城门有内外瓮城、巨大墩台[55]。出土大量精美的玉器、几十万头羊骨等,显示出存在强大的社会组织能力和一定的社会分工。和石峁同属老虎山文化的还有约138万平方米的内蒙古清水河后城咀石城、约70万平方米的山西兴县碧村石城等。黄河以南的王湾三期文化则有禹州瓦店、登封王城岗、新密古城寨和新砦等中心聚落或者古城遗址,发现大型建筑基址和精致黑陶等。

这一时期黄河中游地区属于中原龙山文化范畴,有可能形成了一个以黄土高原为重心的大型社会或者早期国家。芦山峁、石峁都是山城,前者祭祀性质突出,后者军事色彩浓厚,而位于汾河谷地的陶寺古城最有可能是这个大型社会或者早期国家的都邑所在地,如果这样,其区域王权的范围比以往任何时候都要强大。不少学者认为陶寺古城为唐尧之都[56],但也不排除颛顼以后诸帝早已在此建都的可能性。陶寺也是突然涌现出的超大型聚落,在黄土高原当地文化基础上融合了大量大汶口文化、良渚文化等东方文化因素,人群构成不会单纯。假设中的黄河中游古国包括陶寺文化、老虎山文化、王湾三期文化等不同的考古学文化,人群成分就会更加复杂,理应是基于血缘关系的地缘组织。

距今4500年以后良渚古国渐趋衰落,黄河下游和长江中上游地区社会进一步发展,应该存在其他一些古国。黄河下游地区先是在大汶口文化晚期出现随葬品更为丰富的大墓,距今4500年以后有了棺椁成套、随葬品成套的临朐西朱封大墓[57]。长江中游的石家河文化在屈家岭文化基础上继续发展,诸多古城继续沿用,出土了颇具特色的数以十万计的红陶杯、红陶塑等祭祀物品。四川盆地的宝墩文化也开始出现面积近300万平方米的古城。

约距今4100年的龙山晚期，中原龙山文化大规模南下豫南和江汉两湖地区，很可能对应古史上的"禹伐三苗"事件[58]，随即夏王朝诞生。通过"禹伐三苗"至少已将长江中游纳入夏朝版图，稍早的时候中原龙山文化还曾南下江淮等地，因此，《尚书·禹贡》等记载的夏禹划分的"九州"很可能有真实历史背景[59]。从这个意义上来说，夏朝初年夏王已经初步具有"王天下"的"大一统"政治王权[60]。此时陶寺晚期出土朱书文字、青铜容器等，不排除夏初都城仍在此地或附近的可能性。文献记载夏朝统治集团除夏后氏外还有许多其他族氏，是一个"建立在血缘组织基础之上的政治组织"[61]，夏朝"九州"疆域更是统一天下"万国"的结果，中华文明从此进入成熟的"王国文明"阶段。

约3800年以后进入以偃师二里头为都城的晚期夏王朝阶段。二里头都邑面积300多万平方米，中央有10多万平方米的宫城，内有10余座大型宫殿，在二里头文化甚至当时的整个中国都首屈一指，具有唯我独尊的王者气象。二里头的日常陶器主要源于河南中东部，复合范铸青铜礼器技术源自中原当地，并且可能接受了来自西北地区青铜技术的影响，玉礼器主要源自陶寺和石峁，爵、斝、鬶、玉璋等礼器则辐射流播到中国大部地区[62]。之后的商、周是更加成熟发达的文明社会。

需要指出的是，中国和中亚、欧亚草原等地之间从距今5000多年以后就开始了文化交流，中国的绵羊、黄牛、小麦、青铜器技术等新因素就是中西文化交流的产物[63]，距今4000多年以后这些新因素汇聚于黄河中游地区，一定程度上促进了夏王朝的崛起和商周王朝的发展[64]。

六、结语

　　概括而言，黄河、长江和西辽河流域等地距今 8000 多年已经出现较为复杂先进的思想观念和知识系统，成为中国历史上最伟大的一次原创思想爆发期，社会秩序井然，至少部分地区出现基于祭祀权力的社会分化并可能已经是父系氏族社会，进入中华文明起源的第一阶段。距今 6000 年以后出现聚落之间、墓葬之间的显著分化，有了宫殿式建筑和高规格物品，显示已存在掌握一定程度公共权力的首领和贵族，社会开始了加速复杂化的进程，进入了中华文明起源的第二个阶段。距今 5100 年左右出现超级中心聚落、原初宫城和宫殿建筑，有了大型工程和豪华大墓，已出现区域王权和建立在血缘关系基础上的地缘组织，中华文明正式形成，属于"古国文明"阶段。距今 4100 年左右初步形成"大一统"政治格局，进入拥有"天下"王权的夏代和比较成熟的"王国文明"阶段，距今 3800 年以后的夏代晚期和商周时期"王国文明"进一步发展。中华文明是土生土长的文明，早期的中西文化交流为中华文明的形成和早期发展提供了新鲜血液。

　　中华文明早期最鲜明的特征，就是具有"一元"宇宙观和"有中心多支一体"的格局[65]。"元"是根本源头之意，距今 8000 多年中国大部地区有着"天圆地方""天人合一"的"一元"宇宙观，这是文化上的中国能够融为"一体"，政治上的中国"分裂时向往统一、统一时维护统一"的根源所在。中国地理环境广大多样，因此文化上的早期中国具有"多支"结构或多个样貌，中华文明起源也有不同的区域子模式[66]。中华文明诚然是各区域文明社会互相融合、各地文明要素互动汇聚的结果，但黄河中游地区文化和社会发展连续性最强，多数时候都具有中心位置，起到过主导作用，黄河中游地区是中华文明之花的"花心"[67]。这样一个"一元"宇宙观和"有中心多支一体"格局的早期中华文明，既不同于西亚、希腊式的"城邦文明"模式，也不同于社会文化高度同质的"埃及文明"模式，而是将具有共同基础的多个支系的区域文明社会统一起来形成的特殊文明，可称为"天下文明"模式。"天下文明"模式，以及敬天法祖、诚信仁爱、和合大同等文化基因，是中华文明跌宕起伏而仍能连续发展的根本原因，也是中华文明伟大复兴的根基所在。

注释

1　冯时：《文明以止：上古的天文、思想与制度》，中国社会科学出版社，2018年，《自序》第2～7页。

2　童恩正：《有关文明起源的几个问题——与安志敏先生商榷》，《考古》1989年第1期。

3　[法]费尔南·布罗代尔著，常绍民等译：《文明史：人类五千年文明的传承与交流》，中信出版社，2014年，第68页；[美]塞缪尔·亨廷顿著，周琪等译：《文明的冲突与世界秩序的重建》（修订版），新华出版社，2010年，第21页。

4　林剑鸣：《如何理解"文明"这个概念》，《人文杂志》1984年第4期。

5　王巍：《对中华文明起源研究有关概念的理解》，《史学月刊》2008年第1期。

6　[德]恩格斯著，中共中央马克思恩格斯列宁斯大林著作编译局译：《家庭、私有制和国家的起源》，人民出版社，1999年，第183页。

7　严文明：《文明起源研究的回顾与思考》，《文物》1999年第10期。

8　韩建业：《早期中国——中国文化圈的形成和发展》，上海古籍出版社，2015年，第45～46页。

9　安特生著，袁复礼译：《中华远古之文化》，《地质汇报》第五号，第1册，北京京华印书局，1923年。

10　夏鼐：《中国文明的起源》，《夏鼐文集（上册）》，社会科学文献出版社，2000年，第413页。

11　严文明：《中国史前文化的统一性与多样性》，《文物》1987年第3期；张光直：《中国相互作用圈与文明的形成》，《庆祝苏秉琦考古五十五年论文集》，文物出版社，1989年，第1～23页。

12　夏鼐：《中国文明的起源》，文物出版社，1985年，第80页。

13　苏秉琦：《辽西古文化古城古国——兼谈当前田野考古工作的重点或大课题》，《文物》1986年第8期。

14　严文明：《中国新石器时代聚落形态的考察》，《庆祝苏秉琦考古五十五年论文集》，文物出版社，1989年，第24～37页；严文明：《略论中国文明的起源》，《文物》1992年第1期。

15　这是2018年发布的"中华文明探源工程"的研究结论。邹雅婷：《中华文明起源图谱初现》，《人民日报（海外版）》2018年5月29日，第7版。

16　苏秉琦：《迎接中国考古学的新世纪》，《华人·龙的传人·中国人——考古寻根记》，辽宁大学出版社，1994年，第238页。

17　苏秉琦：《文明发端　玉龙故乡——谈查海遗址》，《华人·龙的传人·中国人——考古寻根记》，辽宁大学出版社，1994年，第127页。

18 冯时：《文明以止：上古的天文、思想与制度》，中国社会科学出版社，2018 年，《自序》第 1 页。

19 吴新智：《从中国晚期智人颅牙特征看中国现代人起源》，《人类学学报》1998 年第 4 期；高星：《中国地区现代人起源研究的考古学进展》，《早期中国研究》第 4 辑，上海古籍出版社，2021 年，第 1～11 页。

20 赵志军：《新石器时代植物考古与农业起源研究》，《中国农史》2020 年第 3 期；赵志军：《新石器时代植物考古与农业起源研究（续）》，《中国农史》2020 年第 4 期。

21 韩建业：《裴李岗文化的迁徙影响与早期中国文化圈的雏形》，《中原文物》2009 年第 2 期。

22 贺刚：《湘西史前遗存与中国古史传说》，岳麓书社，2013 年，第 342～344 页；韩建业：《裴李岗时代与中国文明起源》，《江汉考古》2021 年第 1 期。

23 贺刚：《湘西史前遗存与中国古史传说》，岳麓书社，2013 年，第 345～350 页；韩建业：《中国新石器时代的祀天遗存和敬天观念——以高庙、牛河梁、凌家滩遗址为中心》，《江汉考古》2021 年第 6 期。

24 刘勇：《辽宁阜新查海遗址发现七千五百年前石雕神人面像》，《光明日报》2019 年 9 月 29 日，第 11 版。

25 韩建业：《裴李岗时代的"族葬"与祖先崇拜》，《华夏考古》2021 年第 2 期。

26 冯时：《河南濮阳西水坡 45 号墓的天文学研究》，《文物》1990 年第 3 期。

27 南京博物院：《江苏海安青墩遗址》，《考古学报》1983 年第 2 期；张政烺：《试释周初青铜器铭文中的易卦》，《考古学报》1980 年第 4 期。

28 浙江省文物考古研究所：《河姆渡——新石器时代遗址考古发掘报告》，文物出版社，2003 年，第 47、285 页。

29 巩启明、严文明：《从姜寨早期村落布局探讨其居民的社会组织结构》，《考古与文物》1981 年第 1 期。

30 韩建业：《庙底沟时代与"早期中国"》，《考古》2012 年第 3 期。

31 河南省文物考古研究所、中国社会科学院考古研究所河南一队等：《河南灵宝西坡遗址 105 号仰韶文化房址》，《文物》2003 年第 8 期；中国社会科学院考古研究所河南一队、河南省文物考古研究所等：《河南灵宝市西坡遗址发现一座仰韶文化中期特大房址》，《考古》2005 年第 3 期。

32 中国社会科学院考古研究所、河南省文物考古研究所：《灵宝西坡墓地》，文物出版社，2010 年。

33 严文明：《〈鹳鱼石斧图〉跋》，《文物》1981 年第 12 期。

34 郑州市文物考古研究院：《河南巩义市双槐树新石器时代遗址》，《考古》2021 年第 7 期。

35 甘肃省文物考古研究所：《秦安大地湾——新石器时代遗址发掘报告》，文物出版社，2006 年。

36 安徽省文物考古研究所：《安徽含山县凌家滩遗址第五次发掘的新发现》，《考古》2008 年第 3 期。

37 陈久金、张敬国：《含山出土玉片图形试考》，《文物》1989 年第 4 期。

38 冯时：《中国天文考古学》，社会科学文献出版社，2001 年，第 370 ~ 394 页。

39 辽宁省文物考古研究所：《牛河梁——红山文化遗址发掘报告（1983 ~ 2003 年度）》，文物出版社，2012 年，附图一。

40 冯时：《红山文化三环石坛的天文学研究——兼论中国最早的圜丘与方丘》，《北方文物》1993 年第 1 期。

41 浙江省文物考古研究所：《良渚古城综合研究报告》，文物出版社，2019 年。

42 浙江省文物考古研究所：《反山》，文物出版社，2005 年。

43 张忠培：《良渚文化墓地与其表述的文明社会》，《考古学报》2012 年第 4 期。

44 张弛：《良渚文化大墓试析》，《考古学研究》（三），科学出版社，1997 年，第 57 ~ 67 页。

45 赵辉：《良渚文化的若干特殊性——论一处中国史前文明的衰落原因》，《良渚文化研究——纪念良渚文化发现 60 周年国际学术讨论会文集》，科学出版社，1999 年，第 109 ~ 117 页。

46 韩建业、李小龙、张小宁等：《甘肃庆阳市南佐遗址》，《考古中国重大项目成果（2021）》，文物出版社，2022年，第136~141页。

47 苏秉琦：《迎接中国考古学的新世纪》，《华人·龙的传人·中国人——考古寻根记》，辽宁大学出版社，1994年，第236~251页；严文明：《黄河流域文明的发祥与发展》，《华夏考古》1997年第1期；王震中：《邦国、王国与帝国：先秦国家形态的演进》，《河南大学学报（社会科学版）》2003年第4期。

48 山东省文物管理处、济南市博物馆：《大汶口——新石器时代墓葬发掘报告》，文物出版社，1974年。

49 刘辉：《长江中游史前城址的聚落结构与社会形态》，《江汉考古》2017年第5期。

50 韩建业：《中国北方早期石城兴起的历史背景——涿鹿之战再探索》，《考古与文物》2022年第2期。

51 中国社会科学院考古研究所山西队、山西省考古研究所等：《山西襄汾县陶寺城址发现陶寺文化中期大型夯土建筑基址》，《考古》2008年第3期。

52 中国社会科学院考古研究所山西队、山西省考古研究所等：《山西襄汾县陶寺城址祭祀区大型建筑基址2003年发掘简报》，《考古》2004年第7期；中国社会科学院考古研究所山西队、山西省考古研究所等：《山西襄汾县陶寺中期城址大型建筑ⅡFJT1基址2004~2005年发掘简报》，《考古》2007年第4期。

53 高炜：《龙山时代的礼制》，《庆祝苏秉琦考古五十五年论文集》，文物出版社，1989年，第235~244页；中国社会科学院考古研究所、山西省临汾市文物局：《襄汾陶寺——1978~1985年考古发掘报告》，文物出版社，2015年；中国社会科学院考古研究所山西队、山西省考古研究所等：《陶寺城址发现陶寺文化中期墓葬》，《考古》2003年第9期。

54 陕西省考古研究院、西北大学文化遗产学院等：《陕西延安市芦山峁新石器时代遗址》，《考古》2019年第7期。

55 陕西省考古研究院、榆林市文物考古勘探工作队等：《陕西神木县石峁遗址》，《考古》2013年第7期；陕西省考古研究院、榆林市文物考古勘探工作队等：《发现石峁古城》，文物出版社，2016年；陕西省考古研究院、榆林市文物考古勘探工作队等：《陕西神木县石峁城址皇城台地点》，《考古》2017 年第 7 期；陕西省考古研究院、榆林市文物考古勘探工作队等：《石峁遗址皇城台地点 2016～2019 年度考古新发现》，《考古与文物》2020 年第 4 期。

56　李民：《尧舜时代与陶寺遗址》，《史前研究》1985 年第 4 期；邹衡：《关于探讨夏文化的条件问题》，《华夏文明》第一集，北京大学出版社，1987 年，第 162～179 页。

57　中国社会科学院考古研究所、山东省文物考古研究所等：《临朐西朱封——山东龙山文化墓葬的发掘与研究》，文物出版社，2018 年。

58　杨新改、韩建业：《禹征三苗探索》，《中原文物》1995 年第 2 期。

59　韩建业：《龙山时代的文化巨变和传说时代的部族战争》，《社会科学》2020 年第 1 期；韩建业：《从考古发现看夏朝初年的疆域》，《中华读书报》2021 年 6 月 30 日，第 13 版。

60　王震中所说夏商周时期的"复合制王朝国家"，实质就是"大一统"政治中国的早期阶段。王震中：《夏代"复合型"国家形态简论》，《文史哲》2010 年第 1 期。

61　沈长云：《夏朝的建立与其早期国家形态》，《齐鲁学刊》2022 年第 1 期。

62　赵海涛、许宏：《中华文明总进程的核心与引领者：二里头文化的历史位置》，《南方文物》2019 年第 2 期；许宏：《二里头与中原中心的形成》，《历史研究》2020 年第 5 期。

63　李水城：《西北与中原早期冶铜业的区域特征及交互作用》，《考古学报》2005 年第 3 期；韩建业：《早期东西文化交流的三个阶段》，《考古学报》2021 年第 3 期。

64　韩建业：《论二里头青铜文明的兴起》，《中国历史文物》2009 年第 1 期。

65　石兴邦曾提出过中国文化"一元多支"或"一元多系"的观点。石兴邦：《炎黄文化研究及有关问题》，《炎帝与民族复兴》，陕西人民出版社，2006 年，第 1～6 页。

66　韩建业：《略论中国铜石并用时代社会发展的一般趋势和不同模式》，《古代文明》第 2 卷，文物出版社，2003 年，第 84～96 页；李伯谦：《中国古代文明演进的两种模式——红山、良渚、仰韶大墓随葬玉器观察随想》，《文物》2009年第3期。
67 严文明：《中国史前文化的统一性与多样性》，《文物》1987年第3期。

嵩山文化圈在早期中国文化圈中的历史地位

近几年提出的嵩山文化圈这一概念[1]，应指在嵩山及其周边邻近地区得以长期发展传承的文化统一体，大致与以前所谓郑洛文化区相当，而南部略有超出。早期中国文化圈[2]，是指先秦时期中国大部地区文化彼此交融连锁而形成的以中原为核心的相对的文化统一体，是秦汉帝国得以建立的地理、文化和政治基础，也可以称其为文化上的"早期中国"[3]。

居于"天下之中"的嵩山文化圈，在早期中国文化圈，尤其是新石器时代早期中国文化圈中到底具有怎样的历史地位，这在学术界还存在认识上的重要分歧：或以为其始终具有中心地位，其他地区的文化只是其影响的结果；或以为其无足轻重，多半处于被动地位，中原文明也不过是次生文明。事实上，嵩山文化圈及其中原地区新石器时代文化，曾经有过异常发达且对周围地区产生过深远影响的时候，但也有低潮且接受较多周围文化影响的时期，中国史前文化总体上应当是有中心的多元一体格局[4]。可见，要正确认识新石器时代嵩山文化圈的特殊历史地位，必须从对嵩山文化圈的发展演变及其与周围文化的互动过程的分析入手。需要说明的是，关于新石器时代文化的分期，本文基本采用严文明先生的划分方案[5]。

一

　　全新世之初的公元前 1 万年左右，在华南和华北地区都已出现新石器时代早期文化，但在包括嵩山文化圈在内的中原腹地却没有发现。中原腹地迄今所知最早的新石器时代文化，是公元前 7000 年至公元前 5000 年间的裴李岗文化[6]，这已属于新石器时代中期文化。裴李岗文化陶器类型复杂、形制规整，石器多数打磨，不可能由当地旧石器时代晚期文化直接发展而来。裴李岗文化的陶器素雅少纹、多壶无釜，这与华北以筒形罐、华南以绳纹釜、浙江以平底盆为代表的新石器早期遗存缺乏联系，也就不会从这些周边地区传播而来。要之，中原腹地理应存在具有自身特点的新石器早期文化。

　　新石器时代中期的裴李岗文化分布范围广大，几乎覆盖了现在河南省的全部，而以嵩山周围最为密集。裴李岗文化的陶器形制规整、火候均匀、器类丰富，作为水器或酒器的壶类造型多样、功能细化，还发明了鼎这种中国最重要的炊器；石铲、锯齿形石镰等工具磨制精整，石磨盘还多雕刻出四足，显示其发展水平要明显高于周围文化。裴李岗文化聚落已小有分化，嵩山东南平原区的新郑唐户遗址，面积竟然近 30 万平方米，发现分区排列的半地穴式房屋 50 余间，是嵩山文化区中最重要的聚落遗址[7]。面积 5 万多平方米的贾湖遗址，处于嵩山文化圈南部边缘，特色鲜明的墓葬很引人注目[8]。这些墓葬小有分化，普通小墓的随葬品一般仅一至数件，较大的墓葬则达数十件。仔细分析，这些较大墓葬的绝大部分随葬品从种类和质量方面都和普通墓葬类似，只是其中常包含带石子的龟甲、骨笛、骨板、骨叉形器等。这些特殊器物似乎与军权、礼制无涉，也不见得与贫富分化有关，却有浓郁的宗教意味，让人联想到卜筮乐医兼通的巫觋形象。可见，较大墓葬的主人极可能主要只在宗教方面具有较高地位，宗教色彩浓重的贾湖聚落就可能是裴李岗文化的宗教中心和精神重镇。大型聚落和较为复杂的宗教建立在较为发达的物质文化的基础之上，这为裴李岗文化对外产生较大影响准备了条件。

裴李岗文化受周围文化的影响有限，对外影响却十分显著，尤其是在其后期阶段：分布在渭河和汉水上游的白家文化的年代（公元前 5900—公元前 5000 年）[9]，大体与裴李岗文化的晚期相当。白家文化早期的圜底钵、三足钵、圈足钵、深腹罐等主要陶器都可在裴李岗文化中找到原型，前者的锯齿形蚌镰或骨镰与后者的石镰也存在明显联系；两者均以简陋的半地穴式窝棚为居室，均流行仰身直肢葬且都有合葬墓，都有瓮棺葬；更为有趣的是，白家文化也有随葬獐牙和猪下颌骨的习俗。可见白家文化的形成与裴李岗文化的西进存在联系。

冀中南地区的磁山文化的年代虽与裴李岗文化相仿，但前后期间却发生了较大变化，表现为后期出现大量泥质的壶、钵类器物[10]，这是裴李岗文化北向强烈影响的明证。在裴李岗文化之末，其陶壶等因素还先后传播到江淮、海岱地区，因此促成了后李文化向北辛文化的转变[11]，甚至在更后的早期大汶口文化中也还遗留有裴李岗文化使用龟甲、獐牙等随葬的古老习俗。此外，长江中游的彭头山文化中也有少量裴李岗文化特色的素面双耳罐类陶器。

可以看出，正是由于以嵩山文化圈为核心的裴李岗文化的强大作用，才使黄河流域文化紧密联结在一起，从而于公元前第九千纪中期形成新石器时代的"黄河流域文化区"；才使黄河下游、汉水上游、淮北甚至长江中游地区文化也与中原文化区发生较多联系，从而形成雏形的"早期中国文化圈"；才使黄河长江流域，尤其是中原地区文化此后的发展有了一个颇具共性的基础——这个基础暗含对中原腹地的一定程度的认同、彼此间的相互默契以及易于交流等多种契机。在这个意义上，新石器时代中期的中原文化的确具有一定的核心地位。

前期仰韶文化应当属于炎黄时期文化[12]，则裴李岗文化及其分支白家文化或许就对应早于炎黄帝的伏羲女娲文化。实际上，包括嵩山文化圈在内的河南省大部地区也的确是伏羲女娲传说的核心地区，同时，此类传说还流行于渭河流域的甘肃省东部和陕西关中地区，这当不会是偶然巧合。伏羲女娲的人文始祖地位，与裴李岗文化在雏形的早期中国文化圈中的核心地位也正相一致。

二

公元前5000年以后，中国史前文化格局进入一个短暂的调整期，最终完成新石器时代中期向晚期的过渡，在广义的中原地区则形成初期仰韶文化，包括京冀地区的下潘汪类型、关中和汉中地区的零口类型、晋西南的枣园类型和豫中南地区的大张类型[13]。大张类型以嵩山文化圈为核心，包括郑州大河村仰韶"前三期"[14]、长葛石固第 V 期[15] 和方城大张[16] 等典型遗存。该类型的钵、盆、罐、圈足碗、豆、小口肩耳壶、锥足圆腹鼎等陶器，以及锯齿形石镰，均源于裴李岗文化，表明其主体无疑是在裴李岗文化基础上发展而来。当然，也出现若干新因素，如其红褐彩装饰可能来自关中和汉中，口沿外带鸟喙状勾錾的大口尖底罐和折腹鼎可能来自北辛文化[17]，而罐等器物上旋纹的流行则可视为慢轮制陶技术普及化的结果。这说明初期仰韶文化在形成过程中存在大范围快捷有效的交流，实际上是黄河中游一次十分重要的文化整合过程。在此过程中，大张类型的小口壶（瓶）和锥足圆腹鼎能够传播至晋西南乃至于关中和汉中，使其成为枣园类型和零口类型的典型器物，显示嵩山文化圈仍然具有强劲的辐射能力。

至公元前 4500 年左右，第一期仰韶文化开始了在广义的中原各区域稳定发展的过程，地方性特点明显增强。这时，包括嵩山文化圈在内的豫中南地区，分布着以郑州大河村仰韶"前二期"和淅川下王岗仰韶一期[18] 为代表的仰韶文化下王岗类型早期遗存，该类型和之前的大张类型一脉相承。从对外关系来看，和仰韶文化其他类型的相互交流不如以前明显，而较多陶豆和陶簋形器的出现，则显示出有来自江淮地区龙虬庄文化和江汉地区大溪文化的影响。此时的嵩山文化圈乃至于整个中原文化都正处于自我积淀的时期。公元前 4200 年左右，进入第一期仰韶文化的后段（即所谓史家类型时期），豫中南地区分布着以郑州大河村仰韶"前一期"、淅川下王岗仰韶二期为代表的下王岗类型晚期遗存。其主体虽承继早期，但也发生较大变化，除少量豆、彩陶杯等江汉、江淮因素外，最显著的表现是开始流行多人二次合葬墓，敛口小口尖底瓶代替各类小口平底壶而成为主要水器或酒器，以及豆荚纹、三角纹、圆点纹、宽带纹等黑彩彩陶图案的较多出现。这些新因素都正好是晋西南新形成的仰韶文化东庄类型的典型特征[19]，显见极具活力的东庄类型对下王岗类型产生了很大影响。东庄类型的影响当然不止中原腹地，它还北向伸展进晋中、内蒙古中南部，在这些地方形成近似于东庄类型的白泥窑子类型[20]；西向进入关中甚至陇东，让原半坡类型带上浓厚的东庄类型色彩，使其进入晚期阶段[21]。虽然东庄类型的影响主要还局限在仰韶文化内部，但通过东庄类型的积极作用，原先仰韶文化内部各势力间的平衡基本被打破，统一性的增强已是大势所趋，中原文化的重要地位再一次突现出来。不过不可否认，此时中原文化的中心转移到晋南，嵩山文化圈最多只是处于次中心的位置。

公元前4000年左右东庄类型发展成仰韶文化庙底沟类型之后，就进入仰韶文化第二期。有了东庄类型的强势基础，成就了以晋南和豫西西部为根基的庙底沟类型的超强实力。在河南灵宝铸鼎塬一带曾发现面积数十万甚至近百万平方米的大型聚落[22]，揭露出250平方米的装修考究的似宫殿式房屋[23]，清理出长达5米的带二层台的大型墓葬[24]，表明庙底沟类型已迈开走向文明的步伐。在这种情势下，庙底沟类型继续加大向周围扩张和强烈影响，就连太行山东麓原后冈类型分布区也纳入庙底沟类型的势力范围，这或许就是"涿鹿之战"的历史背景[25]。这时的仰韶文化实际上近似于一种"泛庙底沟类型"式的状态，虽然也可分若干类型，但彼此间的共性不是其他时期可以比拟的。不仅如此,空前统一、异常强大的庙底沟期仰韶文化还将其范围西扩至青海东部,其典型因素圆点、勾叶、三角纹等遍见于红山文化、大汶口文化、崧泽文化、大溪文化等当中,其影响北逾燕山,东达海岱,东南至江淮,南达江湘[26],与《史记》所载黄帝的活动范围何其相似!

更加需要注意的是,庙底沟类型虽然异常强大,人们社会地位也明显分化,但贫富分化并不特别严重。即使像西坡 M27 那样长达 5 米的大型墓葬,也只在脚坑中随葬 9 件较为特殊的陶器,其用意或许是在强调其首领地位,而不是炫耀其财富的多少。至于大多数墓葬,一般就没有任何随葬品。这种中正平和的社会发展状况和价值取向,介于质朴的"北方模式"和奢侈的"东方模式"之间,我们曾称其为"中原模式"[27]。

这时期的嵩山文化圈,分布着以郑州大河村仰韶一期、伊川土门、汝州阎村和洪山庙遗存为代表的仰韶文化阎村类型[28]。作为该类型主体的折腹和弧腹鼎、旋纹或素面罐、红顶钵、大口尖底罐等,与先前当地下王岗类型的典型器物一脉相承;用作葬具的、大口的"伊川缸"也可能只是大口尖底罐的变体。但环形口小口尖底瓶,圆点、勾叶、三角纹彩陶则明确属庙底沟类型因素,成人二次瓮棺葬葬俗,也可能继承了东庄类型二次葬的余绪,来自晋南—豫西西部的影响显而易见。不过,鼎、豆、旋纹罐、束腰垂腹的小口尖底瓶、"伊川缸"、白衣黑彩甚或褐彩、成人二次葬、地面式木骨泥墙房屋建筑等特征,还是使阎村类型显得别具特色,其对当地传统的顽强维持程度甚至超过关中的泉护类型,这不能不说是嵩山文化圈的特有魅力所在!

我们曾经提出,作为炎帝族系文化的半坡类型崇拜鱼,作为黄帝族系文化的庙底沟类型崇拜鸟[29]。有趣的是,在嵩山文化圈南部汝州阎村的一件"伊川缸"上面,就赫然绘有一幅鸟胜鱼败的"鹳鱼石斧图",反映的极可能就是黄帝族系战胜炎帝族系的历史背景。果真如是,嵩山文化圈就应当也是战胜者黄帝的大本营才对,阎村类型应当也属于黄帝族系的重要遗存。的确,《庄子》中黄帝所游的具茨山、襄城,汉代以后史家所说黄帝之都有熊等地,都有在嵩山附近的可能性,可见灵宝—嵩山一带有可能同时是黄帝族系的中心。

庙底沟—阎村类型的重要作用,在于创造了一次使信息能够在中国大部地区内得以迅速而充分交流的机会,这会使有效能量和先进的东西有可能向腹心地区集聚,经酝酿提高后再反馈到周围地区。这不但使中原文化尤其是中原腹地文化达到一个新的发展水平,同时也带动了周围地区文化的发展,使周围地区此后也逐渐向文明社会发展。这个过程还从客观上再一次在一个更高层次上加强了中原乃至于中国大部地区的文化统一性,极大地增进了中国大部地区的文化认同感,促成了更广大范围的"早期中国文化圈"的形成,奠定了以"黄帝"作为其共同认知核心的"早期中国"的文化基础。庙底沟期以嵩山文化圈为重心的中原文化的核心地位毋庸置疑。

三

公元前 3500 年进入铜石并用时代早期以后,形势逆转,广义的中原文化至少出现以下两个方面的重要变化：其一，仰韶文化各类型的地域性显著增强。这时，甘青地区和冀中北地区已分别独立出马家窑文化与雪山一期文化，其他各类型的地方特点也日益显著起来。嵩山文化圈内兴起的是仰韶文化秦王寨类型[30]，有郑州大河村仰韶三至四期、郑州西山古城四至六组[31]、洛阳王湾二期[32]等典型遗存。秦王寨类型的主体陶器虽继承阎村类型，但也发生了相当程度的变异，仅就彩陶纹饰来说，原本单纯的勾叶、圆点、三角纹日渐复杂繁缛起来，还蜕变出横"S"纹、"X"纹、睫毛纹、逗点纹、禾苗纹、扭丝纹等。其二，仰韶文化接受周围地区尤其是偏东部地区文化影响的程度明显加大。红山—雪山一期文化对海生不浪类型、大司空类型，崧泽文化对秦王寨类型，大汶口文化对仰韶文化偏东各类型的影响都广泛而深入。秦王寨类型受大汶口文化影响最为明显，所见大汶口文化因素，有背壶、宽肩壶、平底尊、圈足尊、镂孔圈足豆、杯、壶形鼎等陶器，彩陶中的六角星纹、圆圈纹图案，灰坑中掩埋猪骨架的现象等，这并非一般的文化交流所能够解释，只有部分大汶口文化人群移居中原才有可能。

究其原因，恐怕与中原腹地核心文化地位的逐渐削弱有直接关系：在晋南豫西西王类型的身上，再也看不到庙底沟类型那种澎湃的活力和开拓精神，不再具备向周围广大地区不断施加影响的充沛能量；仰韶文化各类型，尤其是处于边缘的类型间就失去了彼此紧密联系的基础，降低了对外来文化影响的自御能力，只能朝不同的方向发展，中原文化的统一性因此也就受到明显削弱。在东部大汶口文化的大墓、红山文化的"庙、坛、冢"、崧泽—良渚文化的礼玉所迸发出的耀眼光芒的照射下，中原文化一时有些黯然失色。从这个意义上，可以说中原文化逐渐进入了一个相对低谷的时期。

但即便在这个时候，也还是有郑州西山古城的崛起——这座始建于公元前 3300 年左右的古城，成为整个黄河流域年代最早的城址之一，昭示着嵩山文化圈仍然具有不可忽视的重要地位。我们曾经提出，西山古城或许就是"祝融之墟"，它的建造离不开东夷之大汶口文化向中原扩张这个战争背景[33]。可中晚期大汶口文化向周围各个方向都强烈施加影响，为什么唯独在郑州出现城垣？原因可能有二：其一，嵩山文化圈维护传统的力量特别强烈，华夏和东夷间的斗争也就异常激烈，设城防御势在必行；其二，郑州的地理位置十分重要，在华夏和东夷双方看来都是必争之地。此外，在孟津妯娌遗址发现一座长宽达四五米的大型二层台墓葬（M50），墓主人臂戴象牙箍，俨然是重要首领人物；这与长宽两三米的中型墓、大小仅能容身的小型墓形成鲜明对照[34]，表明嵩山文化圈内部人们社会地位的分化已很是显著；但该墓和其他墓葬一样，竟然没有一件陶器随葬，仍然延续着庙底沟类型以来的中原模式的情况。

对当时的中原人群来说，外来文化因素的大量涌入自然意味着更多的被动与痛苦，但经过磨难与奋争之后，日益增强的外来因素反而逐渐转化为新的能量源泉。从大约公元前 3000 年开始，晋南、豫西西部由西王类型发展为庙底沟二期类型，关中地区由半坡晚期类型发展为泉护二期类型，嵩山文化圈则由秦王寨类型发展为谷水河类型[35]。庙底沟二期类型先后创造出盆形鼎、釜形斝等新型炊器，还及时传播到关中地区，是中原文化再次趋向活跃的关键所在。釜形斝的发明意味着中原文化已不是被动地接受影响，而是开始走上了创新发展之路。不过，庙底沟二期类型对谷水河类型的影响还十分有限，最多限于篮纹等的渗透方面。无论是洛阳盆地的孟津妯娌三期和新安冢子坪"庙底沟二期文化遗存"[36]，还是郑州大河村五期、郑州西山第七组、禹州谷水河三期遗存[37]，都不见釜形斝的踪迹，主体和秦王寨类型一脉相承，只是篮纹、绳纹和附加堆纹增多而彩陶大减。这使嵩山文化圈再次成为恪守传统的坚强堡垒。当然，庙底沟二期类型也好，谷水河类型也好，他们都还继续接受较多来自山东地区大汶口文化的鼎、壶、杯、大口尊，以及来自江汉地区屈家岭文化的斜腹彩陶杯、双腹豆、盂形杯等因素。东、南部文化依旧强烈影响着中原文化的大局势，中原文化内部日益分化的基本特点也未大变，这也是将这时的中原文化仍纳入仰韶文化范畴的主要原因之一。

四

公元前 2600 年左右进入铜石并用时代晚期以后，一方面一些古老传统的分化继续进行，另一方面在新兴的海岱龙山文化的带动下，明显加强了重新整合的趋势。这种新面貌、新格局标志着一个新时代——龙山时代的到来[38]；以公元前 2200 年左右为界，还可以将其分成前期和后期两大阶段[39]。由于经重新整合后的中原各区域遗存已不是一般意义上的一个"考古学文化"所能容纳，具有特点的各区域遗存大小悬殊，彼此间关系也比以前复杂得多，因此就被划成了一些不同的"文化"或"类型"；但中原文化的古老基础仍然存在，内部区域彼此间的交流仍相对密切，因此还可以用"中原龙山文化"这个概念将它们囊括在一起。

龙山前期，关中地区以长颈单耳斝式鬲为代表的客省庄二期文化、北方地区以翻缘双鋬或单耳斝式鬲为代表的老虎山文化、太行山东麓以翻缘甗为代表的后冈二期文化都开始形成。狭义的中原地区则有晋南临汾盆地的陶寺类型，和嵩山文化圈偏东郑州—禹州一线的前期王湾三期文化。陶寺类型本身实际上是东方势力西渐并与当地传统融合的产物，除斝、釜灶等传统器物外，高领折肩壶、折肩罐、折腹盆、大口缸、陶鼓、鼍鼓、钺、厨刀、琮等器类，以及陶、木器上的彩绘，大小墓的严重分化等多种表现"礼制"相关的因素，和当地的庙底沟二期类型风格迥异，而与以大汶口文化晚期以至于良渚文化为代表的东方地区的文化面貌相当吻合[40]。我们曾以"唐伐西夏"来解释这次文化变革，并同意其为陶唐氏文化的观点[41]。前期王湾三期文化则以禹县瓦店 H61[42]、郑州站马屯 F4[43]、汝州北刘 H17[44]、郾城郝家台一期和二期遗存[45]为代表。这类遗存缺乏釜形斝，典型陶器有罐形矮足鼎、矮领瓮、漏斗形擂钵、素面平底碗、圈足盘、素面敛口钵、鬶、鬶形器等，碗、盘、钵、鬶等器类及其轮制技术，都体现出来自龙山文化的深刻影响，但主体则是在先前的谷水河类型基础上发展而来。

特别值得注意的是，在黄河两岸的晋南南部和豫西西部，竟然仍旧是以垣曲古城东关"庙底沟二期文化遗存"中、晚期为代表的庙底沟二期类型[46]，虽有圜底罐形鼎代替平底盆形鼎、斝口变大三足外移、釜与灶的连接位置下移等变化，但基本器类几乎没有什么变化。不仅如此，可能是在陶寺类型的强大压力下，此时的晚期庙底沟二期类型还向东顽强渗透，将釜形斝这种标志性器物带到了洛阳盆地甚至嵩山谷地，形成偏早以偃师二里头H1[47]、登封阳城H29[48]，偏晚以济源长泉H3[49]、新安西沃H19[50]为代表的谷水河类型晚期遗存。晚期庙底沟二期类型和晚期谷水河类型，虽然可以不强调它一定属于仰韶文化，但实际上仍然是仰韶文化传统的最顽固的坚持者[51]。

陶寺类型以其随葬龙纹陶盘、鼍鼓、漆器、玉器等的华丽大墓和面积达280万平方米的大城而为世人瞩目[52]，表明已进入早期文明社会。单就其社会发展水平而言，不但在中原难有其匹，而且似乎还超过周围其他地区，颇有文化核心的样子。但其范围始终局限在临汾盆地，至少从物质文化方面对周围的影响十分有限，与以前庙底沟类型兴盛时的情况全然不同。这或许是因为和当地土著在文化传统上长期存在隔阂，以及采取了不同的发展战略的缘故。前期王湾三期文化则与之不同。虽然当时其实力还无法与陶寺类型抗衡，但已经有了郾城郝家台城垣遗址，而且这种在当地传统的基础上兼容并蓄、长期积淀而形成的文化，稳健而又富于创新精神，为以后中原腹地的全面崛起奠定了基础。

就中原与周围文化的关系而言，无论是陶寺类型的形成，还是晚期庙底沟二期类型中罐形鼎的出现，抑或后冈二期文化前期和王湾三期文化前期中轮制陶杯、壶、豆、圈足盘等的流行，均与海岱的大汶口—龙山文化的影响直接相关。与屈家岭文化一脉相承的石家河文化的红陶斜腹杯等器物也仍然见于垣曲盆地及豫中西地区，豫南地区依然被石家河文化所占据。表明中原文化虽已开始走上坡路，但在与周围文化的互动关系中仍未占据明显的上风。

约公元前 2200 年进入龙山后期开始，伴随着双鋬鬲等老虎山文化因素的大量南下，根基不稳的陶寺类型就被陶寺晚期类型所代替，正与文献记载的"稷放丹朱"事件相吻合[53]。这就宣告了晋南陶唐氏的没落。与此同时，晚期谷水河类型和王湾三期文化融为一体，形成实力强劲的后期王湾三期文化。后期王湾三期文化不但陶器器类复杂、制作精整，而且还有多处较大规模的城址。位于嵩山谷地的面积达 30 多万平方米的登封王城岗大城，极可能就是"禹都阳城"[54]。出土精致玉器和瓿形器、鬶、高柄杯等精美陶器的禹州瓦店遗址[55]，则有作为启都的可能性。城墙版筑精整、拥有 380 多平方米宫殿式建筑的新密古城寨城址[56]，则是王湾三期文化晚期实力依旧雄厚的见证。后期王湾三期文化应当基本就是早期夏文化。

伴随着后期王湾三期文化实力的显著增强，中原腹地又开始了向周边的扩张和强烈影响的过程。早在夏王朝建立前夕，就有对豫南乃至于江汉地区的大举南侵，造成石家河文化的覆灭以及中原文化范围的空前扩大，这也就是著名的"禹征三苗"事件在物质文化方面的具体反映[57]。王湾三期文化还对周围的晋南、关中、豫北、豫东地区施加显著影响，使黄河两岸的晋南南部和豫西西部出现三里桥类型，使豫东的大汶口文化尉迟寺类型演变为造律台类型。中原文化，尤其是中原腹地的嵩山文化圈终于又迎来了扬眉吐气的时刻。后期王湾三期文化是重新整合后焕发着新活力的中原龙山文化的代表，其中既有中原腹地的深沉底蕴，又有中原其他地区的特殊贡献；既包含了中原文化的古老传统，又融合了周围文化的优秀内涵；实际上是中国大部地区文化长久发展的结晶，为各地区先民共同所缔造。以王湾三期文化所占据的中原腹地为核心所重新形成的"早期中国文化圈"，实际上就是真正的具有历史意义的"早期中国"。其基本格局长久稳定，为后来秦汉帝国的建立奠定了基础。

五

综观整个新石器时代，中原文化的发展可谓跌宕起伏、一波三折。约公元前第六千纪初期的裴李岗文化后期、公元前第四千纪初期的庙底沟类型早期和公元前第二千纪初期的王湾三期文化后期早段，是中原文化发展的高峰时期，其间则为酝酿、过渡或稍处低谷的时期。在高峰时期，以嵩山文化圈为核心的中原腹地一般成为强势中心；在其强力作用下，中原文化内部的统一性明显增强，对外影响也显著增大。在酝酿或低谷时期，中原腹地的强势作用减弱，中原文化内部的统一性减弱，外来影响则显著增大。高峰期的中原文化的重要作用当然无可置疑，但过渡或低谷期的中原文化得以有机会博采众长、酝酿提高，其意义也不可小视。其实这两个阶段显然是相辅相成、互为因果的，正是在这种有吸有呼、有张有弛的辩证过程中，中原文化得以呈螺旋式发展壮大，"早期中国文化圈"的范围由小到大、内部联系日趋密切、认同感日益加强，具有历史意义的"早期中国"逐渐形成并得到初步发展。因此，至少在"早期中国"的形成和发展这个意义上,新石器时代中原文化的作用是任何其他地区文化所不可比拟的;可以说中原文化不但在其发展的高峰期具有突出的核心地位,总体上也具有重要的历史地位。也正是由于处于核心地位的中原文化实力的盛衰变化,才带动"早期中国文化圈"出现"分久必合、合久必分"的周期性变化[58]。

中原文化尤其是中原腹地文化之所以在总体上具有重要地位,与其所处的地理位置和气候条件有着直接关系。在新石器时代,大致处于温带和亚热带的黄河、长江流域是最适宜开发、文化最发达的地区,中原腹地大约正位于这一区域的中心,所以在先秦被称为"中国"或"天下之中";只有该地区文化才具备兴盛时影响全局、低谷时博采众长的特殊条件。同时,中原腹地也大致在中国东部季风区的中央,年均温度、降水量和对气候变化的敏感程度都大致适中,这大约是中原文化既能够长久绵延发展而不至于忽生忽灭,也能够始终积极奋进而不会不思进取的主要原因。在这样居中的自然条件下发展形成的"中原模式",兼北方模式和东方模式之长:存在一定的社会地位差异但不强调贫富分化;社会秩序井然但不靠严刑峻法;生产力逐步提高但不尚奢华;关注现实而不是沉溺于宗教;依靠血缘关系,重视集体利益,恪守传统,稳中求变,不疾不徐,终于发展到二里头文化所代表的成熟的文明社会——晚期夏王朝阶段。

还应当注意到,中原文化存在大约2000年的高峰准周期(从最后一个高峰到秦帝国的建立也大约是2000年时间)。表面上看这只是中原文化自身发展的韵律,深层次原因可能为受气候环境期性影响的结果。据研究，鄂尔多斯地区全新世以来的相对冷干与暖湿变化存在大致 2000 年的准周期：公元前 7000 年、公元前 5000 年、公元前 3000 年、公元前 1000 年前后为相对冷干时期，其间的公元前 6000 年、公元前 4000 年等时期则为相对暖湿时期[59]。参考其他诸多研究成果，这一结论也大致适合于黄河、长江流域大部地区。气候干冷时，迫于生存压力的北方文化大规模南下，挣脱沼泽水患之苦的东、南方文化迅速膨胀；中原文化土壤发育不良[60]，农耕条件不如前优越，内部矛盾增加且外部压力加大，实力必然遭受影响。气候暖湿时，北方文化安于故地甚至北移，东、南方文化由于沼泽水患而影响发展；中原文化土壤发育良好，农耕条件明显改善，内部矛盾减少甚至对外开拓，实力自会明显增强。

注释

1 周昆叔、张松林、张震宁等：《论嵩山文化圈》，《中原文物》2005 年第 1 期，第 12~20 页；张松林、张莉：《嵩山与嵩山文化圈》，《中原地区文明化进程学术研讨会文集》，科学出版社，2006 年，第 86~116 页。

2 我们提出的"早期中国文化圈"这一概念，与张光直提出的"中国相互作用圈"、严文明所说"重瓣花朵式的格局"和苏秉琦所说"共识的中国"含义近同。见张光直：《中国相互作用圈与文明的形成》，《庆祝苏秉琦考古五十五年论文集》，文物出版社，1989 年，第 6 页；严文明：《中国史前文化的统一性与多样性》,《文物》1987年第3期;苏秉琦:《中国文明起源新探》,生活·读书·新知三联书店,1999年,第161页。

3 韩建业:《论早期中国文化周期性的"分""合"现象》,《史林》2005年增刊。

4 严文明:《中国史前文化的统一性与多样性》,《文物》1987年第3期。

5 严文明:《中国新石器时代聚落形态的考察》,《庆祝苏秉琦考古五十五年论文集》,文物出版社,1989年,第24～37页。

6 开封地区文管会、新郑县文管会:《河南新郑裴李岗新石器时代遗址》,《考古》1978年第2期。

7 张松林、信应君、胡亚毅:《新郑唐户遗址发现裴李岗文化大面积居址》,《中国文物报》2007年7月13日。

8 河南省文物考古研究所:《舞阳贾湖》,科学出版社,1999年。

9 中国社会科学院考古研究所:《临潼白家村》,巴蜀书社,1994年;甘肃省文物考古研究所:《秦安大地湾——新石器时代遗址发掘报告》,文物出版社,2006年。

10 河北省文物管理处、邯郸市文物保管所:《河北武安磁山遗址》,《考古学报》1981年第3期。

11 栾丰实:《北辛文化研究》,《考古学报》1998年第3期。

12 韩建业、杨新改:《五帝时代——以华夏为核心的古史体系的考古学观察》,学苑出版社,2006年,第149～170页。

13 严文明先生将仰韶文化分为前后两大阶段四期,我们认为之前还有一个初期。见严文明:《略论仰韶文化的起源和发展阶段》,《仰韶文化研究》,文物出版社,1989年,第122～165页;韩建业:《初期仰韶文化研究》,《古代文明》(第8卷),文物出版社,2010年。

14 郑州市文物考古研究所:《郑州大河村》,科学出版社,2001年。

15 河南省文物研究所:《长葛石固遗址发掘报告》,《华夏考古》1987年第1期。

16 南阳地区文物队、方城县文化馆:《河南方城县大张庄新石器时代遗址》,《考古》1983年第5期。

17　山东邹平西南庄北辛文化遗存中就发现有口沿外带勾錾的大口尖底罐，见山东省文物考古研究所：《山东邹平苑城西南庄遗址勘探、试掘简报》，《考古与文物》1992年第2期。

18　河南省文物研究所、长江流域规划办公室考古队河南分队：《淅川下王岗》，文物出版社，1989年。

19　东庄类型以山西芮城东庄遗存和翼城北橄一、二期遗存为代表，见中国科学院考古研究所山西工作队：《山西芮城东庄村和西王村遗址的发掘》，《考古学报》1973年第1期；山西省考古研究所：《山西翼城北橄遗址发掘报告》，《文物季刊》1993年第4期。

20　韩建业：《中国北方地区新石器时代文化研究》，文物出版社，2003年。

21　即所谓"史家类型"阶段。见西安半坡博物馆、渭南县文化馆：《陕西渭南史家新石器时代遗址》，《考古》1978年第1期；王小庆：《论仰韶文化史家类型》，《考古学报》1993年第4期。

22　河南省文物考古研究所、中国社科院考古研究所河南一队等：《河南灵宝铸鼎塬及其周围考古调查报告》，《华夏考古》1999年第3期；中国社会科学院考古研究所河南第一工作队、河南省文物考古研究所等：《河南灵宝市北阳平遗址调查》，《考古》1999年第12期。

23　中国社会科学院考古研究所河南一队、河南省文物考古研究所等：《河南灵宝市西坡遗址发现一座仰韶文化中期特大房址》，《考古》2005年第3期。

24　中国社会科学院考古研究所河南一队、河南省文物考古研究所等：《河南灵宝市西坡遗址2006年发现的仰韶文化中期大型墓葬》，《考古》2007年第2期。

25　韩建业：《涿鹿之战探索》，《中原文物》2002年第4期。

26　张忠培：《仰韶时代——史前社会的繁荣与向文明时代的转变》，《文物季刊》1997年第1期。

27　韩建业：《略论中国铜石并用时代社会发展的一般趋势和不同模式》，《古代文明》（第2卷），文物出版社，2003年，第84~96页。

28　严文明：《略论仰韶文化的起源和发展阶段》，《仰韶文化研究》，文物出版社，1989年，第122~165页；袁广阔：《阎村类型研究》，《考古学报》1996年第3期；河南省文物研究所：《汝州洪山庙》，中州古籍出版社，1995年。

29 韩建业、杨新改：《五帝时代——以华夏为核心的古史体系的考古学观察》，学苑出版社，2006年，第149～170页。

30 孙祖初：《秦王寨文化研究》，《华夏考古》1991年第3期。

31 国家文物局考古领队培训班：《郑州西山仰韶时代城址的发掘》，《文物》1999年第7期。

32 北京大学考古文博学院：《洛阳王湾——考古发掘报告》，北京大学出版社，2002年。

33 韩建业：《西山古城兴废缘由试探》，《中原文物》1996年第3期。

34 妯娌墓地仅随葬3件象牙篦和1件骨簪，为判断其时代带来很大困难。由于属于妯娌二期的H133打破M56，所以至少M56不晚于妯娌二期。仔细观察该墓地平面图，会发现墓葬间虽有打破关系，但总体成列整齐排布，应当大体属于一个时期，或者整个墓地也不晚于妯娌二期。妯娌二期的年代，大体和大河村四期相当。见河南省文物管理局：《黄河小浪底水库考古报告》（二），中州古籍出版社，2006年，第6～156页。

35 严文明：《略论仰韶文化的起源和发展阶段》，《仰韶文化研究》，文物出版社，1989年，第122～165页。

36 河南省文物管理局、河南省文物考古研究所：《黄河小浪底水库考古报告》（一），中州古籍出版社，1999年，第337～390页。

37 河南省博物馆：《河南禹县谷水河遗址发掘简报》，《考古》1979年第4期。

38 严文明：《龙山文化和龙山时代》，《文物》1981年第6期。

39 韩建业、杨新改：《王湾三期文化研究》，《考古学报》1997年第1期；韩建业：《晋西南豫西西部庙底沟二期—龙山时代文化的分期与谱系》，《考古学报》2006年第2期。

40 中国社会科学院考古研究所山西工作队、临汾地区文化局：《山西襄汾县陶寺遗址发掘简报》，《考古》1980年第1期；中国社会科学院考古研究所山西工作队、临汾地区文化局：《1978～1980年山西襄汾陶寺墓地发掘简报》，《考古》1983年第1期。

41　韩建业：《唐伐西夏与稷放丹朱》，《北京大学学报（哲学社会科学版）》2001年第4期。
42　河南省文物考古研究所：《禹州瓦店》，世界图书出版公司，2004年。
43　河南省文物研究所、文化部文化局郑州培训中心：《郑州市站马屯遗址发掘报告》，《华夏考古》1987年第2期。
44　河南省文物研究所：《河南临汝北刘庄遗址发掘报告》，《华夏考古》1990年第2期。
45　河南省文物研究所、郾城县许慎纪念馆：《郾城郝家台遗址的发掘》，《华夏考古》1992年第3期。
46　中国历史博物馆考古部、山西省考古研究所等：《垣曲古城东关》，科学出版社，2001年。
47　中国社会科学院考古研究所二里头工作队：《河南偃师二里头遗址发现龙山文化早期遗存》，《考古》1982年第5期。
48　河南省文物研究所、中国历史博物馆考古部：《登封王城岗与阳城》，文物出版社，1992年，第208~209页。
49　河南省文物管理局、河南省文物考古研究所：《黄河小浪底水库考古报告》（一），中州古籍出版社，1999年，第63~74页。
50　河南省文物管理局、河南省文物考古研究所：《黄河小浪底水库考古报告》（一），中州古籍出版社，1999年，第391~412页。
51　韩建业：《晋西南豫西西部庙底沟二期—龙山时代文化的分期与谱系》，《考古学报》2006年第2期。
52　《山西襄汾陶寺文化城址》，《2001中国重要考古发现》，文物出版社，2002年，第24~26页。
53　韩建业：《唐伐西夏与稷放丹朱》，《北京大学学报（哲学社会科学版）》2001年第4期。
54　河南省文物研究所、中国历史博物馆考古部：《登封王城岗与阳城》，文物出版社，1992年，第208~209页；北京大学考古文博学院、河南省文物考古研究所：《登封王城岗考古发现与研究（2002~2007）》，大象出版社，2007年。

55 河南省文物考古研究所：《禹州瓦店》，世界图书出版公司，2004年。
56 河南省文物考古研究所、新密市炎黄历史文化研究会：《河南新密市古城寨龙山文化城址发掘简报》，《华夏考古》2002年第2期。
57 杨新改、韩建业：《禹征三苗探索》，《中原文物》1995年第2期。
58 韩建业：《论早期中国文化周期性的"分""合"现象》，《史林》2005年增刊。
59 史培军：《地理环境演变研究的理论与实践——鄂尔多斯地区晚第四纪以来地理环境演变研究》，科学出版社，1991年；张兰生、史培军、方修琦：《中国北方农牧交错带（鄂尔多斯地区）全新世环境演变及未来百年预测》，《中国北方农牧交错带全新世环境演变及预测》，地质出版社，1992年，第1～15页。
60 周昆叔先生提出全新世"周原黄土"的概念，认为在全新世气候适宜期（公元前6000—公元前1000年）的条件之下，发育了褐红色埋藏土；新石器时代中期直至夏商周的以农业为根基的文化，都建立在这层褐红色埋藏土的物质基础之上。见周昆叔、张广如：《关中环境考古调查简报》，《环境考古研究》（第一辑），科学出版社，1991年，第44～46页；周昆叔：《周原黄土及其与文化层的关系》，《第四纪研究》1995年第2期。

文明化进程中黄河中游地区的中心地位

　　黄河是中华民族的母亲河，黄河中游是多支一体的中华文明的主根脉所在，是历史传说中炎黄部族的主要活动地区，黄河中游或者中原地区就像盛开的史前中国之花的花心。正确认识文明化进程中黄河中游地区的中心地位，对于客观理解早期中国文明的本质特点、传承发扬中华文明的优秀基因，有着非常重要的意义。

一、关于"黄河流域中心论"或者"中原中心论"的争论

　　20世纪五六十年代，随着黄河流域考古发现的急剧增多，"黄河流域中心论"或者"中原中心论"在史前考古领域颇为盛行，夏鼐、安志敏、石兴邦等考古学家都持这种认识。比如1959年安志敏就说"黄河流域是中国文明的摇篮"，黄河流域史前文化"推动和影响了邻近地区的古代文化"。苏秉琦在1965年还坚持仰韶文化时期"形成了一个以中原为核心的主体"的说法，但到20世纪80年代初他提出"区系类型"学说，开始明确质疑"中原中心论"；由于牛河梁等遗址的重大发现，他甚至认为西辽河流域红山文化等代

表的国家起源发展模式为"原生型",中原为"次生型",并提出中国文明起源的"满天星斗"说。在苏秉琦"区系类型"学说的影响下,很多考古学家都开始致力于梳理每个区域自身的文化发展谱系脉络。就连当时远在海外的张光直在论述史前"中国相互作用圈"或者"最初的中国"的时候,也是认为它不过是"地位平等"的不同区域之间文化上深刻交流的结果。

事实上,苏秉琦从来没有完全否认黄河中游或者中原的特殊地位。他在20世纪90年代末期仍然认为,从关中、山西、冀西北到西辽河流域的"Y"形文化带,为"中华文化总根系中最重要的直根系","仰韶文化庙底沟类型,可能就是形成华族核心的人们的遗存"。严文明最先将"区系类型"学说和"中原中心论"有机联系起来,于1986年提出中国史前文化以中原为相对中心的"重瓣花朵式"格局,张学海称其为"新中原中心论"。受严文明的影响,赵辉提出以中原为中心的历史趋势的形成"肇始于公元前3000—前2500年之间",我则进一步提出早在公元前4000年左右就形成了以中原为中心的文化上的"早期中国"。

不过,无论是"重瓣花朵式"理论或"新中原中心论",还是文化上的"早期中国"说,近年都受到许宏、李新伟等学者的质疑和批评。李新伟认为,这些看法"贬低了中原以外地区社会发展成果对中华文明形成的影响,阻碍我们描绘更真实、更多彩,也更壮阔的中华文明起源画卷"。

二、中国文明起源时期黄河中游地区的中心引领作用

虽然"国家"是"文明"的显著标志，但"文明"并不等同于"国家"。王巍指出："文明是人类文化和社会发展的一个新的阶段。"文化上的新阶段，就是包括天文历法、文字礼仪等在内的复杂的思想观念、知识系统的形成；社会上的新阶段，就是具有王权特征的国家的出现。按照上述对"文明"概念的理解，中国文明在距今8000多年前就应该已经迈开了起源的第一步。这在河南舞阳贾湖等裴李岗文化遗址中有集中体现。

贾湖遗址较大墓葬随葬骨规形器、装有石子的龟甲等特殊器物，或与观象授时、龟占象数有关，有的龟甲上契刻的似文字符号，或为卦象，或为验辞。裴李岗文化有专门墓地，土葬深埋，实行墓祭，已有显著的祖先崇拜观念；墓葬分区分组，可能对应现实社会不同层级的社会组织；墓葬排列整齐，当已出现最早的族葬或"族坟墓"习俗；有的墓地使用数百年之久，体现出对祖先的顽强"历史记忆"。裴李岗文化已经出现宗教中心和普通村落之间、宗教领袖和普通人之间的分化，男性地位较高。大体同时，在甘陕的白家文化、湖南的高庙文化、浙江的跨湖桥文化、西辽河流域的兴隆洼文化中，也有文明起源迹象。由于中原地区裴李岗文化的强势影响，中国大部地区文化已存在一定的交流联系，有了文化上"早期中国"的萌芽。

距今7000年左右进入仰韶文化时期，陕西西安半坡、临潼姜寨等向心式环壕聚落的出现，是社会秩序进一步加强的反映；河南濮阳西水坡遗址的蚌塑"龙虎"墓，如冯时所说，将中国二十八

宿体系的滥觞期及古老的盖天学说的产生年代提前了数千年。距今6000年以后，在河南、陕西、山西三省交界之地，出现强盛的仰韶文化庙底沟类型。河南灵宝西坡、陕西白水下河等遗址有了面积200—500平方米的宗庙宫殿类大型建筑，西坡等遗址发现大型墓葬，汝州阎村发现具有战争纪念碑性质的"鹳鱼钺图"，意味着中原已经率先开始了社会复杂化进程。

庙底沟时代，中原文化大幅度扩张其影响，带动周围的大汶口文化、红山文化、崧泽文化等渐次加快了文明化进程的步伐，造成仰韶文化的"庙底沟化"和黄河上中游文化的空前趋同局势，庙底沟式的花瓣纹彩陶则遍及大江南北，中国大部地区文化交融联系成一个超级文化共同体或文化圈。这个超级文化共同体，无论在地理还是文化意义上，都为夏商周乃至于秦汉以后的中国奠定了基础，标志着"早期中国文化圈"或者文化上"早期中国"的正式形成，堪称最早的中国！而西坡大墓阔大的规模和简陋的随葬品形成鲜明对照，初现生死有度、重贵轻富、井然有礼、朴实执中的"中原模式"或者"北方模式"的特质。李伯谦视其为文明演进的"王权"模式，以与红山文化等"神权"模式相区别。

三、中国文明形成时期黄河中游地区的特殊地位

距今5000年左右，进入铜石并用时代。长江下游地区的良渚文化以数百万平方米的良渚大城、豪华瘗玉大墓、大型水利设施等，昭示着早期国家的出现或者文明社会的形成。海岱的大汶口文化、

江汉的屈家岭文化也都实力强劲,曾有向黄河中游地区扩张其影响的态势。考古界一度认为黄河中游或者中原地区实力减弱,处于低潮,这也正是部分学者质疑黄河中游或者中原中心地位的关键点之一。但结合新的考古发现来看,实际情况并非如此简单。

距今 5300 年以后,在甘肃中部的秦安大地湾遗址出现 100 多万平方米的大型聚落,以及 420 多平方米的宫殿式建筑,已初具前堂后室内外有别、东西两厢左右对称、左中右三门主次分明这些中国古典建筑的基本格局特征。而河南中部的巩义双槐树聚落遗址也有 100 多万平方米,发现三重大型环壕、大型夯土基址,其长排宫殿式建筑与大地湾前堂后室式的宫殿式建筑有别,共同开创了后世两类宫殿建筑的先河。大地湾和双槐树聚落,可能分别是仰韶文化晚期甘陕和豫中地区两大"古国"的中心聚落,都已站在了文明社会的门槛或者初具文明社会的基本特征,只是缺乏东部沿海地区的奢华玉器和厚葬习俗等,仍具"中原模式"或"北方模式"特征。距今 5000 年左右,在陇东、陕北地区仍有较多大型聚落,其中庆阳南佐遗址发现的前厅后堂式宫殿建筑,面积达 630 平方米,宫殿前面两侧还有 9 处直径各约 40 米的夯土台,所显示的社会发展程度比大地湾更高。

距今 4500 年进入龙山时代以后,陇东和陕北的中心地位继续加强,出现面积达 600 万平方米的灵台桥村遗址和核心区面积就有 200 万平方米的延安芦山峁遗址,在两个遗址都发现较多可能覆于宗庙宫殿建筑之上的板瓦、筒瓦,且出现了玉器。在芦山峁遗址已经揭露出面积 16000 平方米的夯土台基,其上建筑群中轴对称、主次分明，和大地湾遗址的建筑格局一脉相承，只是更为宏大复杂。这时，山西南部兴起面积近 300 万平方米的陶寺古城，以及面积 10 多万平方米的大型宫城，其中有面积近 8000 平方米的大型夯土建筑基址以及宫殿，还有半圆形的"观象台"，随葬大量玉器、漆器、龙盘等的豪华大墓。这些中心聚落及其宫殿式建筑、大墓等的发现，表明黄河中游地区不但早已进入国家阶段或者文明社会，而且发展程度已经超越同时期的长江流域。

距今 4000 多年以后，在陕北出现面积 400 多万平方米的石峁石城，其雄伟高大的皇城台，宏大复杂的城门，精美的玉器和神面、兽面石雕等，都显示出国家组织的存在，颇具北方文明气象！而河南中西部也有了数十万平方米的登封王城岗古城、禹州瓦店中心聚落、新密古城寨和新砦古城。如果说以石峁古城为中心的老虎山文化南下对陶寺古城的摧毁，尚可看作是黄河中游人们集团内部的斗争，那么王城岗、瓦店等所代表的王湾三期文化对江汉地区石家河文化的大规模替代，则无疑是中原集团战胜江汉集团的铁证，对应历史记载中的"禹征三苗"事件，为夏王朝的建立奠定了基础。此后的二里头文化所代表的晚期夏文化，不过是在此基础上的发展提升。距今 4000 多年，良渚文化和石家河文化衰亡，长江中下游地区步入低潮，黄河流域尤其是黄河中游地区的中心地位进一步增强。

中国史前文化固然具有多样性特点，文明要素也并非都发源于中原，但当发展到距今 8000 多年以后，黄河中游或者中原地区的中心地位逐渐凸显，有了文化上"早期中国"的萌芽，迈开了中国文明起源的第一步；距今 6000 年左右，在中原地区的强烈影响带动下中国大部地区文化深刻交融，正式形成文化上的"早期中国"，走出中国文明起源的第二步；距今5000年左右，黄河、长江流域出现多个古国，中国文明初步形成，黄河中游地区仍然重要；距今4000年左右，黄河中游地区实力大增，文化大规模南下，长江流域全面衰落；距今3800年以后，以黄河中游或中原为中心形成广幅王权国家，中国文明走向成熟。总体来看，黄河中游或者中原地区在中国文明化进程中的确具有一定的中心地位，是多支一体的中华文明的主根脉所在。

附录
文化上"早期中国"大家谈
——文化上"早期中国"的形成和发展学术研讨会纪要

2011年8月19—21日,"文化上'早期中国'的形成和发展学术研讨会"在北京会议中心召开。这次会议是为开展国家社会科学基金项目"早期中国文化圈的形成和发展研究"而召开,是第一个关于文化上"早期中国"问题的学术研讨会。会议由北京联合大学文化遗产研究所和北京联合大学应用文理学院历史文博系主办。来自中国社会科学院考古研究所、中国科学院地质与地球物理研究所、北京大学考古文博学院、中国国家博物馆考古部等全国20多个相关科研单位、高校该研究领域的约40位学者参加了此次研讨会。会议内容主要分为综合论述、分地区论述和方法论及其他论述三部分。

一、综合论述

北京联合大学应用文理学院历史文博系韩建业教授在开幕词和随后的发言中,提出这次研讨会主要研讨中国何以成为中国的问题,重点讨论商代以前文化上"早期中国"的形成和发展问题,这对深入认识"早期中国"有中心的多元一体、有起伏的连续发展的本质特点，对客观认识早期中国文明在古代世界的重要历史地位具有理论意义，对目前中国文化安全、和谐社会建设等也具有一定的现实意义。他还梳理了商代以前中国文化格局的演变脉络，认为文化上的"早期中国"萌芽于裴李岗文化后期，形成于距今6000年左右的"庙底沟时代"。

在大会结束时，北京大学考古文博学院严文明教授对"早期中国"文化的统一性和多样性特点及其背景原因做了深刻阐释。他指出"早期中国"文明的特点，在于逐渐从多元一体走向以中原为核心、以黄河流域和长江流域为主体的多元一统格局，这是中国文明之所以具有无穷活力和强大凝聚力，以至成为世界上几个古老文明中唯一没有中断而得到连续发展的伟大文明的重要原因。这一特点的形成有着两个重要基础，一是中国特殊的地理环境基础：两个谷物农业起源中心、大两河流域优越地理条件，再加上中国相对封闭的地理环境，几个强大的古代文明中心都与中国相隔较远，不能影响中国历史发展的大方向；二是占据主体的东亚蒙古人种和语言基础：中国主体为汉藏语系，单音节语有利于一字一音的汉字的产生，统一的汉字有利于地区间交流和文化的持续发展。他还把分封制形象地比喻为"联产承包责任制"，认为分封制下也是多元一统的；秦始皇只是统一了文字的写法而非统一文字，只是建立了第一个中央集权的中国而非第一个统一了中国。

中国科学院地质与地球物理研究所的周昆叔研究员发言的题目是《论早期中国》。他指出秦始皇统一以后也即公元前3世纪才有了一般意义上的"中国"，"中国"指在儒家等思想指导下，华夏民族团结奋斗所建立的东方大国。在此以前从公元前3500年左右至公元前221年为"早期中国"。他还着重分析了"早期中国"形成与发展的环境背景:"中道""黄土"与"耦合"。"中道"主要指中国国家源起于中原的核心——开封至宝鸡东西文化古道,这一古道地理条件得天独厚,嵩山成为沟通南北东西的文化孵化器;"黄土"指中国对黄土依赖度高,黄土对中国国家形成与发展影响巨大;"耦合"是指文化地层与黄土地层间的互动关系,全新世周原黄土层反映的环境变化与文化演变有同步性。"早期中国"形成是社会、环境因素综合作用的结果。

北京大学考古文博学院赵辉教授认为,夏商周王国时代的中国形成应当有一个史前基础,实际上从新石器时代晚期就已经出现了以中原为中心的历史趋势。他认为在研究"早期中国"问题时,韩建业曾经提出的"北方模式"或许是一个有益的视角。赵辉教授指出,中原自然资源并不丰饶,经济上是自给自足的小农业生产,社会分化程度不高,氏族组织成为社会最基层单位;社会矛盾主要体现在集体之间,而不是集体内部不同的阶层之间,来自外部的冲突导致中原地区的权力主要是军事性、世俗性而非宗教性的。为维护这种世俗政权与秩序发展起礼制、分封制和宗法制,而礼制只有与宗法制相联系才成为中国文化的基本特点。他最后指出,中原恰巧处于"天下之中"的位置导致"中国"观念的出现,应该注意中原这个圈子里的人的"天下"观的发展,在这种"天下"观影响下,中国处理同周边地区的关系时更多是采取涵化、同化的方式;而这一切,都可以在史前找到源头。

中国社会科学院考古研究所的李新伟研究员宣讲了论文《中国史前文化格局构建的心路历程》。他首先指出中国现代考古学诞生时期的社会背景——"民国的困境"：迫切需要论证中国作为统一的多民族国家的合理性及中华文明在世界文明中处于何种地位，因此1949年之前中国考古学主要围绕重建古史展开。新中国成立之后，受马克思主义影响的考古学的主要任务集中在探究中华文化的起源和地位、现代中国的史前基础方面，主要成就是苏秉琦、夏鼐、安志敏等建立的中国考古学区系类型理论，此外还有张光直的"中国相互作用圈"理论。他认为研究中华文明起源的问题，应该既包括"文明"也包括"中华"，必须弄明白现代意义上中国的史前基础。

中国社会科学院考古研究所赵春青研究员的论文题目是《中国之前的"中国"——考古学视野下的中国诞生过程》。他强调"早期中国"诞生是一个过程：旧石器时代晚期就可能分成若干文化区，新石器时代早中期中国境内可以划为几个文化区，新石器时代晚期的仰韶时代前期，出现了仰韶文化占居中央、其四周环绕其他考古学文化的文化分布格局。尤其庙底沟时期，形成以中原为核心，辐射全国大部分地区的文化格局，可以说出现了中国的雏形。之后分别为古国时代、邦国时代、王国时代。

中国社会科学院考古研究所何驽研究员的发言题目是《最初"中国"的考古探索简析》。他首先指出最初"中国"的形成与确立必须具备两个要素，一是国家社会（State Society），二是"中土"或"地中"（Earth Center）政治意识形态。考古学探索国家社会最有效的手段是都城考古，而陶寺遗址是一个很好的个案；从精神文化考古的角度对最早"中国"的探索，最核心的问题是"地中"意识形态的形成。他还分别从微观聚落形态和宏观聚落形态研究了陶寺遗址的国家社会性质，指出陶寺宏观聚落形态是"自上而下行政分支模式"。最后他以陶寺出土"圭尺"为例证探讨了"地中"意识的产生。

中国社会科学院考古研究所许宏研究员的论文题目是《新砦：考古学所见"早期中国"形成的关键点》。他首先提出一个问题：可否认为良渚、陶寺等文化各有其兴起、发展、衰落的生命过程，二里头文化之前是否有多个"中国"存在？他做了一个类比：如果说龙山时代相当于战国时代的话，新砦期以后就像商鞅变法之后的秦国，而二里头时期类似秦王朝统一以后，二里冈则类似于汉代。新砦期处在探究二里头文化产生的关键点上。究其原因，新砦一带新砦期时处于稻作和粟作农业文明交汇点，而二里头时期处于农业文明和畜牧文明的交汇处。

北京联合大学应用文理学院历史文博系武家璧博士的论文题目是《试论"中国"之缘起》。他主要从梳理文献记载着手，认为"中国"起源于五帝时期，考古学文化分布印证其疆域从黄帝"四至"扩大到"四海"。上古称帝者必须到东夷去封禅泰山，早期"争帝"战争主要在华夏族与东夷族之间展开。考古学上的"仰韶时代"对应于古史传说中的黄帝和少昊时期，"庙二—屈家岭时代"对应于颛顼时期，"龙山时代"对应于帝喾与尧舜时期。五帝之末治理洪水导致政权"禅让"，世袭神权向王权过渡，汤武"革命"实现世袭王权的交替。王者居中，从帝喾"执中"、舜帝"之中国"到周初"宅兹中国"，作为都城的"中国"最终定位在洛阳。

河北师范大学的张渭莲教授的发言题目是《周人华夏化的进程与早期中国》。她从周人起源边地谈起，详细分析了周人华夏化的五种方式（内迁、通婚、分封、迁都、全盘继承商文明），认为周人华夏化的过程，也就是中国早期国家向成熟国家发展的过程。

江西省文物考古研究所周广明研究员发言的题目是《早期中国形成过程中东西文化碰撞与交流作用：重新审视傅斯年的夷夏东西说》。他指出，中国自然地理上西高东低、文化上东高西低，我们应该多注意史前文化的东西向交流，东西差异可能比南北差异更大。

二、分地区论述

河北省文物考古研究所段宏振研究员的论文题目是《中原核心文化区的形成与早期中国》。他认为在先秦时期中国即中原，指华夏族群集中居住的黄河中下游流域。先秦中原核心文化区，孕育于裴李岗时期，初步形成于二里头时期，最终成熟于秦汉。这一形成和发展过程，基本上就是华夏族集团，或者"早期中国"形成和发展的过程。他将史前文化区的动态发展，形象比喻为水珠在荷叶上的动态结合（赵辉戏称其为"荷叶中国"）。

国家博物馆考古部戴向明研究员的论文题目是《中原地区早期复杂社会的形成与初步发展》，他首先指出社会复杂化的核心是权力问题。接着以聚落形态分析的方法从新石器时代中期开始考察，认为唐户遗址和郏县水泉墓地等反映当时公共权力已经产生，但贫富分化不明显，掌握公共权力的人仍然不脱离生产。仰韶时代早期聚落分布可以分群但大多比较小，聚落内部是一种平等状态，经济上自给自足。仰韶中期，聚落等级分化非常明显，权力分配也比较明显。

安徽省文物考古研究所吴卫红研究员的发言题目是《并江融淮——文化中国在东南部的史前历程》。他指出文化中国的形成过程在淮河中下游与长江下游表现为"融淮"和"并江"两种不同方式：首先经过淮河中、下游的大规模融合和长江下游的松散趋同，再经历淮河中、下游文化的多次南下浪潮，从而逐渐形成文化不同层次的趋同化。东南部在参与文化中国的形成过程中，尤以大汶口文化晚期西进和良渚文化北上起到关键作用，正是这种大范围跨区域的文化交流，才使得中原与东南形成了有机的联系。到了夏商周时期，更多中原文化频繁东进与南下，进一步促成了以中原为核心的文化中国的形成。

河南省文物考古研究所魏兴涛研究员的发言题目是《仰韶文化来源再探讨——以豫西晋南和关中地区为例谈裴李岗文化在仰韶文化形成中的作用》。他认为裴李岗文化是一支十分强势的文化，其影响很可能长期持续到仰韶文化初期，然后以仰韶初期豫西晋南和关中地区的枣园类型、零口类型的形成为例，详细分析了裴李岗文化对仰韶文化形成的影响。他指出文化上"早期中国"的形成实质是中原文化凝聚力的增强和周边文化对中原文化的认同。

裴李岗文化是"早期中国"的孕育阶段，仰韶中期是"早期中国"初具雏形的阶段，龙山阶段或者其后期则应当是"早期中国"的最终形成阶段。

湖北省文物考古研究所刘辉副研究员的发言题目是《长江中游新石器时代文化中心的转移与文化整合运动》。他认为长江中游地区在我国的新石器文化区系类型中是一个相对独立的文化区，这个文化区的文化中心转移整合过程经历了四个阶段，在此过程中长江中游文化区分布范围不断扩大，同时与外来文化因素互相融合，逐渐形成一个既具特色又与周边文化有密切联系的考古学文化区，最终在文明的前夕长江中游文化整体融入华夏文明，成为中华多元一统文明体系的重要组成部分。

山东省文物考古研究所孙波研究员的论文题目是《再论大汶口文化向龙山文化的过渡续》。他分析了仰韶时代和龙山时代之间的重大差异：仰韶时代普遍重视宗教和血缘，而龙山时代则相对为"世俗的世界"，仰韶时代更多地奠定了中国文化的精神内核，天人合一、万物有灵的精神成为中国文化长久的特色；龙山时代则更多地奠定了中国文化的世俗社会模式，它决定了中国文化重实用、重理性和无神论观念。

首都师范大学历史学院袁广阔教授发言的题目是《谈谈对豫东龙山文化的认识》。他结合自己的田野工作，认为豫东并非"无古可考"，豫东鲁西南古代遗址的稠密度甚至超过豫西，岗堆遗址大多为人为堆积。龙山晚期陶寺、煤山和豫东鲁西可能是三足鼎立的。豫东对王湾三期文化的影响可能更大而不是相反，新砦和二里头早期很多因素来自豫东。

内蒙古文物考古研究所索秀芬研究员的发言题目是《西拉木伦河流域新石器时代考古学文化谱系》。她以白音长汗遗址为重点讨论了当地考古学文化序列为小河西文化→兴隆洼文化、西梁文化→赵宝沟文化→红山文化→小河沿文化、水泉遗址F18类遗存，指出这一系列文化均为筒形罐系统，一脉相承。

北京联合大学应用文理学院历史文博系宋蓉博士的论文题目是《汉代关东地区列国文化的整合与汉文化的形成》。她认为东周以来形成的地域文化使关东地区汉墓具有鲜明的地域差异，但在政权统一的历史环境之中又产生了各地共有的特征——"汉代墓葬共性因素"，这在一定程度上也可以看作是汉文化的物化表现。随着历史的演进，墓葬的"共性特征"与"地域差异"之间消长变迁，从物质文化的角度折射出了关东地区地域文化的整合与汉文化形成的过程。

三、方法论及其他论述

北京联合大学应用文理学院历史文博系冯小波教授的发言题目是《湖北房县七里河遗址石质工具初步研究》。他分析了七里河遗址石器的制作方法、特征及用途，认为七里河遗址石制生产工具以就地采石、按用途选材为主，其制作技术打、磨、琢制兼有。他认为目前新石器时代研究从石器上获取的信息太少，对新石器时代的石制品的岩性识别不是很重视，应当改进新石器时代石器研究方法。

他还介绍了自己设计制作的激光绘图仪，引起与会者的高度兴趣。

台湾东海大学黄川田修博士的发言题目是《我们怎么用早期中国之"物"考证当时的"社会"？——以"中研院"史语所典藏殷墟陶器为例》。他首先介绍了日本学者对陶瓷器细致入微的观察与测量方法，以及根据这些信息研究日本"物资流通""工匠迁居""首都和地方"等问题的例子。接着结合他自己在"中研院"史语所对殷墟陶器的测量、绘图和研究情况，重点讨论了"素面鬲"制法的发展，认为"素面鬲"是制造效率极佳的陶鬲；"素面鬲"并不是实用的炊具，而是作为祭祀专用容器生产的；"素面鬲"的产生及发展与在"王都"数百年不断发展的"礼乐"文化有着密切的关系；在商末，这种"素面鬲"只在殷墟一带被大量制造、使用，这意味着在殷墟发展起来的"礼乐文化"在商末的中国世界中具有特殊的意义。

国家博物馆馆刊编辑部李维明研究员的发言题目是《关于郑州大师姑遗址的几个问题》，给大家展示了一个通过地层学与类型学解决重要考古学问题的个案。他以大师姑遗址二里头文化的两组地层关系为切入点，讨论了二里头文化与二里冈下层文化一期的关系，重申了邹衡先生关于二里头文化最晚时期与二里冈下层有一段并存时间的观点。

西北大学文化遗产学院凌勇博士的发言题目是《早期冶金与中华文明探源》，他主要介绍了中国早期铜器的考古发现，论述了冶金术在早期文明进程中的作用。中山大学人类学系谭玉华博士的发言题目是《新疆塔什库尔干县下坂地ＡⅡ号墓地新识》，他通过分析新疆塔什库尔干县下坂地 A Ⅱ 号墓地的文化因素，对墓地的文化属性进行了辨证，认为其与塔扎巴格雅布文化共同性较少，总体上接近谢米列契地区青铜时代末期库勒萨依类型。